DICTIONNAIRE AMOUREUX DE LA FRANCE

DU MÊME AUTEUR

Aux Éditions Gallimard

EN DÉSESPOIR DE CAUSES, *roman*, 2002 (Folio n° 3923).
INCERTAINS DÉSIRS, *roman*, 2003 (Folio n° 4268).
JE NOUS REVOIS..., *roman*, 2006.

Aux Éditions de la Table Ronde

LE RETOUR DE D'ARTAGNAN, 1992.
RUGBY BLUES, 1993. Prix Populiste. Grand prix de la Littérature sportive.
ELVIS, BALADE SUDISTE, 1996.
SPLEEN EN CORRÈZE, 1997 (« La Petite Vermillon »).
LES MASQUES DE L'ÉPHÉMÈRE, 1999. Prix Paul-Léautaud (Folio n° 3579).
LE BONHEUR À SOUILLAC, 1992, Prix Libre. Prix de La Table Ronde française (« La Petite Vermillon »), 2001.
LE VENIN DE LA MÉLANCOLIE, 2004. Prix du Livre politique. Prix des députés (Folio n° 4634).
LA MANCHE DE DON QUICHOTTE, 2005.
L'ÉTÉ ANGLAIS, 2005 (« La Petite Vermillon »).
VIENNE FIN DE SIÈCLE, 2005.

Aux Éditions Robert Laffont

LE RÊVEUR D'AMÉRIQUES, 1980.
L'ÉTÉ ANGLAIS, 1983. Prix Roger-Nimier.
À LA SANTÉ DES CONQUÉRANTS, 1984.
L'ANGE DU DÉSORDRE : MARIE DE ROHAN, DUCHESSE DE CHEVREUSE, 1985.
MAISONS DE FAMILLE, 1987. Prix Kléber-Haedens.
UN LÉGER MALENTENDU, 1988.
LA CORRÈZE ET LE ZAMBÈZE, 1990. Prix Jacques-Chardonne.
L'HÔTEL DE KAOLACK, 1991.
LE JEU ET LA CHANDELLE, 1994.
DERNIER VERRE AU DANTON, 1996.
DON JUAN, 1998.

Chez d'autres éditeurs

LE MYSTÈRE SIMENON, *Calmann-Lévy*, 1980.
SPLEEN À DAUMESNIL, *suivi de* LE TOUR DES ÎLES, *Le Dilettante*, 1985.
VICHY, *Champ Vallon*, 1986.
LE BAR DES PALMISTES, *Arléa*, 1989.
JE ME SOUVIENS DE PARIS, Peintures d'André Renoux, *Flammarion*, 1998.
BOULEVARD DES MARÉCHAUX, *Le Dilettante*, 2000.
LE DIEU DE NOS PÈRES, *Bayard*, 2004.

DENIS TILLINAC

DICTIONNAIRE AMOUREUX DE LA FRANCE

Dessins d'Alain Bouldouyre

Plon
www.plon.fr

Collection dirigée par
Jean-Claude Simoën

ISBN : 978-2-259-20569-6

Pour Louis, Jules
et les autres.

Prélude

La France, je l'aime corps et biens, en amoureux transi, en amant comblé. C'est ma belle égérie, je la chimérise et je l'idéalise mais ses pleins et ses déliés m'inspirent des désirs terre à terre. Je la parcours, je l'étreins, elle m'émerveille. C'est physique. J'aime enchâsser l'or et le sang de son histoire dans la chair de sa géographie. Il en résulte un patriotisme de facture rustique, un peu comme la foi du charbonnier. D'aucuns forgent leur patriotisme français dans le métal d'un concept ; le mien s'est sculpté dans l'argile de mes songes. Puis étayé à l'âge des concupiscences en dévoilant grain après grain le corps somptueux de cette madone qui me fait de l'œil. Je suis français au naturel et j'en tire autant de fierté que de volupté. J'ai pour ce vieux pays l'amour du preux pour sa gente dame, du soudard pour la servante d'auberge, de l'érudit pour ses grimoires, du paysan pour son enclos, du bourgeois pour ses rentes, du croyant des hautes époques pour les reliques de son saint patron. J'ai la France facile, comme d'autres ont le vin gai ; je l'ai au cœur et sous la semelle de mes godasses. Je suis français en mon âme et conscience, ça n'a pas dépendu de moi et ça n'a jamais été un souci. Ni une obsession. Toujours un bonheur. J'aurais pu ne pas l'être et je sais ce que j'aurais perdu. Souvent j'ai déploré d'avoir été lâché sur la terre des hommes au beau milieu du siècle vingtième ; à tort ou à raison, je me serais mieux vu en d'autres époques. Jamais je n'ai regretté d'être français, même s'il m'est arrivé de penser que mes compatriotes ne méritent pas ce privilège.

Je suis un Français de la sorte la plus ordinaire : né natif et ravi de cette bonne fortune. D'aussi loin qu'on remonte dans la généalogie de ma famille, père et mère, mon capital génétique est circonscrit à l'intérieur du Massif central. Un arrière-grand-père est venu de Bourgogne planter ses pénates en Bourbonnais. Le reste, c'est l'Auvergne et les confins du Limousin. Gergovie n'est jamais loin. Un peu d'oc, un peu d'oïl : voilà mes racines. Il y a deux villages sur ma carte hexagonale du Tendre, et autour c'est la France dans tous ses états, océanique, latine, flamande sur les bords, germanique sur ses marches avec Paris comme point de convergence. D'ailleurs j'y suis né et j'y ai grandi, comme beaucoup de Français dont les ascendants y sont « montés » avec leurs gros sabots, leur valise en carton, des ambitions, des illusions. Nos provinces ont du caractère et de la mémoire mais elles gravitent autour de leur capitale comme les papillons de nuit autour d'un lampadaire.

Ces racines m'ont offert gratis le matériau de ma poétique : autour de deux clochers, mon âme terrienne et plébéienne a exercé une manière de souveraineté sur quelques arpents, en sachant toujours où s'achèverait la comédie : les miens sont empilés tout près, dans les cimetières de famille. Ça donne du recul, et finalement de l'insouciance. Puisque aussi bien je les y rejoindrai, c'est un peu comme si j'y étais déjà.

Avoir son camp retranché affectif sur les pentes du vaste massif primaire est une grâce inestimable ; je n'en ai jamais fait un fromage barrésien. « La terre et les morts » : très peu pour moi. Plus exactement : trop peu pour mon patriotisme. Il n'a rien de régionalisant et il est trop assuré sur ses bases pour se dévoyer en crispation identitaire. À quoi bon en rajouter sur cette « identité », elle coule de source – ou de sève ; c'est un terreau, pas un camp retranché. On peut être français et venir d'ailleurs. On est toujours un peu d'ailleurs et le sang d'un Français ne sait plus trop à quel ancêtre il doit d'être clair ou foncé.

L'article premier de mon credo patriotique est simple comme bonjour : la France est de loin ce que l'histoire-géo a tramé de mieux sur les cinq continents. De plus beau, de plus noble et de plus savoureux. Cet axiome posé, inutile de forcer la dose. Loin de m'assigner à résidence, mes racines m'ont incité à la quête de l'universel, sous la forme d'une attirance invincible pour les lointains et les marges, les Suds profonds, les peuples nomades, les cirques ambulants, tous les vagabondages, tous les métissages. C'est en Français invétéré que j'ai ce désir fou d'altérité. Rien de plus sot que cette manie, propre à certains intellos, de dénigrer une France « horizontale » en l'opposant au mirage d'une « verticalité » abstraite et glaciale. Celle de leurs ruminations conceptuelles. Ils se croient émancipés des attaches naturelles à tout peuple, ils ont simplement un mépris de caste pour le peuple. En réalité la France est le fruit de l'enracinement et du dépaysement. La sédentarité de son peuple, inscrite dans l'histoire plusieurs fois millénaire de la ruralité occidentale, a toujours été contrebalancée par une aspiration mystérieuse à s'extraire de sa glèbe. Depuis l'aube de son destin, ce peuple de laboureurs, de bretteurs et de rhéteurs extrapole ses désirs pour en faire de l'idéal. Pas toujours à bon escient. Quand sonne l'angélus, la France des clochers regarde le ciel, et les étoiles qui s'y allument ne sont pas de chez nous mais d'une contrée sans frontières, accessible à tous les mortels. Encore faut-il des clochers pour que ces épousailles du sol et du sens soient fécondes.

Racisme, nationalisme, régionalisme, atavisme : ces « ismes » de la peur me sont plus étrangers qu'un étranger. Je mets d'ailleurs les internationalismes dans le même sac, il n'y a pas d'« ismes » dans mon *Dictionnaire amoureux*, pas d'idéologie. La France que j'aime n'est pas théorisable, c'est une lanterne magique qui offre à mes fringales d'éblouissements des décors somptueux, des personnages hauts en couleur, de belles chimères, un entrelacs de prouesses et de galéjades embuées de regrets car la France, on la rêve immaculée et elle a du sang sur la mémoire.

Le bonheur d'être français, j'en jouis en surabondance. Je vis en France, je m'y balade sans relâche, je lis ses écrivains, ses historiens, ses érudits locaux, ses journaux, ses enseignes. Je lui fais l'amour, tous les jours, comme il sied quand l'amante est douce au toucher, douce au regard, douce à l'intériorité, et telle Circé capable de métamorphoses infinies. J'use de sa langue avec gourmandise, elle m'a permis de devenir au moins l'un des personnages que j'ambitionnais d'être : un écrivain français. Où que j'aille la courtiser, elle m'enchante, je n'en finirai jamais de la posséder, corps et âme, Paris l'enjôleuse et son collier de provinces, ses villes et ses patelins, ses recoins, ses secrets, ses sortilèges. C'est un puits de jouvence, un miroir à mille facettes. Jamais je n'emprunte la même route pour aller d'un endroit à un autre, j'aurais trop peur de mourir sans avoir vu tel manoir embusqué derrière ses vieux chênes, tel fragment de paysage découpé sur l'horizon. Jamais je n'entre dans une église sans en effleurer la pierre du bout des doigts et jamais je ne quitte un village avenant sans lui promettre d'y revenir.

À la fin de chaque été, quand mes enfants étaient écoliers, nous partions pour quelques jours à la découverte d'une région de la France. L'Amérique, me disais-je, ils iront bien assez tôt. Je voulais qu'ils connaissent au moins de vue les lieux communs de notre patrimoine ; je m'en faisais un devoir, moi qui ne suis pas très habité par le sens du devoir. Châteaux de la Loire, ossuaire de Douaumont, pont sur le Gard, Mont-Saint-Michel, arènes de Nîmes, Locronan, Conques, Riquewihr, aiguille d'Étretat, Domrémy, gorges du Tarn, hospices de Beaune, Cordes et Gordes et les Baux et Beaumont-en-Auge, baie des Anges, le mont Sainte-Odile et le moulin de Daudet à Fontvieille, cathédrales, bastides, rivages – je leur ai tout infligé. Au énième monument il fallait écourter la visite, ils se fichaient éperdument des amours de Diane de Poitiers, des fortifications de Vauban et des saints du tympan de Chartres. En manière de revanche, ils braillaient à tue-tête du Balavoine dans la voiture, il fallait promettre piscine ou télé pour avoir un semblant de paix. Je ne regrette rien, eux non plus : de ces voyages, outre le bonheur d'être ensemble, il leur reste le sentiment – imprécis – que leur pays recèle des trésors fabuleux. Presque aussi fabuleux que notre village. Tôt ou tard ils iront contempler ce qu'ils ont ingurgité, et ils seront encore plus fiers d'être français. Ce qui ne les empêchera pas d'aller voir ailleurs, le monde est vaste et il y a de la matière poétique à profusion sous toutes les latitudes. J'ai pas mal bourlingué, souvent avec bonheur et jamais sans profit ; rien ne m'a autant subjugué que nos joyaux paysagers ou architecturaux : à l'aune de Chambord, la joliesse du Taj Mahal m'a paru presque insignifiante. Le reste à l'avenant.

S'agissant de l'amour de la France, les trémolos seraient ridicules, et plus encore les lamentos : le couple que nous formons, elle et moi, ne cesse de célébrer ses noces et quoi qu'on entende ici et là, son « identité » tient la route – nationale, départementale, vicinale. Que l'état de la civilisation occidentale, dont elle procède, soit calamiteux, c'est une autre affaire. À supposer que cette civilisation s'effondre, hypothèse hélas très plausible, l'âme de la France survivra. Elle ne peut pas mourir, la chamade qu'elle bat en moi est si printanière. Elle permettra peut-être à notre postérité de rebâtir sur les ruines. Peut-être

pas. Pour l'heure, c'est le plus beau pays du monde, le plus gracieux, le plus spirituel, le plus agréable à vivre. En dépit de ses défauts, le peuple français a des réserves inépuisables de vigueur, d'astuce et de générosité. J'écris cela en toute connaissance de la déprime qui périodiquement enténèbre nos compatriotes. Ils ont une pente à l'autodénigrement, une autre au nihilisme. Ils sont même assez maso pour se persuader qu'ailleurs ils se porteraient mieux et selon la mode du moment les voilà soviétomanes ou anglomanes. Ils vont chercher des « modèles » à Katmandou, à La Havane ou dans la Silicon Valley. Ça leur passe comme ça leur est venu, c'est juste un symptôme de cette versatilité un peu puérile qui n'avait pas échappé à Jules César. Du reste ça ne concerne que les « élites » : le gros de la troupe, grâce au ciel, est parfaitement heureux de vivre en France, fût-ce sur un carré de bitume. Le Français émigre peu, et pas longtemps ; il faut toujours la carotte d'une prime pour qu'il daigne s'expatrier.

Depuis la nuit des temps le clocher de mon village sonne les heures, monotonement, langoureusement. En l'écoutant psalmodier, dans un silence immémorial, c'est l'histoire de France qui défile – une cohorte de gueux, de preux et de pieux dont la geste m'oblige, autant qu'elle m'émeut. Car ce n'est pas rien d'être français ; quinze siècles au moins nous assignent un rôle. Lequel ? On ne sait pas, on a juste le sentiment qu'un privilège aussi inouï exige sa dîme. À défaut de prouesses, puisque le temps de la chevalerie semble révolu, le devoir de Français exige de nous la conscience de notre aubaine, et l'affichage de notre bonheur. Ce livre n'est rien d'autre qu'un chant d'allégresse et un témoignage de gratitude. Je veux l'écrire comme je respire, en amoureux.

A

Artagnan (d')

Sans lui je n'aurais pas été le même, et mon patriotisme n'aurait pas ce tour d'arrogance candide. D'Artagnan, c'est le frère aîné que je n'ai pas eu, le complice qui m'a manqué pour échanger les mots de passe au seuil de l'aventure. La vie qu'il a menée, la

France qu'il a servie, c'est la substance de mon éthique, de mon esthétique, de ma politique. Je l'aime et je l'admire, il m'a appris à dilapider l'existence au débotté, à la diable et en toute désinvolture avec des amoureuses en croupe, des escales dans les tavernes, de vrais amis pour remettre ça et l'honneur cornélien en guise de morale.

À l'âge où mes copains cherchaient une « cause » entre Sartre et Guevara, j'avais déjà lu *Les Trois Mousquetaires* de Dumas. Ma cause, c'était ce bivouac endiablé où quatre drilles accommodaient l'héroïsme de la chevalerie à la sauce épicurienne. À la française. À la gasconne. Athos était le plus admirable, mais il entrait trop de désespoir dans son absolutisme, c'est d'Artagnan qui – de loin – me ressemblait le plus. Son orgueil puéril. Son insouciance zébrée de foucades qui emballaient la monture. Les minettes que j'embarquais sur ma Mobylette, je les décrétais Constance si elles me voulaient du bien, Milady si elles préféraient les play-boys en décapotable. Nos escapades de lycéens buissonniers n'aboutissaient qu'à des clairières où mes mains tâtonnaient sous des jupes plissées. N'importe : nous avions séché un cours et attenté aux mœurs bourgeoises des Bonacieux, l'ivresse subséquente avait à voir avec cette incroyable escroquerie amoureuse, une nuit de printemps, sur la place Royale, chez Milady. Je doutais de tout, je doutais de moi, mais je voulais tout étreindre. D'Artagnan m'avait déjà converti à un art de vivre incompatible avec le carriérisme. Ou le militantisme. Avec tous les « ismes ». Il m'a inculqué l'indifférence aux aléas, le culte de l'amitié, le goût de la fugue et aussi une certaine exigence d'altitude qui s'accommode de gamineries, de coquineries, jamais de mesquineries. Sans oublier l'art d'éclater de rire, car qui doute de tout ici-bas se fiche de tout et s'amuse de tout.

Comme il est tendre ce cadet qui verse un ruisseau de larmes à l'instant de quitter sa mère. Tendre mais assez fougueux pour provoquer Rochefort à Meung du haut de son « bidet jaunâtre ». C'est le début d'une cavalcade effrénée sur les champs de l'Histoire et ses chemins creux, la version romantique d'une chanson de geste. D'Artagnan s'acoquine avec les trois compères par la grâce de sa gaucherie de provincial. Dès lors, tout devient épique et drolatique, les duels avec les gardes du Cardinal, l'amour de Constance, le déjeuner de chocolat chez l'oncle de Porthos, la virée à Londres pour récupérer les ferrets de la Reine, le siège de La Rochelle, l'exécution nocturne de Milady. Puis les retrouvailles, vingt ans après, la Fronde qui les sépare, le serment de la place Royale qui les réunit, l'autre virée en Angleterre, Charles Ier sous l'échafaud, le fantôme de Milady sous les traits abominables de son fils Mordaunt. Puis Bragelonne, le fils d'Athos et de la Chevreuse, les amourettes de Louis XIV et de La Vallière, l'arrestation de Fouquet, la fin de la récré à Maastricht. J'ai relu maintes fois *Les Trois Mousquetaires* et *Vingt ans après*, une seule fois *Le Vicomte de Bragelonne* car il m'est insupportable de les voir mourir. Surtout lui.

D'Artagnan, c'est un prototype de « furia francese » plein d'idéal et gentiment trivial. Je ne passe jamais à Meung sans émotion. Ni sur la place Royale (*voir :* Place des Vosges), ni dans la rue Tiquetonne. La première fois que je suis allé à La Rochelle, c'était pour tâcher de repérer le fort Saint-Gervais, théâtre d'un déjeuner sous la mitraille par suite d'un pari. En l'occurrence j'y avais capturé les faveurs d'une jeune fille en fleur, toute blonde, et, bien que l'affaire remonte aux calendes, je repense à elle, ma mémoire l'associe aux péripéties du siège, je la confonds un peu avec Constance, un peu avec la Chevreuse. Elle était blonde comme Milady, douce comme Kitty.

Jamais Auch ne sera pour moi une ville ordinaire : d'Artagnan est son titre de gloire, sa statue de bronze trône au bas de l'escalier monumental, sous la cathédrale, la tour d'Armagnac et l'ancien palais épiscopal. Il se trouve que la cathédrale a été achevée au XVIIe siècle ; en admirant les retables et les stalles de bois sculpté du chapitre, je crois me voir, ou me revoir, à ce moment baroque où la France du Cid était si jeune, si enfiévrée, si créatrice. En cherchant Lupiac sur des routes accessoires, en lisière des coteaux du Bas-Armagnac, avec les montagnes Pyrénées sur la ligne d'horizon, je crois le revoir avec son nez aquilin, son galurin rustique et l'épée de son père battant les flancs étiques de sa rossinante. Lupiac est le village natal de Charles de Batz, seigneur d'Artagnan. Le manoir de Rochemaure est encore là, serti dans la verdure. Bien entendu il s'agit du d'Artagnan historique, capitaine des Mousquetaires du roi, dont les savoureux mémoires ont inspiré le génie de Dumas. Peu m'importe qu'il ait fabulé. Peu m'importe les « vérités » historiques. Le vrai d'Artagnan est celui de l'écrivain, l'autre lui doit une gloire posthume, attestée dans sa bourgade par un petit musée, attestée surtout, depuis la parution du roman, par son emprise sur les adolescents qui s'impatientent sous les préaux ou dans les bistrots. Du moins ceux qui ont le sang chaud, du cœur au ventre et du vent dans les voiles.

Chaque lundi, en parcourant *Midi Olympique*, la bible jaune des amateurs, je me soucie du résultat du FC Auch (rouge et blanc). S'il gagne, c'est Rocroi ou Nordlingen ; s'il perd, c'est Maastricht. Que le terroir de d'Artagnan se trouve au cœur de l'ovalie française n'est pas anodin : ce jeu de mains et de vilains, issu du tournoi aristo et de la soule populaire, récapitule les vertus qu'il a illustrées, sur le pré comme à l'auberge. Avant de connaître la France du rugby, du foie gras, des palombes et du jurançon, avant d'aller pèleriner à Auch depuis Toulouse par Gimont, depuis Tarbes par Mirande ou depuis Montauban par Beaumont et les bastides de la Lomagne, j'ai su que mon pays recélait un Sud mirifique. Un autre Sud que celui de Pagnol, de Giono et de Daudet, une terre d'Oc où les ripailles se corsent de fanfaronnades que l'on accrédite en provoquant la mort. Avant de me repaître des nostalgies balzaciennes, j'ai su grâce à d'Artagnan que mon pays, dans un passé indéfini, avait enfanté des démiurges aussi bêtement sentimentaux qu'un dadais twistant le rock en vue d'épater ses copines. D'Artagnan, mon frère d'armes et d'infortune, émotif comme une jouvencelle. Il rit, il pleure, il galège, il se querelle pour le plaisir d'un joli duel. Il raisonne au carré, comme un soldat, il déraisonne par amour ou par bravade. Placide au feu et dans le dévergondage, il commet innocemment de petites infamies. Son courage est un parti pris, il le doit à l'évidence d'une supériorité : celle d'être français.

Je me souviens d'un dîner à l'Hôtel de France, chez Daguin, autre gloire d'Auch, ville où la gastronomie s'est acquis des titres de noblesse. J'allais quitter les lieux lorsque s'encadra à la porte la silhouette concise de Jacques Fouroux, ancien capitaine de l'équipe de France de rugby, puis entraîneur, Auscitain de sang et de cœur. Je le connaissais à peine mais une légende le précédait. Nous avons refait le monde ovale, jusque tard dans la nuit, à l'armagnac. Ce petit bonhomme endiablé avait l'âme mousquetaire, la faconde gasconne, l'astuce de d'Artagnan. C'était un joyeux rebelle, en bisbille permanente avec les autorités suprêmes du rugby. Du temps de sa gloire sportive, il se signalait par son coup d'œil, son intrépidité, son art d'exalter jusqu'à la démesure les cœurs des Porthos du paquet d'avants qui pesaient le double de son poids. Nous avons fraternisé. Il y eut un autre déjeuner, chez Laffite, l'autre restaurateur notoire de la bonne ville d'Auch. Toujours cette intelligence comme la pointe de l'épée, ces fanfaronnades qui allumaient sur son visage un sourire attestant qu'il n'en était pas dupe. On l'appelait Napoléon, eu égard à sa taille et à son charisme, mais c'est à d'Artagnan qu'il ressemblait. De ce déjeuner je garde un souvenir confus, nous avions bu immodérément, et quitté la table au crépuscule. Je me revois – très vaguement – sur la route de Toulouse ; des platanes ivres morts me faisaient une haie d'honneur, comme les joueurs d'une équipe vaincue à l'entrée des vestiaires. Jacques Fouroux est mort comme il avait vécu, à la vitesse d'un demi de mêlée s'évadant d'un pack pour atteindre une terre promise. Chaque fois que je me hasarde dans son terroir, je pense à lui, et, lorsque se profile la statue de d'Artagnan, je m'attends presque qu'elle s'anime pour me proposer d'aller remettre ça. Remettre quoi ? Un coup à écluser, un coup à jouer, une rasade de gai copinage avant d'aller cavalcader avec le héros empanaché de ma jeunesse. Pour aller sauver l'honneur de la France, rien de moins. En s'amusant et avec l'accent de la Gascogne.

Auriac

Un soleil de Genèse émerge sur les crêtes bleutées de la chaîne des Puys. L'aube est givrée ; une brume crémeuse monte de la gorge et entre les branches nues du cerisier se profile un clocher qui égrène les heures. Les mêmes depuis mon enfance, de sorte que la scansion du temps, dans sa douce mélancolie, suggère plutôt l'éternité que la dépossession.

C'est mon village. Auriac. Il faut de la patience pour repérer sur une carte Michelin ce bourg de granit gris coiffé de lauzes, récapitulé autour d'une église trapue dont le donjon lui confère des allures de fortin. Ce n'est plus le Limousin, presque plus la Corrèze, pas tout à fait l'Auvergne. Loin de tout mais au centre du monde. Juché sur un plateau qui s'appelle la Xaintrie, il n'a pas l'air malheureux de son sort. Alentour, des prés pentus où le schiste rase les pâquerettes. Des genêts, des fougères, des sentiers bordés de noisetiers, de mûriers et de ronces en lisière de bois sombres veinés de ruisseaux qui dérivent vers le fleuve Dordogne. Quand les nuages sont en rage, des orages wagnériens foudroient des arbres, et des vaches à l'occasion. Rouges les vaches, ou plutôt acajou, majestueusement encornées et vêtues de longs poils qui les font ressembler à des animaux préhistoriques. Ce sont des salers, réputées pour leur endurance, leur naturel farouche et – toute xénophobie bue – un intellect plus sophistiqué que celui des laitières hollandaises. Il y a aussi des Hollandaises, l'été, sur les terrains de camping, réputées moins farouches. Malheureusement, les Bataves font monter les prix en rachetant les maisons, à part égale avec les Anglais. Lorsque j'étais enfant, les troupeaux qui se croisaient sur la place de l'église à l'heure de la traite ne comprenaient que des salers. Depuis peu on les a acoquinées à des charolais. En convolant avec une Bourbonnaise, mon père a anticipé la mode pour commettre entre autres ce métis : moi. C'est le destin d'un écrivain de camper toujours de part et d'autre d'une frontière.

Auriac est mon havre, ma tanière, le tabernacle de mon intégrale poétique. Ici, j'ai rêvé, prié, espéré, désespéré. Ici ont éclos, dans la pénombre d'une maison de famille, les attendus de mon bucolisme, avec le concours occasionnel de copines autochtones ou venues comme moi passer leurs étés chez une grand-mère vêtue de noir. Paris était une terre d'exil. Histoire française ordinaire : on monte à la capitale, par nécessité ou pour s'éblouir les mirettes. Si l'on y fait son trou, on y reste, mais alors on se taille un éden dans le bois des souvenirs d'enfance ou de grandes vacances. Mes parents ont échoué à Paris pour gagner leur vie. La mienne a eu du mal à s'en accommoder. Tout au long de mon enfance, j'ai invoqué cet humble bourg où nous revenions chaque année au prix de dix heures de route sur la nationale 20, avec vomissements réguliers à partir d'Uzerche. Ou bien nous prenions le train à Austerlitz. Le reste du temps, c'était l'école et le cinquième étage sans ascenseur d'un immeuble gris de l'avenue Daumesnil. Si j'entendais siffler un train de banlieue en gare de Reuilly, j'embarquais pour Brive ou Loupiac-Saint-Christophe, deux minutes d'arrêt. Et l'autobus à impériale qui dévalait l'avenue en direction de la Bastille devenait par magie la fourgonnette du boulanger d'Auriac. On s'évade comme on peut.

C'est mon village, le théâtre initial de mes fantasmagories, le confident de mes émois narcissiques. Le plus beau village du monde. J'en connais les moindres sentiers, j'ai usé pas mal de crampons sur son stade ; j'y ai écrit tous mes livres, et dans son cimetière, outre les miens, reposent des villageois par centaines qui ont connu mes frasques et les ont pardonnées. Du moins je l'espère.

C'est mon village et je lui voue une tendresse mêlée de gratitude : je lui dois tout, y compris mes fringales d'évasion. Il m'a toujours bercé, protégé, inspiré, jamais emprisonné. Je déteste le régionalisme quand il se dresse sur ses ergots autonomistes ou « culturels ». Ma patrie, c'est la France, pas la Corrèze ; encore moins le Limousin décrété « région » par le législateur. D'ailleurs j'ai autant de parentèle sur le basalte du Cantal, en Haute-Auvergne. Auriac a fait de moi un écrivain, peut-être un poète, à la manière du « timbre-poste » (Oxford, *alias* Jefferson) où Faulkner a condensé les figures de son imaginaire. Le fait est que mes ancêtres paternels se sont sédentarisés sur ces arpents infertiles. Venus de quelle contrée, dans quelle nuit des temps ? Je n'en sais rien. Ça n'a pas d'importance. Leurs restes sommeillent dans nos tombes, les miens les y rejoindront. De ces racines je ne me gargarise pas. Chacun possède les siennes, ou bien les plante sur la trame de ses souvenirs. Ou les invente. D'une certaine façon, chacun possède en son for l'équivalent d'Auriac. Dans ce pays d'antique ruralité, nous sommes nombreux à procéder, fût-ce en ligne brisée, d'un agencement de toits blottis sous un clocher. Beaucoup de Français savent pour le moins que tels de leurs ascendants roupillent dans un cimetière bocager. Même s'ils ont cessé de s'y rendre à la Toussaint. Même s'ils ignorent où il peut se trouver. Ils savent, c'est suffisant. Tous n'ont pas hérité d'une maison de famille, voire d'une grange susceptible d'en tenir lieu pourvu qu'on la retape avec les moyens du bord. Mais, longtemps encore, les loups urbains auront dans leur brocante intime un reste de terroir pour conforter leur « identité ».

Auriac à cet égard est une aubaine. Les vents de l'Histoire, avec une majuscule, n'y ont pas souvent claironné, ce n'est qu'un village d'Oc à l'ouest du Massif central, mais enfin les frères de Cro-Magnon y ont planté un menhir et on a exhumé les fondements d'une villa gallo-romaine. Mon village n'est donc pas né de la dernière pluie. Comme souvent, les bénédictins ont civilisé les parages, il en reste les extérieurs d'un monastère dans la dépendance de Saint-Géraud. Au bas de la gorge, un autre monastère, cistercien celui-là et fondé sous l'égide de saint Étienne d'Aubazine, natif de Bassignac-le-Haut, ami de saint Bernard de Clairvaux. C'est notre saint local, ça fait plaisir de savoir qu'un fil de spiritualité nous a reliés à Cîteaux. Le monastère a été englouti lorsqu'on a construit des barrages sur la Dordogne. Un portail a pu être sauvé, on l'a mis derrière le monument aux morts. Le Moyen Âge a creusé des souterrains et érigé le donjon de l'église, dont le clocher date du XVIe siècle, ce qui laisse à penser que les âges ne se sont pas emboîtés comme il est dit dans les histoires de l'art : ce clocher n'a rien de la Renaissance. Une légende veut que le maréchal Ney, pourchassé par la police de Louis XVIII, se soit planqué dans nos souterrains avant d'être arrêté du côté de Roanne.

La plupart des maisons ont été bâties entre la Restauration, la monarchie de Juillet et le Second Empire. Granit taillé, toits de lauzes à quatre pans. La IIIe République nous a dotés comme partout d'une école publique, d'une mairie et d'un monument aux morts. Quarante-six morts en 14-18, treize en 39-45, un en Indochine, un en Algérie. Mon grand-père paternel était à Verdun, le maternel aux Dardanelles : comme presque toutes les familles, la mienne a payé cash la folie des politiques et des diplomates. Aucune gratitude envers l'« État », la « République », etc. Mon amour pour la France ne mange pas de ce pain-là, il a d'autres fournils pour cuire sa passion. Bref.

Les temps modernes ont implanté un terrain de camping, un court de tennis, une salle polyvalente, un lotissement et un plan d'eau. L'été, l'on s'y trempe et l'on bronze quelque peu, ce n'est pas le climat de la Riviera, verdure oblige. L'hiver, le village se morfond. Histoire ordinaire d'une ruralité en décrépitude. Lorsque j'étais enfant de chœur, il y avait des écoliers sous le préau, des artisans sur la place de l'église, de la volaille sur chaque seuil et devant l'âtre une veuve en noir de 14-18 qui parlait patois. L'instituteur et le curé se tiraient la bourre. J'aurai connu un sursis de vraie vie campagnarde, juste avant l'agonie : les galoches de bois, les vaches au joug, la traite à mains nues, les jours de batteuse. Pas d'éclairage dans les hameaux, eau courante à la fontaine, lavoir public et toilettes en forme de cabanon au fond du jardin. Les « Trente Glorieuses » ont sonné un glas. Désormais les paysans se font rares, les volets des maisons ne s'ouvrent qu'aux vacances. Jusqu'à quand verrai-je des troupeaux dont le tintement des cloches dans la nuit ponctue le silence sans l'abîmer ? S'ils disparaissent, j'aurai le cœur gros, mais Auriac restera le point focal de ma carte du Tendre, le dépositaire complaisant de mes états d'âme. Je l'aime en toutes ses saisons – le temps des grillons, le temps des champignons, le temps des pâquerettes. En parcourant le dédale des sentiers où j'emmenais mes copines, pour des flirts bénins à l'ombre des châtaigneraies, les instances variables de mon petit « moi » accèdent à un semblant d'unité – et, si Dieu me prête vie, j'y finirai mes jours. J'écris ces lignes sur le sol africain, au bord de l'océan, et je m'y sens chez moi, en plus chaud. À vrai dire je me sens chez moi partout. Pourtant, où que je bivouaque, vient un moment où j'ai envie de m'en aller. Tandis qu'à Auriac j'ai toujours envie de rester. Jamais je n'ai quitté mon village, fût-ce pour une semaine, sans un petit nœud dans la gorge. C'est très français, ce besoin d'avoir toujours son terrier dans la musette, en guise d'en-cas. Français et littéraire. Depuis les débuts de l'ère industrielle, la France n'a cessé de produire des écrivains aptes à extraire de l'universel d'une gangue locale, poétisée par l'exil, à Paris ou ailleurs. Ma gangue, c'est ce village en flottaison entre ciel et terre, battu par des vents qui rendent à mes expectatives un écho langoureux. De loin en loin, une buse ou un milan dessinent dans le ciel des arabesques, au gré de leur désir ; ou bien un renard pointe ses oreilles à l'orée d'un pacage. Ces genres de beauté suffisent à mon bonheur.

B

Bonaparte

J'aurais sûrement détesté son cynisme, son arrivisme, son népotisme, son racisme, son sentimentalisme sirupeux. Mis bout à bout, les traits de sa personnalité produisent un faquin dont on n'a pas envie de se faire un ami. À peine un copain de régiment.

J'aurais été subjugué comme tout le monde par la campagne d'Italie ; sans doute aussi par la folle aventure en Égypte. Peut-être aurais-je approuvé le 18 Brumaire, il fallait en finir. C'était un vrai chef et déjà un héros, l'autolégitimation allait de soi. Murat à Saint-Cloud, balançant les députés par les fenêtres (« Citoyens, je vous dissous ! »), c'est une scène de Dumas avant la lettre.

L'assassinat du duc d'Enghien m'aurait écœuré, c'était une vraie saloperie. Le Concordat m'aurait rassuré, il fallait bien réconcilier la mitre et le bonnet phrygien. L'œuvre du législateur laisse pantois, il a tout conçu, tout prévu, tout mis en œuvre ; j'aurais admiré ce chantier herculéen.

Le sacre m'aurait fait rigoler. Tellement kitsch que ses maréchaux (de fraîche date) ne l'ont pas pris au sérieux. Ils désapprouvaient cette mascarade qui rendait paradoxalement le bonapartisme plus précaire et à Notre-Dame ils se sont comportés comme des reîtres. Tout de même, le mariage bâclé avec Joséphine, le coup de la couronne sous le nez du pape médusé, la musique de Paisiello, c'était du beau théâtre romantique. Davantage que du théâtre : en regardant la toile de David (un salaud de génie), on est touché par un mélange de folie mégalomaniaque et de grandeur. Il se prenait pour César Auguste et il a plié la réalité à cette extravagance.

La frénésie guerrière, l'Europe mise à sac, Austerlitz, Wagram, Essling, Eylau, l'Espagne, la Russie, la campagne de France... Peut-être me serais-je engagé pour n'être pas de reste, et j'aurais été une victime parmi tant d'autres de sa fuite en avant. Tous ces cadavres pour aboutir au traité de Vienne et à la Restauration. Reste qu'il a toisé les Pyramides, dormi à

Schönbrunn et au Kremlin : ça fait rêver. En langage de rugby, on dirait qu'il les a « bougés ». Tous : les rois, les princes, les peuples, les généraux en chef, les penseurs (Hegel).

Peut-être, à l'instar de Chateaubriand – ou de Constant –, sa tyrannie m'aurait-elle acculé à l'exil. Quitte à le rejoindre pour ce fabuleux « vol de l'aigle de clochers en clochers » depuis Golfe-Juan jusqu'à l'Élysée. Les Cent-Jours, c'est encore du Dumas.

Au fond, on ne sait pas par quel bout de sa lorgnette un citoyen lambda envisage le fragment d'histoire de France qui tombe sous son regard, et le somme de prendre un parti. Surtout quand ça chauffe. Ne jamais juger l'enrôlé d'une cause. Un milicien âgé de vingt ans fusillé à la Libération aurait pu tourner au héros de la Résistance, il eût suffi que son copain de chambrée lui prête un livre de Malraux plutôt que de Drieu ou de Rebatet. Je suis incapable d'imaginer mon choix au moment de la Fronde. Mazarin, les Princes ? Les Mousquetaires se sont divisés, j'aurais sûrement hésité. Toute cause semble attrayante à un cœur juvénile, aucune n'est claire si l'on prend le moindre recul. Mais justement, avec le recul de deux siècles, ce Corse ivre de fatuité et d'une vulgarité de parvenu continue de m'ébahir. Je ne suis pas le seul. Dans les cryptes de son inconscient, la France reste captive d'une mythologie délirante et magnifique : la sienne, depuis le pont d'Arcole jusqu'à la chambre de Longwood, à Sainte-Hélène. La vie de chacun des vingt-quatre maréchaux débute en chanson de geste et s'achève en roman de Balzac. Tous héroïques au feu. Tous vendus ou sous-loués à la Restauration puis à la monarchie de Juillet, nonobstant un passé plus ou moins gauchiste. Je les admire tous, même si j'ai des préférences pour ceux du Sud-Ouest (Bessières de Prayssac, Lannes de Lectoure, Murat de Labastide). Je ne pardonnerai jamais à Louis XVIII d'avoir fait fusiller Ney, même s'il a tourné puis retourné sa veste.

Napoléon Ier, c'est le grand soleil noir de notre mélancolie nationale. Ce qu'on lui doit est insondable, il nous le fait payer cher, en monnaie de spleen. D'une certaine façon l'histoire de notre conscience nationale débute à Waterloo, morne plaine. Ou dans le claque doré de l'Élysée à l'instant de l'abdication. À peine les Anglais l'ont-ils déporté, les vagues de la nostalgie inondent les cœurs des demi-soldes. Ils ont une jambe de bois, un moignon dans la manche et à peine de quoi s'offrir une prise de tabac, mais ils étaient à Essling avec Lannes (mon préféré), au siège de Lisbonne avec Soult, au passage de la Berezina avec Ney. Ils ont la faveur de la jeunesse, elle se morfond sous le prosaïsme du gros Louis XVIII, le puritanisme du sinistre Charles X, les atermoiements de l'insipide Louis-Philippe. « Je suis venu trop tard... » Ainsi va éclore le romantisme français, dans le sillage de Chateaubriand, l'autre géant, l'ennemi intime, très intime, du satrape qui toujours mendia son ralliement. Hugo, Balzac, Dumas, Vigny, Gautier, Musset, Stendhal : autant d'orphelins de l'épopée. « Mon père, ce héros au sourire si doux. » Ce père, nous n'avons pas cessé d'en porter le deuil, son absence a fait éclore Maurice de Guérin, Baudelaire, peut-être Rimbaud, Malraux assurément.

Le Retour des cendres illustre l'état d'esprit où nous pataugeons encore. Hiver 1840. Thiers a convaincu Louis-Philippe de rapatrier les restes de Napoléon pour filouter la nostalgie dont les feux épars menacent d'incendier le régime. Guizot a négocié la restitution à Londres. Joinville embarque pour Sainte-Hélène et fait ouvrir le cercueil. Miracle : le visage de l'Empereur n'a pas changé. Le revoilà sur les rivages de la France. Rochefort. Le Havre. Rouen. Au bord de la Seine, la ferveur populaire des gens de peu atteint des paroxysmes d'émotion. Des grognards hors d'âge ont revêtu ce qui restait de leur uniforme et se congèlent au garde-à-vous, de grosses larmes dans les yeux. Ils étaient à Friedland, à Leipzig. C'est le vieux Soult, président du Conseil, qui le premier s'incline devant le cercueil, à Courbevoie. Soult, héros sur les champs de bataille, médiocre combinard après Waterloo, rallié à toutes les gamelles, fût-ce pour réprimer les canuts de Lyon. C'est Moncey, gouverneur en titre des Invalides, aveugle et impotent, qui va accueillir Napoléon devant l'église Saint-Louis. Quoi de plus romanesque ! De plus poignant ! De plus désespérant aussi, car enfin il s'agit d'un cercueil, l'Empereur est mort depuis plus de vingt ans. Les campagnes d'Italie et d'Égypte remontent au siècle précédent et une génération devenue adulte sépare le temps présent de celui de l'épopée. « Maintenant nous pouvons mourir », conclut Moncey au soir d'une cérémonie qui a drainé un million de personnes entre l'Arc de triomphe et les Invalides, dont Balzac, Baudelaire et Hugo.

Deux siècles plus tard, ni l'Église ni l'État ne se sont associés à la commémoration du sacre, en 2004. On peut les comprendre. On comprend moins bien que nos autorités se soient abstenues de commémorer Austerlitz, l'année suivante, au motif que Napoléon rétablit l'esclavage à Saint-Domingue. Des faits aussi peu reluisants, son règne en abonde, et, en voyant le fort de Joux dans sa froidure, je ne suis pas fier de la façon dont Toussaint-Louverture a été traité. Napoléon n'aura pas été un héros pur. La veuve et l'orphelin n'étaient pas son souci. Il a saigné la France à blanc, inoculé aux peuples d'Europe le venin du nationalisme et offert à Metternich l'aubaine d'une revanche des têtes couronnées. Ou plutôt d'un sursis. Le bilan politique n'est pas fameux. L'homme n'était pas recommandable. Pas haïssable non plus : ses fragilités sont touchantes. Il a pleuré à la mort de Lannes ; il était sujet à la déprime (pas longtemps) et souffrait d'être cocu, comme tout un chacun.

Quoi qu'il en fût de sa personne et de son œuvre, le regret lancinant d'un âge d'or n'a plus cessé de nous obséder. Napoléon III en a fait son beurre impérial – pendant vingt ans – et la geste gaullienne ne lui est pas moins redevable. Sans Napoléon, la posture impériale de Charlemagne, enluminée par Saint Louis, et la grandeur selon Louis XIV seraient trop loin de nous pour entretenir l'orgueil d'être français. Sans Napoléon, notre romantisme aurait tourné à l'eau tiède. Nous n'avons pas comme les Allemands le génie du fantastique, ou comme les Anglais celui du cosmopolitisme. Sans ce monstre d'égocentrisme, la France ne serait qu'un pays beau, riche et civilisé. Par lui et en lui, nous sommes « le veuf, l'inconsolé » d'une fausse madone putassière en diable, mais tellement désirable : l'Histoire, avec une majuscule dorée sur tranche.

Bovary (Emma)

Héroïne malgré elle car très égocentrique, peu maternelle et presque vulgaire dans ses fantasmes (le « luxe »). On lui pardonne, son rêve d'amour sonne juste en dépit du bric-à-brac de sensualité rustique, de mysticisme flou (l'enfance chez les religieuses), de velléités d'exotisme. En visant plus haut que son cœur, elle s'est tuée, car ses deux amants, eux, manquaient de cœur, et d'idéal. Comme tous les pauvres types que les Emma de jadis, de naguère et d'aujourd'hui prennent comme amants, parce que leur cynisme se trouve là au bon moment.

Ce qui m'émeut, et rend le « bovarysme » indémodable, c'est l'insatisfaction de la femme, captive d'un songe flou qui ne peut déboucher que sur l'adultère. Et elle est déçue, fatalement, ayant investi à corps perdu et hors sujet toutes les instances de sa sensibilité. C'est une « moderne » dont l'âme en charpie tente de retrouver l'unité « classique ». Tentative désespérée. Au tragique près (la mort, courageuse), le destin de la belle Emma, on le croise tous les jours, si on sait lire dans le regard des bourgeoises de province. Il faut juste un peu d'oisiveté, un reste d'éducation religieuse effilochée en imageries rose bonbon ou bleu pervenche. Les impatiences charnelles viennent de surcroît. Le cocu brave mec et bon père de famille, mais trop trivial, trop établi dans les aises d'un bonheur sympa, on en ramasse à la pelle après que son épouse s'est fait la malle avec son professeur de golf ou de yoga. Le positivisme à la Homais, qui jargonne « moderne » et ne pige rien, ça court les rues, les colloques et les Rotary. Yonville, *alias* Ry, ou Forges-les-Eaux, ça existe encore, et pas seulement en pays de Bray.

Emma, je suis allé à Ry, je t'ai cherchée dans la petite église sur la butte, puis dans le patelin tout en longueur avec ses maisons à colombages coloriés, sa rivière, un château en surplomb. Serait-ce celui de Rodolphe ? Je t'ai cherchée à Forges-les-Eaux aussi puisque, dit-on, Flaubert y séjournait lorsqu'il t'a conçue, sur la foi d'un fait divers local, l'histoire d'un toubib de base dont l'épouse a pris des amants. Aujourd'hui elle prendrait du Lexomil, ça ne suffirait pas plus que le confessionnal.

Emma, je t'aime comme tu es – futile, pas très futée, mais avec la suprême, la sublime intelligence du désir. Je te connais, je te reconnais : l'épouse frustrée – et fruitée – du médecin, du pharmacien, du notaire, de l'avocat, du cadre moyen ou un peu supérieur. Ça, c'était la province française de mon adolescence. Elle n'a pas tellement changé. Le bovarysme non plus. Il est seulement devenu plus urbain, et plus compliqué car désormais tu travailles et tu regardes la télé ! Tes songes sont plus sommaires, ils n'ont plus le temps de cristalliser, ta « sexualité » n'en revient pas. Car il y a ces histoires de « sexualité », et d'« épanouissement », dont t'accablent les magazines. Mais Léon et Rodolphe, dans leur défroque de bobo friqué, sont toujours aussi cons. Aussi vulgaires dans leurs appétences. Ils ne te méritent pas, tu divorces en pure perte car le suivant ne vaudra pas mieux. Pauvre Emma !

Flaubert voulait peindre une âme : la tienne, la sienne (« Madame Bovary, c'est moi »). Il a décrit cliniquement une pathologie française. Du moins ce qui passe pour tel, car à mon aune le bovarysme n'est pas une maladie, c'est l'entre-deux de la femme « moderne ». Soit elle couche comme on se douche et ça n'a aucun sel, ça détend juste les nerfs. Et encore. Soit elle ne couche pas et c'est une autre trajectoire, pas forcément déplorable. Soit elle bovaryse, ponctuellement ou éperdument, et son destin la guette, au creux de la déception. Ce don de soi pour ça, se dira-t-elle, c'est trop moche pour être supportable. Quel gâchis ! Pourtant je l'aime, ce salaud.

Après Léon le bobo du côté de la rue Oberkampf, il y aura Rodolphe à Tourgeville ou à Ramatuelle, sa Porsche, ses costards griffés, sa piscine dessinée par un artiste postmoderne. Après ? Le vide et le trop-plein. Pauvre héroïne ! Ton mal est inguérissable, et tant mieux : aussi longtemps que ses similibourgeoises bovaryseront tandis que leur mec officiel fait son tiercé ou boursicote en prenant son whisky, la France ne sera pas un pays de tourisme sexuel ou de puritanisme hystéro ; elle restera le havre des sensualités inassouvies. C'est un des versants les plus poignants de son génie.

C

Chailly

Sur le tableau, il est à peine visible et pourtant tout converge vers lui. C'est le clocher de Chailly-en-Bière, qui sonne l'*Angélus* de Millet. Autant dire le glas de la France rurale et catholique. En même temps qu'il résume une espérance immémoriale, il rompt une fatalité. Car l'austère, biblique et peu clérical

Jean-François Millet, qui avait connu les travaux des champs dans son Cotentin natal, ne se payait pas de bucolisme à l'eau de rose : ses faucheurs, ses moissonneurs, ses glaneuses, baratteuses et autres laitières sont la proie d'un sombre destin. L'arc-en-ciel printanier qu'on voit sur un tableau au Louvre est une parenthèse presque mystique.

J'aime cette œuvre – la ferveur médiévale de la paysanne, l'inclinaison légère de la tête du paysan, sa façon de joindre les mains, suppliante dirait-on, la brouette de l'une, la fourche de l'autre, les jaunes orangés du crépuscule. C'est l'imagerie d'une France de clochers, de chaumières et de crucifix de pierre semés aux carrefours des chemins. La France pieuse et laborieuse de la mère de Péguy que j'ai idéalisée en mon exil parisien, sans me douter qu'elle disparaîtrait si vite. Je l'ai juste entrevue dans mon village, elle allait sur sa fin comme partout ailleurs en France, et cette agonie n'est pas anecdotique, nous sommes plus foncièrement que d'autres un peuple de paysans, comme en témoigne encore l'importance de l'agriculture dans l'économie de la France. La ruralité était déjà en sursis sous Louis-Philippe et Napoléon III. Millet, Théodore Rousseau ont voulu la figer en paysages à la fois humbles et farouches. Tout de suite après vient le temps des décors, avec les impressionnistes et leur postérité.

J'aime cette plaine magnifiée au crépuscule par Rousseau, qui hébergea et inspira l'école de Barbizon, en relais de celle dite de Fontainebleau, dont la quête de la nature me touche (troncs de Corot, peupliers de Barye dans les gorges d'Apremont, paysages de Cézanne). Barbizon s'est à la fois touristisée et embourgeoisée, mais le bric-à-brac charmant du musée aménagé dans l'atelier de Millet ressuscite ce moment de communion artistique. Chailly a gardé un peu d'âme, on croit la frôler à l'enseigne du Cheval-Blanc, dont les murs sont encore tapissés de toiles.

J'aime le clocher de Chailly, il sonne les mêmes heures défuntes que celui de mon village et il toise un cimetière où repose une amie merveilleuse, non loin des tombes de Millet et de Rousseau. Tombes côte à côte, qui entretiennent une autre amitié. Celle de Rousseau est un fouillis de roches, celle de Millet ne se pique de rien.

Champagne

Ses yeux s'embuent, ses joues rosissent, ses lèvres passent aux aveux : enfin elle succombe à mes assauts. Champagne ! Zidane a dribblé le dernier défenseur, ajusté son tir ; le goal est pris à contre-pied, c'est le but de la victoire pour les Bleus. Champagne ! Avec mes copains de régiment, ou de fac, ou de club, on a prémédité un dégagement dans une gargotte à l'ancienne. Champagne pour arroser la nostalgie de nos années folles ! Champagne de rigueur pour les cérémonies de famille, champagne buissonnier pour les joies octroyées par les caprices du hasard. Les vins ont leurs vertus, les apéritifs leurs raisons d'être, et les dîners virils exigent un alcool en guise d'épilogue. Mais le champagne, c'est la vie à la hausse, à la diable, à la roulette russe. Quand le bouchon saute, les cœurs battent une chamade. Quand les bulles s'avisent de pétiller dans la coupe ou la flûte de cristal, l'esprit des lieux revêt ses habits de lumière, on s'évade des réalités. La souillon se métamorphose en marquise, le bureaucrate en James Dean, le technocrate en aventurier, le gazetier de sous-préfecture en un mixte d'Hemingway et de Kessel ; et l'obscur conseiller général se voit à l'Élysée dans le fauteuil du Président. Toute métamorphose est plausible avec la magie du champagne. Elle hisse les songes au-dessus de leur étiage, elle instaure dans les âmes une sorte de faste luxueux, voluptueux, soyeux, capiteux, faramineux. Certes, la mythologie qui enlumine ce vin le prédispose à incarner des fêtes galantes dans des décors à la Watteau ou à la Fragonard. Mais sa texture, sa façon à la fois audacieuse et subtile de titiller la langue, ses arômes de pomme et de pain grillé suffiraient à nous enrôler dans un univers où l'élégance va de soi. C'est pourquoi il faut le lamper comme un élixir d'alchimiste, pas le picoler. N'importe où, mais pas n'importe quand : il convient que les circonstances s'y prêtent, quitte à manier le paradoxe. On peut célébrer au champagne un bonheur dans une cage d'escalier, une clairière ou un abribus ; encore faut-il que ce bonheur soit insolite, et que les célébrants se sentent pousser des ailes. Il y a des fraternités d'armes qui s'entretiennent à la bière, des exaltations dont le rouge force la note. Le champagne, c'est pour les affinités électives, les soupers d'amoureux, les commémorations intimes. Il parachève un banquet, par devoir d'État, et s'impose dans tout cocktail de bon aloi. Cependant sa vocation foncière n'est pas d'ajouter une ivresse à une autre, ni même d'inaugurer une fiesta ; elle consiste plutôt à inoculer, au plus secret des neurones, une sorte d'ivresse de la sensibilité qui rapproche tout un chacun de ce qu'il aurait voulu, de ce qu'il aurait pu, de ce qu'il aurait dû. Et toujours en le tirant vers le haut. Une cuite ordinaire m'inspire des fantasmes de soudard ; un abus de champagne me prête une âme d'élite, je me crois voué à des destins exemplaires, et l'égérie qui m'accompagne éventuellement dans cette prise d'altitude ne saurait être une harpie, un cageot ou une idiote.

On reste toujours tributaire de nos chimères juvéniles. L'étudiant désargenté que je fus voulait devenir un écrivain. Cet état mirifique était associé, entre autres images, à celle-ci : moi, juché sur un tabouret au bar du Ritz, une coupe de champagne à la main. Une pour commencer, en solitaire, les suivantes me consentiraient un sillage d'esprits déliés et de sirènes à l'unisson. Du temps a passé, ma jeunesse s'est évaporée, j'ai gâché de l'encre et bu du champagne en surabondance, au Ritz et ailleurs, du blanc et du rosé. En se trempant dans ce breuvage, ma plume a-t-elle gagné en fluidité ? Je ne sais. Reste en mon for la conviction qu'il a partie liée avec une forme d'ennoblissement. À cet égard il conforte légitimement notre patriotisme : le champagne, c'est la France. On repère facilement son terroir sur les cartes de l'Hexagone, non loin de Reims où débuta quasiment l'histoire de notre pays. Chaque fois qu'au large d'Épernay j'aperçois ses vignes, une fierté cocardière me surprend. Partout dans le monde, à l'instant où les bulles se mettent à pétiller, le génie de la France s'insinue dans les cerveaux, et le butor le plus calamiteux devient peu ou prou un « french lover » irrésistible. Il lui suffit d'énoncer dans sa langue la devise de Blondin :

« Remettez-nous ça ! » et le voilà habité par des mânes princières.

Chevreuse (Marie de Rohan, duchesse de)

Belle comme le jour, blonde aux yeux bleus comme Brigitte Bardot (jeune), enjouée, endiablée, intrépide, inconséquente, séditieuse, aventureuse, amoureuse au long cours : l'héroïne du baroque français aura semé dans le royaume de Louis XIII un désordre merveilleux.

Je l'ai rencontrée dans *Les Trois Mousquetaires*, et je suis tombé amoureux d'elle. Cette dame de haut rang qui se planque chez Aramis, au 25 de la rue de Vaugirard, c'est elle. D'Artagnan a juste aperçu sa silhouette ailée, un soir qu'il pistait Constance Bonacieux. Marie Michon, *alias* Aglaé, lingère à Tours, c'est elle. Dans *Les Trois Mousquetaires*, la maîtresse d'Aramis brille par son absence, d'une lumière très noire. Par le mouchoir brodé et la couronne du papier à lettres (parfumé), on sait qu'elle est duchesse. On devine que les flics de Richelieu sont lâchés à ses trousses.

Mystérieuse exilée, dont les silences navrent Aramis. De dépit, il se fera abbé. Déjà il jargonne sur les casuistes. Arrive une lettre d'elle (« Moi qui baise tendrement vos yeux noirs »), et les épinards de carême présentés par Bazin roulent sous la table, avec la calotte. « Un lièvre piqué, un chapon gras, un gigot à l'ail et quatre bouteilles de vieux bourgogne. » Voilà un menu qui tiendra au ventre les certitudes amoureuses. C'est vendredi, mais peu importe : un novice en ce temps-là se damnait pour moins qu'une duchesse, et le Dieu compatissant de saint François de Sales rigolait en douce.

La mère du vicomte de Bragelonne, c'est elle. On découvre enfin son identité, *Vingt ans après*, dans les débuts de la Fronde, lorsque le comte de la Fère présente le fils à sa mère. Pour avoir acculé Athos à commettre l'acte de chair, après l'infamie de Milady, il fallait qu'elle fût ensorcelante. L'accouplement s'était produit, il est vrai, à la faveur d'une double équivoque, dans un presbytère du Limousin le plus reculé.

Depuis ma première incursion au pays des Mousquetaires, je l'aime et je la cherche en ces temps où les derniers féodaux négocient avec les premiers libertins un pacte d'insoumission à l'État. Je l'ai cherchée dans les livres qui me parlent d'elle, dans les lieux que sa présence a patinés de mystère. Clandestinement ou presque, tant sa réputation est effroyable. Ses contemporains la dénigrent tous ; les historiens l'accablent unanimement. Son premier biographe, le prude Victor Cousin, triche pour ne pas l'enfoncer : il est tombé amoureux d'elle. Son autre biographe, Louis Batiffol, lui accorde le bénéfice des circonstances atténuantes.

On lui reproche – entre autres – d'avoir trahi son pays, dévergondé sa reine, prémédité les assassinats de Richelieu et de Mazarin, peut-être aussi de son roi Louis XIII.

On lui reproche d'avoir inspiré les factieux et armé les régicides.

On lui reproche d'avoir aimé sans remords, et allumé sans vergogne les feux de mille concupiscences.

Elle plaide coupable.

Plus exactement, elle ne plaide pas : elle sourit, hausse les épaules, affecte d'aller se coucher, se déguise en homme et se tire à cheval par une porte dérobée. On la cherche en Touraine ; elle a passé les Pyrénées. On la relance à Madrid ; elle traverse la Tamise à la nage, au mois de janvier et en chemise !

Elle ?

Marie de Rohan, connétable de Luynes, duchesse de Chevreuse.

Marie-la-Belle : avant que de la haïr, ils l'ont tous aimée, ou désirée. Tous, y compris Louis XIII et Richelieu, pour citer les ennemis qu'elle s'est choisis d'emblée, par orgueil ou par caprice. Tous : les rois régnants, les princes et les bourgeois, les valets, les paysans, les servantes d'auberge. Ses pires accusateurs rendent les armes à sa beauté.

Marie-la-Rebelle : la moitié de ses tendres années en exil hors le royaume, ou en relégation hors Paris – ce qui revient au même, car les rôles du théâtre social se distribuaient à l'intérieur du périmètre magique où la Cour se donnait en spectacle.

Marie-l'Espiègle : un itinéraire héroïque parcouru dans l'insouciance par une gamine endiablée et rieuse, souvent ébahie par ses propres audaces.

Insoumise, distraite, adorable et un peu folle Marie, princesse de tous les désirs, miroir vénitien d'une époque violente, confuse, féconde, hallucinée. La plus charmeuse, la plus généreuse, la plus baladeuse, la plus courageuse. La plus impudente, soit ; mais la plus gaie et surtout la plus féminine. Pas frelatée et arriviste comme la Longueville, pas intello et prude comme la Rambouillet. Son existence illustre les songes romanesques de ses contemporains ; elle traverse le demi-siècle à la manière d'une étoile filante. Dans son âme d'alouette éblouie par les ors du baroque, les dernières braises de la Renaissance agonisent. « Circé du siècle », selon Erlanger, Marie mérite autre chose que l'imputation d'une intrigante affligée de nymphomanie. En France, les vainqueurs politiques dictent naturellement l'Histoire, et Richelieu a gagné – à titre posthume – sur tous les fronts. Son ombre immense écrase ses ennemis ; ses *Mémoires* achèvent de les néantiser, et le doux Mazarin s'est faufilé à ses côtés dans le Panthéon de nos grands hommes d'État. Or, Marie les a défiés l'un après l'autre – eux et leur « raison d'État », dont la nécessité, pour nous évidente, n'apparaissait pas à leurs contemporains. S'agissant de Marie, l'Histoire s'en tient aux croquis dessinés – avec quel fiel ! – par les deux éminences dans leurs écrits.

Elle pardonnerait à Marie ses frasques politiques ou galantes si on la pouvait travestir en ancêtre de quelque mouvement émancipateur. Ainsi a-t-on « récupéré » Mme de Rambouillet et ses Précieuses ! Ninon de Lenclos, la courtisane-philosophe du milieu du siècle, n'a pas échappé non plus à cette retape. Pas moyen d'enrôler Marie dans la cause féministe. Le sel de la liberté, elle l'a goûté sur des lèvres amoureuses ;

aux jeux de l'intrigue elle s'est prêtée pour se distraire, ou pour complaire à ses amants, ou pour les deux raisons à la fois. Jamais elle n'a prétendu théoriser ses appétits ou ses caprices. Marie-la-Solitaire, embastillée dans l'entrelacs de ses désirs de femme, affronte la postérité sans concours militant.

C'est une Rohan (« Roi ne puis, prince ne daigne, Rohan je suis »), elle a dans les sangs l'orgueil naïf de ses origines. Pas la morgue. Après la Fronde, ultime bal de la sédition nobiliaire, cette allégorie de la féminité épousera un petit gentilhomme limousin et mourra presque octogénaire en odeur de sainteté. Vaguement janséniste, ce qui est encore une irrégularité.

J'ai vu son portrait à Dampierre. Elle ressemble, m'a-t-il semblé, à l'actuelle duchesse de Chevreuse, Christine de son prénom (née Roussel, famille gasconne). Plus exactement elle portait ce titre lorsqu'elle m'a reçu. Depuis, le duc de Luynes est mort, son mari a dû hériter du titre de son père, c'est le mode d'ascension sociale dans ces milieux-là. Feu le duc aussi m'a reçu dans son château de Luynes. J'écrivais un livre sur leur ancêtre. Marie, en premières noces, avait épousé Charles d'Albert de Luynes, le favori de Louis XIII, et malgré ses dévergondages la famille en tire une fierté légitime. Je me revois, accompagné d'un comte de Luynes qui a dû lui aussi prendre du galon, chercher absurdement la tombe de ma chère Marie entre deux HLM de Gagny (93) où se trouvait jadis un couvent. Je me revois rôdant frauduleusement dans le parc du château de Montbazon où s'est écoulée une partie de son enfance. J'étais amoureux d'elle, je le suis encore, c'est – avec Jeanne d'Arc, Thérèse de Lisieux, Bernadette Soubirous et Emma Bovary – mon héroïne française préférée.

« Rien n'était quasi impossible à une femme aussi belle et avec autant d'esprit que celle-là. »
Fontenay-Mareuil.

« Lumière des perfections. » Jacques Callot.

« Elle était jolie, éveillée, friponne... »
Tallemant des Réaux.

« Une femme de qui la malice surpassait celle de son sexe. » Châteauneuf.

« Esprit actif et remuant. » Montglas.

« Mme de Chevreuse avait beaucoup d'esprit, d'ambition et de beauté ; elle était galante, vive, hardie, entreprenante ; elle se servait de tous ses charmes pour réussir dans ses desseins, et elle a presque toujours porté malheur aux personnes qu'elle y a engagées. » La Rochefoucauld.

« Je n'ai jamais vu qu'elle en qui la vivacité suppléât le jugement. Elle lui donnait même assez souvent des ouvertures si brillantes, qu'elles paraissaient comme des éclairs, et si sages, qu'elles n'eussent pas été désavouées par les plus grands hommes de tous

les siècles... Son dévouement à sa passion, que l'on pouvait dire éternelle quoiqu'elle changeât d'objet, n'empêchait pas qu'une mouche ne lui donnât quelquefois des distractions ; mais elle en revenait toujours avec des emportements qui les faisaient trouver agréables. Jamais personne n'a fait moins d'attention sur les périls, et jamais femme n'a eu plus de mépris pour les scrupules et pour les devoirs : elle ne reconnaissait que celui de plaire à son amant. »
Cardinal de Retz.

« ... son plaisir l'avait menée, c'est-à-dire qu'elle s'était intéressée dans les affaires du monde seulement par rapport à ceux qu'elle avait aimés. »
Mme de Motteville.

« On dit qu'elle remue beaucoup, mais qu'elle n'établit jamais une affaire.

« On dit qu'elle mêle bien une intrigue, mais qu'elle ne peut jamais la démêler.

« On dit qu'elle sort fort bien d'un labyrinthe, mais *non pas sans s'engager d'abord dans un autre.* »
La Vérité prononçant ses oracles (mazarinade).

« Bellissima e gentillissima. »
Ambassadeur de Venise.

« La dame du royaume la plus convaincue de factions. » Cardinal de Retz.

« Cet esprit est si dangereux qu'étant dehors il peut porter les affaires à de nouveaux ébranlements qu'on ne peut prévoir. » Cardinal de Richelieu.

« La France n'a été calme que quand elle n'était pas là. » Cardinal de Mazarin.

« Elle a été la perte de la reine. »
Cardinal de Richelieu.

« Lucrèce dame. » Chalais.

« Voilà le diable ! » Louis XIII.

« Je crois que je suis née pour l'objet de la folie des extravagants. » Marie de Rohan, connétable de Luynes, duchesse de Chevreuse.

Cîteaux

L'esprit continuera de souffler à Cîteaux tant qu'il y aura des moines. Il émane miraculeusement de la pierre à Fontenay (toujours en Bourgogne), à Sénanque, au Thoronet ou à Noirlac. Il souffle aussi à Aubazine, en Corrèze, où un copain de Bernard de Clairvaux, natif de mon plateau, fonda une abbaye. Il a soufflé dans toute l'Europe, à partir du début du XIIe siècle, lorsque l'abbaye mère implantée par Robert de Molesme rayonna par la grâce de saint Bernard. Ces deux réformateurs étaient bourguignons. La dissidence des cisterciens vis-à-vis des clunisiens (bures blanches contre noires) est un de ces moments où l'histoire de la chrétienté occidentale a été orchestrée par des Français. En grégorien. Moment grandiose à l'aube du gothique. Il y eut d'autres réformes du monachisme au Moyen Âge (saint Bruno, saint Dominique, saint François d'Assise), mais la cistercienne a éclos sur notre sol et saint Bernard – théologien, prédicateur, mystique, homme d'action et d'influence – peut être considéré comme notre plus grand saint. Le but était tout simple : revenir à la stricte observance de la règle de saint Benoît après la réforme de Cluny (déjà la Bourgogne) qui avait tourné court. Le génie créateur des cisterciens a initié une « révolution » tant spirituelle (évangélisation des Baltes et des Prussiens) qu'économique (élevage) pour le salut des hommes et leur prospérité aussi. Elle fut féconde à tous égards et a enfanté un art fait de rigueur, de pureté, de luminosité. Port-Royal était à l'origine une abbaye cistercienne et l'austérité janséniste rend un certain écho à l'exigence des premiers réformateurs. Le dernier sera Rancé, fondateur de la Trappe.

On comprend mal le tempérament français si on occulte l'influence du monachisme depuis saint Martin et saint Hilaire. Sans lui, nous serions moins enclins à quérir l'absolu ou à dévoyer cette aspiration en nous gargarisant d'utopies collectivistes ou réactionnaires. C'est souvent qu'au détour d'une route secondaire, dans un trou de verdure proche d'une rivière, on découvre les restes plus ou moins réhabilités d'un monastère, autour duquel la vie paysanne a gravité durant des siècles. Si le toit de l'église se contente d'un clocheton, si les murs sont nus, le chevet plat, les colonnes tronquées et les chapiteaux ornés seulement de feuilles d'eau, c'est un vestige de la grande aventure cistercienne. Sans doute la plus grandiose de l'histoire de France ; en tout cas la plus noble. Que l'on soit ou non croyant, on éprouve le sentiment de retrouver une maison de famille dont le siècle nous aurait dépossédé. Maintes fois j'ai été tenté de le fuir pour apercevoir en psalmodiant un reflet de l'invisible. Le siècle m'a toujours rattrapé, je n'ai pas la trempe d'un disciple de saint Bernard, loin s'en faut. Mais, en tant que Français, j'ai conscience d'une dette considérable à l'égard de Cîteaux. En tant qu'écrivain aussi. Consciente de ses infirmités, ma plume voudrait suggérer l'indicible avec les mots de tous les jours, au prix d'une ascèse qui reflète la visée de l'art cistercien. Pâle reflet d'une exigence dont il reste néanmoins un souci de sobriété et d'épuration assez récurrent dans notre histoire littéraire.

Classicisme

Une grâce, un naturel, une élégance empreinte de sobriété autant que de majesté, un équilibre caractérisent ce qui s'est construit en France entre les fins du règne de Louis XIII et de celui de Louis XVI. Bâtiment des Invalides, chapelles de la Sorbonne ou du Val-de-Grâce, coupole de l'Institut : perfection des volumes, modestie du décorum. Perfection de Versailles, grandiose sans grandiloquence. N'en déplaise à Sissi, Schönbrunn, qui prétend s'en inspirer, est tellement lourdingue en comparaison. Tellement plouc. La France a sauté ou presque la case du baroque (*voir :* Place des Vosges). Après la Renaissance, son génie s'épanouit dans un jeu d'équilibres qui produit une impression de charme féminin. Cent châteaux, mille chartreuses illustrent cette esthétique inconsciemment soucieuse de ne pas en rajouter sur la juste mesure. Place Stanislas à Nancy. Place du Capitole à Toulouse, place du Parlement-Sainte-Catherine à Bordeaux, place de la République à Nevers. Place Vendôme, place des Victoires, place de l'Odéon à Paris : même élégance qui serait austère, ou du moins un peu froide, si ne l'embuait une fragilité, presque une précarité. On le perçoit à Bordeaux, depuis que les éclairages bleutés métamorphosent la place de la Bourse en une manière d'apothéose féérique et crépusculaire de l'idée qu'on se fait de la civilisation. Tous les bâtiments publics (Rochefort), toutes les villes (Richelieu), toutes les façades au bord d'un fleuve ou d'une rivière (Bordeaux, Besançon), tous les hôtels construits au XVIIe et au XVIIIe reflètent cet équilibre miraculeux. Ceux entre autres de l'ancien faubourg Saint-Germain, où sont implantés la plupart des ministères, depuis Matignon jusqu'à l'hôtel de Noirmoutier.

Le débat entre classique et moderne (*Hernani*, etc.) tronque ou occulte l'importance du classicisme dans notre système de références. C'est bien davantage que le parti pris de la norme contre celui de la permissivité. Dit-on dans les autres pays que tel écrivain fait partie des « classiques » ? J'enrôle dans la catégorie ceux du Grand Siècle et ceux des Lumières, à l'exclusion de Rousseau dont les frissons de l'intériorité sont déjà romantiques. Racine, Corneille, Molière, Boileau, Perrault, Bossuet, La Rochefoucauld, Mme de Lafayette, La Bruyère, Saint-Simon : hyper-classicisme de l'époque Louis XIV. Mais Marivaux, Diderot, Voltaire, Beaumarchais sont aussi nos classiques. On est tenté d'inclure sous l'appellation tout le grand patrimoine littéraire depuis Malherbe jusqu'à Camus. Auquel cas le mot semble perdre de son sens. Il décrit tout de même une filiation du style. Une langue qui sait valser avec un mélange de nervosité, d'ironie et de rigueur. Une pensée qui sait se poser pour explorer le réel. Ou s'enivrer, mais sobrement. Comment dire ? Un refus spontané de l'extravagance et du fatras, adossé sans servilité à la tradition. Ainsi dit-on qu'une femme s'habille « classique » (jupe écossaise plissée, chemisier blanc, simple collier de perles, serre-tête en velours, tons fondus à la Vermeer). Ni érotisme, ni falbalas, rien de gourmé non plus. Simplicité inimitable de ce « chic » de la bourgeoise parisienne, ou versaillaise, provinciale par extension. Le « bon goût » est classique par définition et c'est en référence à ses critères (naturel, rigueur, etc.) que le « mauvais goût » lâche ses provocations.

Le classicisme nous borne et nous protège. Nous adorons la fantaisie et l'insolence, nous sommes assez foncièrement anars, mais incapables des débordements de l'imaginaire des romantiques allemands. Ou des volutes du baroque italien, bohémien ou flamand. Notre (rare) baroque a de la grâce, mais il récuse la surcharge et les trompe-l'œil. Pas de rococo en France, on est passé directement du classicisme au romantisme avec une brève escale au « néo » et un surcroît de majesté à peine fastueuse dans le cas de Saint-Sulpice, ou de Saint-Nicolas-du-Chardonnet. On a évité de peu la surcharge, c'est du classicisme tardif comme Saint-Roch, Saint-Thomas d'Aquin et Notre-Dame des Victoires. Rigueur de Baudelaire, malgré la « modernité » (il a inventé le mot) et la quête du paroxysme. Il y a dans la musicalité de ses vers quelque chose de raréfié, de conquis sur et contre le désordre. Parce que nous sommes bordéliques, nous avons besoin de cette contention, de cette rétention classiques. Sobriété de Rimbaud, quand il s'évade de toute norme. Verlaine reste « classique » dans la formulation de sa mélancolie. Les films de Melville le sont dans l'expression sobre du tragique, ceux de

Rohmer dans le doux euphémisme de son ironie. Un reste de classicisme sauve du ridicule le mauvais goût de la Belle Époque, il encadre *Nadja*, en plein surréalisme, on le retrouve même chez nos penseurs révolutionnaires. Classicisme strict, quasiment pascalien, de *La Société du spectacle* de Debord et de son *Panégyrique*.

Clotilde

S'il est vrai qu'elle a convaincu son mari de recevoir le sacrement du baptême, cette patricienne burgonde a accompli l'acte politique inaugural de l'histoire de France. Sa canonisation illustre les liens intimes entre Rome et Paris : chacun maître chez soi et Dieu pour tous. La perspicacité de Clotilde nous a placés dans le giron d'une catholicité romaine qui a formaté l'essentiel de nos valeurs et de nos mœurs. Y compris dans les versions les plus farouches de l'athéisme ou du laïcisme anticlérical.

Clovis

C'est un de nos débuts. Petit-fils de Mérovée, roi des Francs Saliens, vainqueur à Soissons, à Tolbiac, à Vouillé, baptisé à Reims par saint Remi. On ne sait pas trop quelle sorte de chef il était, son existence est plus qu'à demi légendaire. Mais une légende des origines, ça compte. Celle du royaume de France nous relie à une germanité sombre et mystérieuse, un Est profond habite notre inconscient collectif, une forêt primordiale, un lien avec le Rhin, la Meuse, la Moselle et le Danube qui est devenu un gros souci, un fardeau, une plaie – mais enfin c'est la souche de nos premiers rois.

Le mauvais cinoche des successions a débuté dès sa mort, après qu'il eut organisé un concile à Orléans pour mettre à l'équerre l'Église de son royaume. Ce qui prouve qu'il avait compris l'avantage d'être le seul roi chrétien de toute la Gaule en un temps où les autres étaient ariens. La suite mérovingienne fut peu glorieuse : à part Dagobert flanqué de saint Éloi, rien que des rois nuls ou fainéants. Heureusement, il y avait les évêques et les maires du palais.

Colombey

Plantée sur une crête aride autour d'un clocher banal et cernée de forêts sombres, la localité n'a rien de touristique. Une tombe toute nue, toute blanche, dans le cimetière attenant à l'église. *Charles de Gaulle, 1890-1970.*

Ceinte de hauts murs et agrémentée d'un parc, La Boisserie n'est qu'une baraque bourgeoise dans le style sans grâce de la fin du XIXe siècle. Assis à son bureau, un stylo à la main, le Général rumine une mélancolie sans remède en laissant son regard s'évader vers ces bois qui paraissent sans fin. C'est l'Est de nos origines et de nos malheurs. Clairvaux n'est pas loin, il pense forcément à saint Bernard. Que reste-t-il de l'élan créateur des cisterciens ? Joinville n'est pas loin non plus, il pense peut-être à Saint Louis. Que reste-t-il du rêve des croisés ? Domrémy et Vaucouleurs sont sur la même trajectoire. Que reste-t-il de la candeur salvatrice de Jeanne d'Arc en cette basse époque où le prestige national repose essentiellement sur l'anatomie de Brigitte Bardot dans *Et Dieu créa la femme* ? Ce qui n'est pas rien, mais pas suffisant. À moins qu'il ne médite sur l'absurde carnage de Verdun, lui qui était alors un officier parmi d'autres. Ou encore sur le destin tronqué de Retz, qui avait tous les dons – politiques, littéraires – et les a dilapidés avant de se consumer en son exil à Saint-Mihiel.

Son épouse tricote à ses côtés. Nous sommes au milieu des années cinquante. C'est un vieil homme qui écrit ses mémoires. Il a gagné la guerre, sauvé l'honneur, évité une guerre civile. Il a quitté le pouvoir et il est douteux qu'on l'y ramène. La France s'empêtre dans ses colonies – Indochine, Algérie – et se guignolise en palinodies parlementaristes. La France n'est pas digne de la France. Elle ne l'a d'ailleurs pas été souvent ; à son aune c'est une vestale sempiternellement souillée par des trouillards, des combinards, des ramenards.

De Gaulle, chacun l'accommode à la sauce de ses fantasmes. Ou de ses présupposés politiques. Il y eut des gaullistes de la première heure (les marins de l'île de Sein, Leclerc, Michelet, Messmer), d'autres de la vingt-cinquième. Des gaullistes momentanés, et des alimentaires aussi. Il y a même des gaullistes posthumes. Cette engeance-là, je m'en méfie, les conversions tardives donnent souvent des sectaires. Il y eut des godillots, des opportunistes, des résignés, des floués qui ont fini par le haïr. Quel Français ne s'est cru, voulu ou affiché gaulliste, fût-ce pour se dédouaner ?

Mon gaullisme remonte à l'enfance (mon père), il se cristallise à Londres (18 juin 40 : Antigone contre Créon) et aboutit à Colombey en passant par le *Te Deum* à Notre-Dame, sans s'attarder outre mesure à l'Élysée. C'est un parti pris d'insoumission, *L'Armée des ombres* de Kessel entre les mailles de la France officielle. C'est une légende gothique, un dessin à l'encre noire de Victor Hugo. Une silhouette démesurée et fantomatique, surmontée d'un képi à deux étoiles. Elle s'inscrit dans le ciel de mes figures légendaires, aux côtés de Vercingétorix, de sainte Geneviève, de Roland, de Saint Louis, de Jeanne d'Arc, de Bayard. Dois-je ajouter Richelieu, qui n'était pas un héros, et Bonaparte, qui l'était avec trop de sang ? J'hésite. Le de Gaulle qui a levé en moi tant d'« orages désirés » n'est pas au pouvoir. Ou plus. Soit il fomente l'instauration d'une légitimité d'essence spirituelle (contre les notables), soit il ressasse son désenchantement à Colombey (les notables ont trahi, comme d'habitude, tout est foutu). D'où mon attirance pour ces lieux austères, pour cette bicoque, sa seule propriété : l'esprit qui y souffle rameute tout le merveilleux des vitraux de nos cathédrales. De Gaulle pour moi est un héros romantique, l'invincible vigie de mon patriotisme. Aucun livre français paru après la Libération ne m'a autant marqué que ses *Mémoires de guerre* dont le phrasé au rythme ternaire rappelle les périodes de Chateaubriand. Tout est dit dès le prologue : la France est une princesse de conte pour enfants, et elle ne se reconnaît que dans la grandeur. Pas la puissance : la grandeur. Il faut croire que cette exigence dépasse les frontières morales du patriotisme français ; sinon pourquoi tant d'Allemands et d'Américains viendraient-ils à Colombey, aussi recueillis devant la tombe que s'ils visitaient un haut lieu de spiritualité ?

Enfant, j'avais de l'amour pour la princesse – et comme de Gaulle régnait, la grandeur était là, je ne pouvais pas en douter. Je me revois à vingt ans, longeant en Solex les murs de l'Élysée, côté Marigny. À ces âges on n'est pas très bien dans ses pompes. C'était peu dire dans mon cas, mais au moins, grâce à lui, j'étais bien dans ma France. Je me revois au printemps 1969, plein de rancœur envers les Français qui le congédiaient. Je me revois, à l'automne de l'année suivante, errant comme un clochard ivre dans les rues d'une ville où je campais alors. « De Gaulle est mort, la France est veuve », venait de dire Pompidou à la télévision. Veuve, la France, et moi, orphelin d'un songe qu'il savait entretenir de sa voix caverneuse. Je crois l'entendre encore quand je reviens à Colombey, et le vent qui la porte effeuille en mon for les pages les plus reluisantes de l'histoire de mon pays.

Tel est mon gaullisme. Inconditionnel dans l'ordre d'une chevalerie imaginaire. Son verbe nous a taillé des costumes trop grands pour l'époque, nous flottons dedans comme des enfants dans des manteaux d'adulte. Ce qu'il a réalisé en tant qu'homme d'État aura été des plus salutaires, au drame algérien près, dont l'épilogue trop tardif a coûté trop cher aux pieds-noirs. Mais l'essentiel n'est pas son action politique entre 1958 et 1969. De Gaulle n'était pas un homme politique. Qu'il ait fondé la Ve République pour escamoter les politiciens, en tout cas pour limiter leurs nuisances, m'importe moins que ce coup de folie, ce coup de génie imposant aux puissants de ce monde l'évidence d'une France idéale. La sienne. La mienne.

À la limite il m'importerait peu qu'il soit revenu au pouvoir, douze ans après l'avoir déserté, si le printemps 1958 n'avait des ressemblances avec le « Vol de l'aigle » de 1815 et les *Vingt ans après* de Dumas.

Les tractions avant noires des notables se pointant en douce à Colombey, de crainte que l'armée ne bazarde les députés et les ministres dans la Seine. Les complots de l'ombre, à Alger, à Paris – ces anonymes qui voulaient de Gaulle sans trop savoir quelle politique il allait mener. Ils désiraient sans oser le croire un retour de leur jouvence avec un fumet d'épopée séditieuse. Vingt ans après, d'Artagnan va chercher les complices de ses tendres années pour une relance de l'aventure. Entre-temps ils ont vieilli, et la politique les divise. Athos est un réac légitimiste, Aramis un factieux, tendance orléaniste : ils sont de mèche avec la Fronde. D'Artagnan est un légaliste blasé plutôt rad-soc et Porthos un opportuniste sans attaches partisanes : ils servent le Mazarin. Donc, la reine Anne. Grâce au ciel, l'amitié vraie se joue des clivages et le serment de la place Royale tourne à l'envers les aiguilles du temps, ils sont jeunes, ils sont quatre, ils vont ferrailler sous la même casaque de la nostalgie.

Douze ans après, des gens de gauche, de droite ou de nulle part se découvrent ou se décrètent gaullistes pour ressusciter le temps magique d'une geste à laquelle ils n'ont pas forcément participé. Il en résulte ce spectacle d'un chef de guerre arrivant à la Chambre des députés, imposant ses conditions et plantant les parlementaires avant qu'ils aient parlementé. Le voilà président du Conseil, titre qui ne colle pas avec le personnage. Au début de l'année suivante, il sera président tout court, ça colle déjà mieux. Ce retour aventureux, c'est un bel avatar de notre romantisme, il m'a permis de grandir sans souci pour la France. Mais les énarques avant la lettre qui ont entouré Mazarin, puis Louis XIV, n'avaient pas la verdeur des Mousquetaires du roi ou des gardes du « grand » Cardinal. Autant dire : des gars de la 2e DB. À partir de l'hiver 1969, je n'ai plus reconnu souvent la « princesse » dans les avatars de la France « officielle » et ses acteurs n'y pouvaient rien, ils ont fait de la soupe politique, bonne ou mauvaise, ils étaient payés pour ça. Il y a dans mon gaullisme le regret d'un âge d'or, un anachronisme gigogne, une pente à négliger ses péripéties pourtant grandioses pour mieux le retrouver dans le ciel de sa légende (*voir :* Koufra).

Combourg

Le romantisme a peuplé de fantômes les châteaux du Moyen Âge et depuis nous en avons tous un dans les oubliettes de notre imagination. Le mien est sombre, solitaire, ses quatre tours sont cernées de landes et de taillis. Son fantôme marche avec une jambe de bois. Ce château existe pour de vrai, c'est Combourg, en Bretagne, et comme par hasard celui qui m'en a fait rêver avant que j'y aille est l'inventeur du romantisme français. Il y a pas mal d'écrivains dans ma vie, quelques-uns dans mon cœur autour de Mauriac, mais, sans François-René de Chateaubriand, j'aurais été un autre. Sans lui l'âme française serait à la fois moins féminine et plus futile. Le récit de ses vacances d'enfant puis d'adolescent dans ce manoir inaugure notre littérature moderne. Les soirées devant l'âtre avec sa mère et sa sœur Lucile, leur effroi quand s'approche le visage émacié du père, éclairé par sa bougie. Les nuits dans le donjon, le fantôme de l'ancêtre à jambe de bois, précédé d'un chat noir. En racontant son intimité exaltée avec Lucile, autour de l'étang, leurs velléités poétiques, leur tristesse innommable, leur culte de la solitude, Chateaubriand a inventé un personnage nouveau dans l'histoire : l'adolescent. Mes affres de teenager, je les ai retrouvées dans ce passage des *Mémoires d'outre-tombe* où deux êtres s'adonnent au décryptage de leur intériorité. Il me manquait Lucile et je n'étais pas tenté par le suicide ; à cela près, j'étais la proie de ces mêmes sentiments brumeux et ombreux qui nous paralysent tout en suggérant l'imminence fallacieuse de paradis inaccessibles. Nous avons tous hérité de la mélancolie qui baigne ce livre posthume où les temps se chevauchent, et qui ouvre tant de portes dérobées. Napoléon, l'autre lâcheur de foudre du même orage romantique, nous a inoculé le même venin. Cette mélancolie, nous l'émiettons en nostalgies doucereuses, parce que le tempérament français répugne au fatalisme. Il est là tout de même, le mal de vivre, je le reconnais en rôdant autour de ce manoir où tout s'est joué pour ce vicomte tourmenté. Il a inondé « le veuf, le ténébreux, l'inconsolé » de Nerval, il a submergé Emma

Bovary, il continue de noircir nos désarrois et d'embrouiller nos désirs. Si j'ai marché aussi longtemps à côté de mes pompes, de mon époque, de mon prochain, de moi-même, c'est la faute à Chateaubriand.

Si j'ai rêvé comme d'autres d'étreindre l'Histoire avec une plume d'écrivain, c'est dans l'espoir secret de mériter un destin du même ordre. Son voyage en Amérique, ses exils, ses errances, ses nuits romaines, ses trois égéries, son duel avec Napoléon (qu'il admirait), sa fidélité désenchantée à un principe (incarné par des hommes qu'il méprisait). Pour moi Londres est une solution de repli : Chateaubriand, puis de Gaulle ; l'un et l'autre habités par l'idée fixe d'une légitimité d'essence spirituelle. « René », c'était moi à l'âge où tout vacille. Moi parmi la kyrielle des ados qui rêvassent sans suite. Ils voudraient une vie ayant partie liée avec une cause et le lyrisme adéquat, et ils glandent dans une oisiveté bourbeuse. Ils voudraient plus et mieux que le bonheur, et ils sont bêtement malheureux. Les fatuités de Chateaubriand sont ordinaires, ses ambitions mesquines (pairie, ministères, etc.) ; son fol orgueil, c'est celui de la France quand elle se croit la maîtresse à penser du monde. Celui d'Hugo (« Je veux être Chateaubriand, ou rien »). Celui de de Gaulle face à Churchill (« La France, c'est moi »). Cet orgueil proche de la dinguerie, j'y repense en souriant lorsque, ayant quitté Combourg, puis admiré au passage la cathédrale de Dol où il fut pensionnaire, j'aboutis à Saint-Malo. Bien entendu je descends à l'Hôtel France-et-Chateaubriand, qui fut son lieu de naissance, en me récitant le passage des *Mémoires* où il décrit sa mise au monde. Plus exactement : où il se plaît à l'imaginer (« J'avais aversion pour la vie », etc.). Je vais sur le Grand Bé, ce rocher qu'il avait acheté pour en faire sa tombe, en toute immodestie. Elle me plaît, cette immodestie, plausible en un temps où en France la figure de l'écrivain n'était pas décorative. Je crois voir le cortège funèbre s'ébranler depuis la rue du Bac : huit jours de balade estivale jusqu'à Saint-Malo, des foules recueillies, des femmes faisant toucher le catafalque à leur bébé. Certes l'hommage était détourné par la politique, comme ultérieurement pour les obsèques d'Hugo et de Zola. En l'occurrence le goupillon utilisait un cadavre, huit ans après que Louis-Philippe en avait utilisé un autre, celui de Napoléon, son ennemi intime. Malice de l'Histoire : Chateaubriand s'éteint, la République fait son retour. Deux écrivains majeurs se sont penchés sur son berceau, Tocqueville et Lamartine. Ils étaient plus sincères que Chateaubriand, sûrement plus faciles à vivre, guère plus doués pour la politique, et leur république a duré moins longtemps encore que le retour des Bourbons. Match nul à tous égards : la politique obsède l'écrivain français et toujours, toujours, ça finit par du désenchantement. J'aime beaucoup Tocqueville et Lamartine, ils comptent pour moi mais pas au même titre que cet immense thaumaturge au phrasé somptueux, à la fois princier et gothique. Il y a aussi dans sa façon de lâcher ses mots un côté putain de haut vol, désabusée et lasse. Avec un bric-à-brac de sentimentalité kitsch, de rousseauisme naïf et de catholicisme esthétisé, ce petit gentilhomme a enfanté un royaume de chimères qui sans doute ont à voir avec la celtitude. Qu'il ait voulu traduire Ossian n'est pas le fait d'un hasard, et ses accès de patriotisme breton sonnent juste. De sorte qu'en fréquentant Combourg, l'âme ensorceleuse de la Bretagne me frôle ; je crois sentir en quoi la France a besoin d'elle pour ne pas être infirme et je rends grâces à Charles VIII de lui avoir adjoint ce royaume. Au fond des taillis qui environnent le château, je cherche le roi Arthur ou la fée Mélusine. Je trouve le pâle fantôme de Lucile et je redeviens un ado tristement chateaubrianesque.

Combray

Combray n'est pas loin de Chartres mais ce qu'on y retrouve correspond à une strate profane de la sensibilité française, celle de la bourgeoisie à son zénith. Peut-être fallait-il un écrivain juif pour assembler ses joyaux en un camaïeu aux parfums aussi capiteux. La *Recherche* de Proust nous enivre, elle nous ensorcelle, avec ses longues phrases qui chaloupent en larmes de diamants comme des vaguelettes sur le sable.

Combray, c'est ce qui reste quand on a oublié Odette, Gilberte, Saint-Loup, Charlus, Bergotte, Bloch et les autres. Officiellement, le bourg s'appelle Illiers. Les élus ont rajouté Combray, c'était le moindre des hommages. J'aime arriver par Dargeau et le val de l'Ozanne, sur une Beauce moins monochrome et moins plate que celle de Péguy. La gare est intacte, avec sur le quai une petite salle d'attente couverte de briques, et l'allée de platanes qui mène au bourg. Voici la place pentue, l'église, ses escaliers, sa rosace gothique au-dessus du portail, sa tour massive, encore qu'élégante, ses boiseries aux panneaux décorés, à la chaire intégrée. Au fond, des vitraux de l'époque de Marcel. Plafond et poutres décorés. C'est l'église où apparaissait à l'enfant ébloui la duchesse de Guermantes. Voici la maison de la tante Léonie, le jardin bien enclos, la grille où Swann sonnait pour annoncer sa visite. Combray...

Je n'ai jamais réussi à identifier sur place les deux « côtés » – Guermantes et Méséglise – alors que, dans mon esprit, les deux promenades se distinguent très bien, chacune correspondant à un chapelet précis d'émotions que l'on recueille grain après grain. En revanche il est facile de retrouver le château de Tansonville. Le temps se retourne comme un gant, j'oublie les lotissements et la bretelle autoroutière qui encerclent Illiers, je suis cet enfant chétif et insomniaque, aux nerfs tendus comme les cordes d'une lyre, qui, devenu écrivain, recompose un univers avec la brocante de la nostalgie. Proust ressuscite en l'inventant une France gigogne : celle de son enfance, perçue à hauteur d'une bourgeoisie moyenne, encore qu'imbue de « castes » comme dans les sociétés africaines ; et cette « doulce France » venue du fond des âges, émergeant des sous-sols de la conscience lorsque la duchesse de Guermantes traverse l'église pour gagner son banc. L'une s'emboîtant dans l'autre par le truchement d'un jeu de miroirs. La bourgeoisie française a soustrait le pouvoir à la noblesse mais, tout au long du XIXe siècle, elle en a mendié les restes esthétiques au faubourg Saint-Germain. Elle a périclité après 14-18 sans avoir eu le temps de se mettre moralement à son compte. D'où la précarité de son âme, et son évanescence. D'où le snobisme. Cette âme, Proust en a dilaté les équivoques, en les inscrivant dans le champ clos d'un patelin beauceron où les parents du narrateur possédaient de vagues racines. Les êtres qu'il peint sont ordinaires – ses parents, sa grand-mère, sa tante, la servante Françoise. Figure énigmatique d'esthète socialement déchu, Swann introduit un mystère que les apparitions de la duchesse élucident. Déjà le mot vient de loin. Guermantes, sonorité mélodieuse qui fait comparaître une France de gentes dames serties dans des châteaux un peu hantés, une France d'avant les « temps ordinaires » de la liturgie catholique, où l'on ressasse d'antiques rituels.

Cet aristocratisme poétique, le seul supportable, Proust nous l'offre en effluves de fantasmes, c'est la quintessence de l'âme bourgeoise, son apothéose et son chant du cygne, son ultime enfantement avant la dictature du petit bourgeois universel. Ce que je ressens en humant autour de Tansonville un parfum d'aubépines, les poètes l'avaient suggéré ; Proust l'a effeuillé. Il use des papilles intellectuelles comme d'autant de lanternes magiques : il tresse avec l'ivraie du snobisme des arabesques somptueuses. Il existe en chacun de nous, Français, un château planqué dans un parc où se languit une duchesse – et peu importe que ses titres remontent à Saint Louis, à Napoléon III, ou qu'elle les doive à une initiation chez Madame Claude. Il existe en chacun de nous une pente à lui vouer un amour sans espoir. Cette pente, le Grand Meaulnes l'a dévalée. Il existe en chacun de nous un côté de Guermantes et un côté de Méséglise, entre lesquels oscillent nos désirs comme un pendule détraqué. Lorsque je reviens de Combray, je suis toujours un peu déçu : le mien étant plus beau que le vrai. Je relis au moins *Du côté de chez Swann* et je m'étonne d'être aussi pléthorique, aussi lourd de regrets indicibles. Pas vraiment indicibles : enfouis ou laissés en jachère. Des souvenirs affleurent, venus de l'enfance, gravitant autour d'un château, une floraison d'émotions subtiles et doucereuses qui crissent dans la région du cœur. Elles ont pris Combray en otage alors que leur source est ailleurs. Petit Français proustien, je n'en finirai pas d'enrubanner la moindre appétence dans la soie d'une série d'images chiffonnées par les siècles des siècles, recousues par la mémoire. Et, comme j'ai du goût pour les pèlerinages, je continuerai de bifurquer sur la route de Châteaudun, au retour de Chartres, pour retrouver à Combray... moi, tout simplement. « Moi » magnifié, dilaté, disjoint, explicité, rameuté par une plume enchantée. C'est à une heure de Paris par l'autoroute, mais c'est à l'autre bout du monde.

Copains (Les)

Entre la virée à Ambert des *Copains* de Jules Romains et le sentimentalisme bourru de la chanson de Brassens s'inscrit une forme de connivence très différente de celle du camarade de faculté, de chambrée, de boulot. Différente du compagnon, qui implique une action ou une visée communes. On dit « compagnon de route ». Différente aussi de l'ami. Lui, c'est l'ordre de l'affinité élective, il se conjugue généralement au singulier. Les copains sont plusieurs. Des hasards les ont fédérés et ils se retrouvent pour fomenter des dégagements – de préférence au comptoir d'un bistrot ou dans la salle d'une auberge. Le concours de l'ivresse est requis, il maintient les propos séditieux ou épiques dans l'ordre de la galéjade. Avec les copains, on déconne à fonds perdus et on se perd de vue si on change de quartier. Ce n'est pas un compagnonnage de caste ou de cause, on n'attend des copains qu'une fraternité ponctuelle. On a ses copains du rugby, qu'on retrouve à la gare du Nord pour une virée à Twickenham, ses copains du bar du Commerce, ses copains de l'amicale des anciens du lycée. On a ses bandes de copains, et pas question de faire des mélanges, chacune a ses mots de passe, ses lieux de retrouvailles, une tonalité singulière de l'humour. Ainsi jouit-on, en cercles concentriques, d'une profusion de menues complicités, qui n'engagent à rien. On ne peut pas se brouiller avec les copains comme avec un ami qui nous a manqué, un compagnon d'armes qui nous a trahi. On trinque, on remet ça, une intimité s'établit et la messe est dite. Ce mode de sociabilité me paraît sans équivalent dans les autres pays – peut-être parce qu'il est lié au rituel de l'apéro, à la culture de la ripaille et aux attraits de l'anarchisme. Ce que l'on prémédite avec les copains relève toujours plus ou moins de l'offense à l'ordre social, éventuellement au conjugal. Une vacance des autorités. Un lâcher de vannes. Une nuit zigzagante, un week-end où l'on largue les amarres. Avec les copains (le genre féminin est exclu), on pratique dans un ludisme bouffon cette inversion des rôles qui au Moyen Âge juchait le fou sur le trône du roi. *Salut les copains*, le journal de mon adolescence, enrôlait une classe d'âge autour d'une mode, celle du rock, censée engendrer une désinvolture qui n'aurait pas collé avec le mot ami. Le copain, ça reste à la surface de l'affectivité, comme le montre l'usage récent du mot chez les filles, pour qualifier un lien quelque peu amoureux, mais pas trop. « Les copains d'abord » est une morale de repli et de compensation, une recette pour conjurer la solitude quand l'amante ou l'ami ont posé des lapins.

Coq gaulois (Le)

Au village son chant me tire du sommeil, ça ensoleille l'aube même si le ciel est gris. Un chant ludique, un peu bravache, un peu guerrier, un coup de clairon, une sorte d'injonction à la joie de vivre. Une affirmation de soi d'une ostentation naïve et d'une virilité puérile.

J'aime le ramage du coq, et son plumage, et j'aime ce faraud auquel les Anglais nous ont identifiés, dès le Moyen Âge, croyant dénigrer notre fierté. Crête au vent, bec menaçant et droit sur nos ergots, nous les avons piégés en faisant du coq notre fétiche national. On le voit coulé dans le bronze sur nos monuments aux morts, on le voit en rouge sur fond bleu orner le poitrail de nos internationaux et, quand retentit *La Marseillaise*, on croit l'entendre brailler son appel au soldat. Les poules en battent de l'aile dans les gradins. J'aime le voir régner au quotidien sur ses minettes caquetantes, joliment emplumé, dans la fange de sa basse-cour ; il y a dans son œil une malice de bellâtre cantonal, comme s'il tenait à ce que l'on sache qu'elles sont toutes pour lui. Les deux Napoléon ont eu tort de lui préférer l'aigle impériale, c'était une injure à notre rusticité : le Français plane aussi rarement qu'il monte sur ses grands chevaux, il préfère se dresser sur ses ergots au ras des pâquerettes. Parader à l'occasion. Batailler jusqu'à ce que mort s'ensuive quand il y a lieu. Et chanter sans préavis son bonheur d'exister en regardant le ciel de France.

Croisades (Les)

Beaucoup de chevaliers se sont croisés en vue de se tailler un fief et nombre d'aigrefins les ont suivis pour rapiner à leur aise. Beaucoup de morts pour rien puisque le royaume chrétien d'Orient n'a pas survécu. La croisade des enfants fut une horreur, le sac de Constantinople un crime contre l'esprit, politiquement désastreux pour l'Église. Convertir par le fer et le feu est toujours une mauvaise idée, qui revient en boomerang à son initiateur.

Mais trêve d'anachronisme ! Quand Pierre l'Ermite prêcha la première croisade, il s'agissait d'une intention noble, en un temps où la foi n'était pas une affaire privée : libérer le tombeau du Christ, protéger la chrétienté d'Orient. Parmi les croisés il y eut des preux irréprochables (dont Saint Louis) et les papistes n'étaient pas les seuls à croire détenir toute la vérité. Ni à vouloir assujettir l'Infidèle, comme en témoigne l'expansion islamique, en Espagne et ailleurs. Quoi qu'il en fût, les croisades – d'inspiration largement française – sont le fruit d'un songe universaliste et messianique qui remonte au moins à Charlemagne et distingue notre chevalerie des Teutoniques, par exemple, encore que le Saint Empire romain germanique se soit bercé d'une illusion comparable. De saint Bernard à de Gaulle, le fil d'un sentiment de devoir sacré vis-à-vis du reste du monde traverse les siècles jusqu'au prophétisme de nos Lumières, de nos révolutionnaires, de nos utopistes. En passant par Jeanne d'Arc et sans oublier la théomonarchie selon Bossuet. La France n'a pas été longtemps impérialiste ; depuis les croisades, elle se cherche partout des missions et si Toussaint-Louverture en Haïti ou Bolivar chez les Latinos combattent l'occupant avec le langage de Danton ou de Robespierre, ça la conforte dans l'idée qu'elle se fait de sa raison d'être. Pour le meilleur ou pour le pire. Quand Michelet ou Hugo la campent en allégorie de la Liberté en marche, ils prêchent sans s'en aviser le même credo que saint Bernard. Quand des médecins français fondent MSF, c'est un credo du même ordre qui les parachute au Biafra. La tentation de l'Orient, à laquelle succombèrent Chateaubriand, Loti et tant d'autres, tisse sur une autre trame, mais avec le même fil, cette pente à quérir le Graal dans le désert, après l'avoir traqué dans les forêts. Il est rare qu'un aventurier français ne soit pas, à l'aube de son destin, l'absolutiste d'une cause. En se sauvant de l'ennui quotidien, il veut aussi sauver le monde. C'est un croisé sans Christ. J'en connais plusieurs, mis à la retraite par déshérence du marxisme-léninisme, qu'on aurait vus à Saint-Jean-d'Acre ou à Césarée, l'épée à la main, s'ils avaient vécu à l'époque des croisades. Elle est révolue, du moins pour les chrétiens de France, et tant mieux. Mais en lisant les récits de cette aventure, qui a duré presque deux siècles, je me dis que j'aurais sans doute pris la route de Jérusalem. Pour voir de près le pays du Christ. Pour voir du pays. Pour me prouver qu'un croisé du royaume de France peut aller vaincre partout, sans peur et sans reproche. Soit j'y aurais laissé ma peau, soit j'en serais revenu déniaisé et, tels les demi-soldes de Napoléon, je me serais consumé en nostalgies. Un Français n'y coupe jamais. Elles sont tout de même plus belles quand on a un peu vadrouillé, et encore plus belles quand on a mis de l'idéal dans la musette.

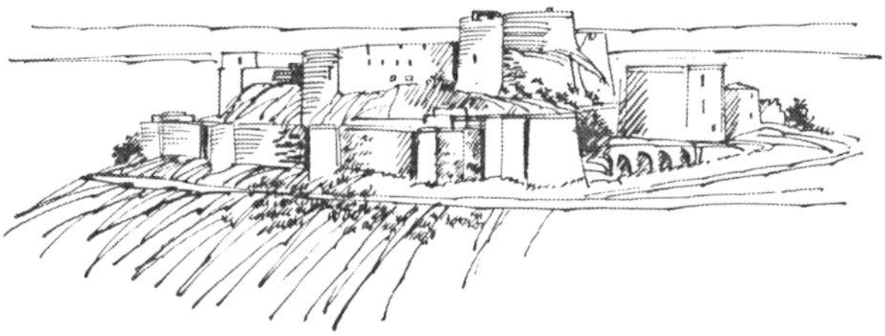

Cyrano de Bergerac

Le Cyrano historique est pittoresque : un libertin du demi-siècle de Louis XIII, rimeur, bretteur et buveur, disciple brouillon de Gassendi, vraisemblablement homosexuel, aussi courageux que vénal et suicidaire selon ses historiens. Avec ce matériau romanesque, mais équivoque, un dramaturge de la Belle Époque nous a donné un héros trop merveilleux pour qu'il s'en remette. Le fait est qu'Edmond Rostand a plongé dans la neurasthénie en voyant l'assomption de son *Cyrano de Bergerac* dans le ciel des mythes nationaux. Phénomène à mettre en parallèle avec la folie de Maurice

Leblanc après la création et la popularité d'*Arsène Lupin*. Dès la première de *Cyrano* au théâtre de la Porte-Saint-Martin, en 1897, l'engouement fut énorme ; la pièce remettait le panache mousquetaire dans l'escarcelle d'un patriotisme en berne depuis Sedan et ses suites, l'occupation de l'Alsace et de la Lorraine. Cette « comédie héroïque », que les puristes de l'art théâtral trouvent verbeuse, pompeuse et mal fagotée, m'a bouleversé à l'âge où l'on se cherche des maîtres de morale. Elle complète *Les Trois Mousquetaires* de Dumas : Cyrano a la faconde gasconne de d'Artagnan et la grandeur d'âme désespérée d'Athos. D'ailleurs, d'Artagnan y comparait nommément, au premier acte, pour féliciter Cyrano après la tirade sur son nez et le duel avec le Vicomte (« À la fin de l'envoi, je touche »). J'aime cet imbroglio de mélancolie et de défi bravache dans le cœur d'un amoureux qui ne peut rien espérer. Paroxysme d'orgueil solitaire, dédain des médiocrités courtisanesques (pas de « protecteur », une seule protectrice, son épée), esthétique de la provocation, voilà l'âme française désembourbée de ses passions accessoires, et tendue vers son idéal : la grandeur. Toujours la grandeur, envers et contre tous, celle du *Cid* de Corneille, du *Dom Juan* de Molière, du mystique janséniste en butte aux persécutions des « officiels ». Grandeur et arrogance empanachée, dans la pire douleur en l'occurrence car l'héroïsme de Cyrano usurpe une identité pour complaire à Roxane. Quand elle le découvre, il est évidemment trop tard.

Bergerac n'est pas tout à fait en Gascogne et le Cyrano historique n'y avait aucune attache. Il fallait pourtant que le vrai, le nôtre, fût gascon pour accréditer ses insolences. Que le modèle de Rostand ait été cadet dans la compagnie de Casteljaloux est une aubaine pour l'imaginaire ; j'ai toujours plaisir à traverser cette localité quand je remonte d'Auch ou de Bayonne, en repensant à l'épisode du siège d'Arras, à la chanson, à l'arrivée de Roxane. Puis je me souviens de l'agonie, dans le couvent, toujours avec Roxane. L'aveu malgré lui en récitant de mémoire la lettre d'amour. La tirade finale contre les Compromis, les Préjugés, la Lâcheté, la Sottise. Le mot de la fin : « Mon panache » résume le tragique à la mode française. L'*Antigone* d'Anouilh est au programme dans tous nos lycées et on ne peut que s'en réjouir. Il serait opportun d'y ajouter le *Cyrano de Bergerac* de Rostand, pour tremper l'âme de nos potaches dans l'acier du plus bel héroïsme.

D

Départementales

Un certain bonheur commence au sortir de l'autoroute ou de la nationale. Les cartes Michelin fourmillent de patelins reliés les uns aux autres par des D, ou des CD, signalés en jaune sur les panneaux. Dans ce labyrinthe enchanté, il est doux de se perdre un peu ; on finira bien assez tôt par retrouver le rouge d'une N, le bleu d'une A. Lesquelles ont leurs charmes aussi. Que les écolos me pardonnent : j'ai emprunté toutes nos autoroutes, je leur dois une pléthore de saisis poétiques, ainsi qu'une certaine perception des diversités paysagères. Nos vieilles nationales bordées de platanes ont d'autres titres à ma gratitude. Mais il faut savoir les quitter.

La départementale est parfois bombée, parfois sans accotements, elle vogue dans la campagne, ondule paresseusement, vire inopinément, traverse un bois qui fait de l'ombre, longe un étang où se restaure un héron cendré, puis un labour en forme de hanche féminine. Des fleurs ont poussé entre les herbes des bas-côtés, on se gave de bucolisme. Aucune voiture ou presque ; parfois un tracteur. On grimpe une côte, on dépasse un lieu-dit qui s'appelle « La Maison rouge », « Les Trois Chênes », « Les Granges brûlées » ou « Les Quatre Routes ». Depuis quelques années, le moindre hameau est dûment précédé d'un panneau et on aimerait connaître l'origine de l'appellation. Sur les murs des granges on voit des réclames d'apéritifs ou d'huiles pour moteur obsolètes, Dubonnet, Azur, Byrrh, Castrol.

De loin en loin se profile un clocher. Il annonce un village et témoigne de son ancrage dans le temps. C'est son âme, même s'il date de la fin du XIXe siècle, époque où on le taillait pointu. Même si, le dimanche, une escouade restreinte de dames hors d'âge et grelottantes renvoie à un prêtre tout aussi décati l'écho marmonné d'un *Gloria* ou d'un *Agnus Dei*. Un habitat sans clocher est un hameau, rien d'autre ; tandis qu'un clocher éloigné du bourg, fût-il en déshérence depuis des lustres, reste une vigie.

On traverse la localité. Une fois sur quatre, elle porte le nom d'un saint, local ou national. Passé l'inévitable lotissement, le panneau tricolore de la gendarmerie et le vert criard de Groupama, la place s'ouvre sur une église, un monument aux morts, une mairie-école et un bar-tabac. Éventuellement une poste (bleu et jaune). Cimetière et terrain de foot à la périphérie. Souvent on trouve derrière l'église – romane une fois sur deux – les restes d'un monastère ou d'un château ; le passé affleure, ça rassure. Abomination presque inévitable : une salle polyvalente qui offusque l'harmonie du bourg. Le bâti « moderne » est toujours moche, il faut s'y résigner. Grâce au ciel les maisons autour de la place ne sont pas modernes, elles reflètent la personnalité du « pays », au sens où Braudel entendait ce terme dans son inoubliable *Identité de la France.* Car aucun des mille pays de notre pays ne ressemble à son voisin. Passez du Vexin au pays de Bray, puis au pays de Caux, vous sentirez la différence, à quelques kilomètres près, sans avoir quitté une Normandie qui n'a pas les mêmes verts en pays d'Auge et en pays d'Ouche. Il y a un Périgord vert, un noir, un blanc, et la nuance est aussi perceptible que si l'on quitte le Barrois pour la Lorraine, la Charente limousine pour celle de Ruffec, le Boischaut pour la Champagne berrichonne, le Boulonnais pour l'Audomarois. Les collines du Sundgau ne ressemblent pas plus au reste de l'Alsace que le Millavois et son Larzac aux plateaux environnant Rodez ou Saint-Affrique. Ou que le massif des Monédières au plateau de Millevaches, pour prendre un exemple en Corrèze. Quittez la Chalosse en traversant l'Adour à Peyrehorade et grimpez vers Labastide-Clairence : tout a changé, les formes et les couleurs, vous êtes en Pays basque et vous comprenez mieux pourquoi les autochtones supportent mal que la préfecture de leur département soit à Pau, chez les Béarnais. On s'instruit des raisons de ces nuances en se munissant du *Tableau de la France* de Vidal de La Blache. Rien de plus précieux que ce livre, il m'accompagne dans toutes mes balades. C'était l'introduction d'un géographe à l'*Histoire de France* de Lavisse, la bible des « hussards noirs » de la IIIe République.

Les départementales et leurs affluents vicinaux, c'est l'autre France, la plus voluptueuse. On la croit immobile, pour ne pas dire inanimée. Erreur : elle est lente et secrète mais elle vit sa vie, qui n'a rien de tristounet. On peut difficilement imaginer ses charmes si l'on taille sa route sur le rouge des cartes. Surtout depuis que des rocades contournent la moindre bourgade. Cette France existe pourtant, je la connais, je la courtise en amoureux qui demande à l'objet de ses désirs de toujours le surprendre. Elle me surprend toujours, et pour cause : jamais je ne prends la même route pour rejoindre une destination ; depuis l'âge de mon premier Solex, quérir des décors inédits sur des départementales est ma grande passion.

Foin des idées reçues parisianistes : cette France dite « profonde » somnole certes, et se désole si, faute d'une entreprise ou d'une ville à proximité, les jeunes sont acculés à l'exil. Ils s'en passeraient. Mais le « crétinisme villageois » (formule de Lénine) n'y sévit pas davantage qu'au quartier Latin, ou dans n'importe quel microclimat social.

On quitte la localité en hésitant à la bifurcation qui désormais prend presque immanquablement la forme d'une rotonde. On a le droit de supposer que le maire s'est fait un peu graisser la patte, ces rotondes ont proliféré sans qu'on en perçoive la nécessité. Encore heureux quand l'« artiste » local, ou régional, ne nous inflige pas une « sculpture ». Il faut choisir la route la plus modeste, elle sera la plus enchanteresse. Un manoir sur une crête, une ferme en contrebas, des pieds de vigne, un plan incliné, « un trou de verdure où chante une rivière ». Aucun risque de se perdre : en France le vicinal retrouve sa départementale, laquelle se jette dans sa nationale comme une rivière dans un fleuve, comme un train TER sur une grande ligne. On baguenaude dans une temporalité qui n'est plus mathématique, on vitupère les gens de la DDE (ou du Conseil général) qui ont planté les panneaux à mauvais escient quand ils n'ont pas oublié de le faire ; on ralentit pour ne pas écraser un chevreuil ou un hérisson. On s'attarde au spectacle d'un beau troupeau ou d'un envol de colverts. Au fond, on aimerait se perdre, le ruban bleuté de la nationale nous rapatriera toujours assez tôt.

Si j'eusse estudié
Du temps de ma jeunesse folle
J'aurais maison et couche molle
Hélas je fuyais l'école...

Ces vers sont de Villon, un de mes poètes préférés. Si j'eusse estudié avec méthode, au lieu de musarder sur les départementales de la carte de France que je dépliais, que je déplie encore avec un désir tout à fait charnel, j'aurais peut-être fait carrière. En courant après le temps. J'ai préféré le laisser couler comme les grains dans le sablier et je ne le regrette pas. Mieux : je persévère car, pour mon bonheur, le réseau routier de la France est le plus dense du monde ; mes désirs de départementales auront toujours de quoi s'enflammer.

Deux-chevaux

Avec son minois de batracien haut sur pattes, sa modestie, son affabilité, la « deux-deuche » aura incarné l'évasion à la bonne franquette en un moment de l'Histoire où la France à nouveau se sentait jeune. Ce n'était pas une vraie voiture ; plutôt une bonne copine. La mienne était d'occasion, peinte en blanc et cabossée de partout. Ce cadeau de mon père aura contribué à prolonger la durée de mes études car, la sachant à ma botte, j'avais des envies de balades, à deux de préférence ou avec des copains.

Elle n'aimait pas les autoroutes et dans les côtes elle émettait des râles de poitrinaire. La disposition du levier pour changer les vitesses rendait le flirt incommode ; l'armature métallique des sièges avant n'arrangeait rien. De toute façon, je ne savais ni embrasser ni caresser si j'étais à gauche de ma copine de virée. Elle posait sa main sur la mienne, c'était déjà bien. Pour les urgences nous avions le recours du siège arrière. Mieux valait tout de même se hasarder dans un chemin en espérant y débusquer une clairière propice. Encore fallait-il que la météo y mît du sien.

Comme je l'ai aimée, ma vieille rossinante ! Vieille par son état civil, plaies ouvertes, mais si jeune de tempérament. Entre le filoutage des bacs et celui d'un vague diplôme, nous ne nous sommes guère quittés ; à la fin, elle connaissait la France sur le bout du cœur. Du mien. À quelques départements près, nous avons écumé le pays de part en part, avec des escales dans les bars, les églises, les stades. Elle m'attendait gentiment et, si j'étais ivre, elle décrétait toute seule la route à prendre. Ou bien s'arrêtait pour me laisser dormir.

Avant elle, il y eut un Solex, puis une Mobylette. Après, des voitures. Elles sont faites pour se déplacer, ou pour frimer. Rien à voir avec mon adorable « deux-deuche », humble et souriante complice d'un besoin d'évasion assez frénétique. « Ciel, amour, liberté ! » Mon rimbaldisme ne trouvait d'autre exutoire que la fuite sur des lacets de bitume, loin des villes, loin des facs – et, si le soleil brillait dans le ciel, j'ouvrais le toit, le vent se mettait dans les voiles, je braillais un tube de l'été. Nous étions libres, elle et moi. Dans mes souvenirs elle reste associée à ces moments de la vie où les routes s'offrent sans péage aux songes d'aventure. J'étais d'Artagnan, nous quittions juste la Gascogne et au bout de la route j'espérais trouver trois amis. En ce temps-là on twistait l'avenir en espérant ne pas chuter trop vite dans l'âge adulte. La « deux-deuche » n'était pas adulte comme ses grandes sœurs de Citroën déjà mariées et installées, la DS et l'ID. Elle n'était pas formatée comme la Coccinelle de mes copains raisonnables. Pas snobinarde comme la MG de mes copains friqués. Elle était sympa et désinvolte, sans le moindre souci de connoter ceci ou cela. En quoi elle ressemblait aux filles qui me plaisaient, à la vie que j'avais envie de mener, à la France que j'avais tendance à rêver.

Donjon (Le)

L'autre pays de mes racines est un aimable chef-lieu de canton situé aux frontières de la Sologne bourbonnaise et du Brionnais. Reliefs doucement vallonnés, prairies bien grasses, bornées de haies où paissent des charolaises blanches. Maisons en pierre de grès, d'un ocre rosissant, coiffées de tuiles plates d'un marron assez doux. Deux châteaux sur la commune, pas mal d'autres aux environs et la Loire à dix kilomètres. Pour les autochtones elle figure une manière de Riviera. J'ai un vague souvenir de guinguettes – à Coulanges, à Bonnant ? – où mon grand-père m'emmenait manger de la friture et du fromage blanc à la crème. Le fleuve est doublé du canal latéral, des péniches s'y promènent, il y a des écluses. Un peu plus loin, les trappistes de Sept-Fons entretiennent comme ils peuvent les feux de la spiritualité. René Fallet, qui est de ce pays, précisément de Jaligny, a peint dans un roman burlesque un de ces moines en proie aux tourments de la chair. Elle m'a tourmenté aussi mais, pour moi, cette trappe de rase campagne était plutôt un phare dans la nuit de mes équivoques. Le hasard a voulu qu'un copain de lycée en devînt le père abbé, autant dire le patron. Comme si un mince fil de piété me rattachait à l'enfant de chœur que je fus entre mes dissipations sans nombre.

L'église où l'on m'a baptisé dans la foi catholique, apostolique et romaine, est moche, comme toutes celles qui furent érigées dans la seconde moitié du XIXe siècle. Mais, depuis le cimetière qui surplombe le bourg, on voit le clocher pointu rassembler des ouailles en forme de toits marron, c'est un bon vieux patelin de la France agricole. Du reste, une jolie chapelle mi-romane mi-gothique règne sur les tombes.

Autant le granit d'Auriac est austère, autant la pierre rose de Mellerey produit une impression de sensualité lourde et d'opulence. Là-bas de vastes horizons, ici des vagues raisonnables ; c'est à peine si on aperçoit les contreforts du Forez. Les autochtones parlent d'une « montagne de Saint-Léon » comme d'un Everest ; la vérité oblige à dire qu'il s'agit d'un monticule, aimable au demeurant. Mes deux arrimages, distants de deux cents et quelques kilomètres, n'ont de commun que la ruralité. Là-bas c'est oc, en patois limousin, ici c'est oïl, avec un accent déjà bourguignon qui escamote des consonnes. Là-bas des sols ingrats obligent à l'exil ; ici ils sont gras, les gens sont restés. Auriac, je vois mal quelle sorte d'écrivain aurait pu s'en inspirer. Le Donjon, c'est Maupassant mâtiné de Flaubert.

En moi, ces deux patries font la paire, même si les aléas de la vie m'ont laissé au Donjon peu de parentèle, et pas de maison. C'est une autre France, les échappées de l'imaginaire n'y sont pas moins délectables. Dans le Bourbonnais, comme dans le sud du Nivernais et l'est du Berry, les châteaux ont longtemps donné le ton. Ils sont planqués dans des parcs où jadis l'on courrait le cerf. On imagine des fêtes mystérieuses et galantes, comme celle qui a décervelé le Grand Meaulnes. Les temps ont changé, la noblesse s'est envasée, ses métayers se sont vengés du régisseur en votant communiste. Restent au Donjon deux châteaux ; un vrai, un simili. Le vrai (Moyen Âge, Renaissance) trahit une certaine déconfiture de la lignée qui le possède, mais ses tours entrevues entre un bouquet d'arbres commémorent des temps plus reluisants – dianes chasseresses, pages, ménestrels, *et cœtera*. Paradoxalement, c'est l'autre qui m'a en quelque sorte rendu proustien avant la lettre. À la manière de certaines de nos préfectures, il imite un château de la Renaissance, j'ai oublié lequel. Brique polychrome, vaste perron, pièces d'eau, parc qui semblait illimité à mes yeux d'enfant. Il s'appelle Coutresolles. On y accédait par un chemin, depuis la route de Digoin – cette nationale dite de l'Est qui avant les autoroutes reliait Bordeaux, Limoges ou Clermont à l'Alsace, *via* la Bourgogne, le Jura et les Vosges. De sorte qu'en éclusant une chopine de blanc à la terrasse des bistrots, les gars du cru voyaient passer du monde.

Je m'enfonçais sous les arbres, insoucieux du panneau « Propriété privée ». L'avantage d'être un peu poète, c'est de s'approprier les lieux sans devoir passer chez le notaire. Les oiseaux qui chantaient rendaient un écho à mes brames d'amoureux éconduit. Par qui, éconduit ? J'ai oublié. Il arrivait qu'une femme pointe son museau sur le perron. Je me cachais. Etait-ce la duchesse de Guermantes ? Oui, c'était elle, je l'ai su en lisant Proust. Coutresolles est mon *Côté de Guermantes*. On en a tous l'équivalent – ce théâtre intime où errent les fantômes de la chevalerie, ce côté gothique de notre âme qui brocante ici ou là des lambeaux de merveilleux, les romans de Chrétien de Troyes, les tapisseries de Bayeux, les *Mémoires* de Joinville, la rosace de Chartres, les *Très Riches Heures du duc de Berry*. Pour peu que l'Oriane entrevue sur son perron ne soit pas trop percluse, le tour de magie est joué. Et alors les amourettes d'un dadais se hissent à l'altitude des grands désastres historiques.

J'avais aussi mon côté de Méséglise – un jardin public, reconverti en terrain de camping, auquel on accédait par la route qui mène à la Loire. J'avais même la maison de tante Léonie, dans la grand-rue, en l'occurrence celle d'une grand-tante chez qui on me faisait parfois dormir. Le dimanche, les cloches sonnaient, les gens saluaient « Monsieur le Comte » qui allait à la messe. Dans la chapelle de sa famille, comme il se devait, chacun des deux châteaux avait financé la sienne. Les prêtres soixante-huitards ont aboli ce privilège. Tant mieux. Tant pis. Je suis peu porté sur la particule et déjà la servilité m'agaçait. Pourtant je sais gré à ces noblaillons d'avoir – à leur insu, les pauvres ! – payé leur dîme à ma poétique privée. Dans leur sillage gravitait une bourgeoisie de campagne tant soit peu civilisée, qui conférait au Donjon la dignité d'annexe de Moulins, le chef-lieu très patricien, très indolent, très littéraire de cette contrée somme toute imaginaire. Les « modernes » (professions libérales, etc.) préféraient aller à Vichy où l'on pouvait voir les films à la mode. Par l'effet d'une extrapolation, ces deux villes âprement rivales – Vichy, Moulins – ont fini par incarner en moi deux autres « côtés ». J'ai vécu dans l'une, j'ai rêvé de l'autre et j'ai toujours autant de plaisir à approcher du Donjon, soit par Lapalisse, soit par Jaligny – deux localités dominées par un château. Dans les deux cas, la route descend, mais l'abordage ne procure pas la même sorte de frisson, je préfère arriver par le cimetière.

La France a produit Montaigne et Pascal – deux pôles, deux môles d'une sensibilité qui cherche le bonheur tantôt sur les cimes, tantôt dans la dive bouteille, la marmite ou sur la rôtissoire. À cet égard, le hasard m'a bien servi ; Auriac et Le Donjon incarnent ce dualisme qui nous a enrichis autant qu'écartelés. Entre les deux, comme dit la chanson, mon cœur balance. En bon Français je cherche toujours le bonheur, et selon l'humeur je le glane sur le fil de l'instant ou je crois l'apercevoir derrière les étoiles.

Dordogne (La)

Là-bas, chez les Arvernes, deux ruisseaux se sont acoquinés à l'ombre des volcans : la Dore, la Dogne. Au pied des orgues de Bort, c'est déjà un fleuve. Car, pour les riverains, la dignité de fleuve que s'arroge la Garonne est abusive, la Dordogne épouse son égale au bec d'Ambès et l'enfant du couple – la Gironde – va se jeter dans l'océan entre deux vins, ceux du Médoc et ceux des côtes de Blaye.

Au fond de la gorge que surplombe mon plateau, on dirait un lac suisse, en plus austère : quatre barrages hydroélectriques ont été construits, les eaux ont

submergé des villages de pêcheurs, ainsi qu'une abbaye cistercienne. Souvent, des orages éclatent dans ces gorges, le vent hurle, les torrents sortent de leurs gonds ; c'est romantique. Jadis, les gabarriers embarquaient au port de Spontour avec des cargaisons de bois qu'ils allaient vendre à Libourne. Les plus audacieux poussaient jusqu'à Bordeaux. Les plus malins achetaient des terres marécageuses à Pomerol, ou sur la colline magique de Saint-Émilion. Ils sont devenus riches, certains très riches, de sorte qu'à Libourne les Corréziens font plus ou moins la loi dans le négoce du vin.

Enfant, je taillais des barques dans de l'écorce de sapin et je les lâchais sur un ruisseau qui dévale vers la Dordogne. Destination : les Amériques, aux bons soins de ce facteur qui nous relie à l'Aquitaine et à l'océan.

C'est mon fleuve, très encaissé jusqu'à Argentat où l'ère révolue de la navigation fluviale a aligné sur les quais un bel ensemble de maisons médiévales. Granit et lauzes. C'est à Argentat que Berl et son épouse Mireille se sont mis à l'ombre durant l'Occupation, après le flirt (bref) avec Pétain. C'est près d'Argentat, à Saint-Chamant, dans un manoir pseudo-gothique que Malraux, à partir de 1942, s'est acoquiné avec un réseau de l'AS. Il campait là avec Josette Clotis et leurs deux enfants, et cette escale corrézienne, hachée de séquences dans les maquis, a inspiré des pages des *Antimémoires* qui hissent la Résistance à l'altitude des tragédies grecques. Une tragédie intime a doublé la mise, car Josette Clotis s'est tuée bêtement à la gare de Saint-Chamant en passant sous les roues d'un tortillard. Malraux était déjà en Alsace, le tempo de l'aventure s'accélérait ; il a néanmoins bénéficié d'une permission pour revoir sa compagne dans une clinique de Tulle.

Le grès rosissant et la tuile romaine commencent à Beaulieu où la gorge se desserre. Il faut longer la Dordogne sur sa rive gauche, par la sous-départementale D116 qui est un comble de bucolisme. On retrouve le fleuve aux marges du Quercy, baignant des bourgs splendides et déjà latins sur les bords : Carennac, Floirac. Par endroits des falaises le toisent ; c'est dans ces parages que l'on situe Uxellodunum, où César remporta une victoire contre les derniers résistants gaulois et prouva sa férocité en faisant couper les mains des prisonniers. Mœurs de l'époque. La Dordogne musarde à Claysse et à Saint-Osoy, près de Martel. Premiers châteaux avant Souillac où elle commence à prendre ses aises. Beaucoup de châteaux sur les hauteurs, lorsqu'on aborde au Périgord, dont celui de Fénelon dans une débauche de verdure, puis celui de feu Joséphine Baker, du côté de La Roque-Gageac et de Beynac. Ces deux joyaux ocre, presque orange sous le soleil, sont littéralement accrochés à la falaise. À éviter l'été, la vallée regorge de touristes qui s'ajoutent aux Anglais à demeure. Il est vrai qu'ils ont occupé l'Aquitaine durant trois siècles. Après Bergerac, le lit s'évase, l'Aquitaine perd ses rondeurs, la Dordogne a encore des entrelacs lamartiniens vers Le Fleix et Sainte-Foy-la-Grande, îlots de protestantisme sur ce grand lac rad-soc du Sud-Ouest. On n'est pas mécontent de passer à Castillon-la-Bataille, où les Anglais se sont fait rétamer (1453, l'année de la prise de Constantinople par les Turcs).

À Fronsac, j'ai du mal à imaginer que le fleuve vient de chez moi. Mes petits bateaux d'écorce sont-ils vraiment passés entre ces vignes ? Ont-ils vraiment atteint Savannah ou Charleston ? J'ai envie de le croire. L'invitation au voyage de la Dordogne ne peut pas être un mirage ; en épousant son cours j'ai toujours l'impression de me rapprocher d'un Graal, et à la pointe de Graves je me vois déjà à l'autre bout de l'Atlantique. La Dordogne, je l'aime dans tous ses états, mais à ses charmes quercynois ou périgourdins, à ses langueurs d'épouse dans l'estuaire, je préfère sa réclusion dans les gorges de granit saturées de verdure sombre, à Spontour ou au Chambon, là où cavalent les ruisseaux à truites et les petits navires fantômes.

E

Écrivains

On tolérera qu'un écrivain français fasse l'amour avec la France en complicité intime avec ses frères plumitifs. Aucun autre pays n'a concédé un tel prestige à ses écrivains, ni aux étrangers d'ailleurs. Que ce prestige ait périclité est un fait de civilisation. Nos classiques n'en trônent pas moins dans le panthéon des lettrés du monde entier et le temps n'est pas si lointain où le peuple français honorait ses écrivains, fût-ce pour des raisons extralittéraires, comme en ont attesté les obsèques d'Hugo (délirantes), de Zola (émouvantes) et de Sartre (nostalgiques). Quand trois cent mille ouvriers crient « Germinal » en sanglotant devant le cercueil d'un écrivain, Zola en l'occurrence, l'histoire de la France et ses littérateurs ont partie intimement liée. Ils ont divorcé depuis, mais des écrivains dûment nobélisés, d'Europe ou des deux Amériques, continuent de venir se faire breveter au quartier Latin, et plusieurs d'entre eux éprouvent encore le besoin d'avoir au moins un nid sous un toit de Paris.

Dans aucun autre pays le terroir, au sens large, n'a sécrété autant d'œuvres littéraires. Surtout lorsque, la France ayant commencé de s'industrialiser, le cocon des origines s'est transmué en un éden perdu. Ou menacé. Ou délaissé. Ou déchu. Partout sur la carte hexagonale, un écrivain m'a précédé, ou bien m'a rattrapé ; je vois forcément son pas dans le miroir de sa plume. D'où l'importance de Simenon dans ma géographie baladeuse. Il a sillonné la France des années vingt et trente, avant que les faubourgs n'aient enserré les villes, même les petites, dans un fouillis de rocades, de cités, de Zup, de Zac et de grandes surfaces. Je l'ai suivi à la trace et certains lieux lui doivent toute la poésie que j'y ai trouvée.

Avant Simenon il y eut Balzac, le grand amour de mes vingt ans. Je l'ai pisté à Paris (bas de la rue Lhomond), à Issoudun, à Limoges, à Alençon, à Arcis-sur-Aube, à Sancerre, à Guérande, en Touraine (Saché, Saumur, Saint-Cyr). Je l'ai cherché autour d'Angoulême car il séjournait parfois chez une certaine Zulma Carraud, dans un manoir au bord de la Charente. Au bout de maintes péripéties en Mobylette sur des routes qui ne menaient nulle part, un paysan m'avait indiqué la maison de Balzac. Mais il s'agissait de l'autre, Guez de Balzac, l'épistolier de l'époque des Mousquetaires.

J'ai cherché, trouvé, retrouvé Chateaubriand en Bretagne, l'autre Châteaubriant dans les tourbes de la Brière, Marcel Aymé dans le Jura, l'enfance de Colette dans la Puisaye, le bonheur selon Chardonne à Barbezieux, le curé de campagne de Bernanos dans le Boulonnais, les adolescents de Mauriac dans les Landes girondines, la Petite Fadette de Sand autour de La Châtre, Dhôtel dans ses Ardennes, Maupassant en pays cauchois. À Aix, j'ai une pensée tendre pour la jeune et pure héroïne de *La Conquête de Plassans* et, en sortant de la cathédrale de Saint-Omer, je crois voir *Ces dames aux chapeaux verts* de Germaine Acremant cheminer sur les pavés de la place. Manosque, c'est Giono ; Guéret, le Chaminadour de Jouhandeau, et en passant le vieux pont d'Orthez pour aller à Hasparren mon regard cherche dans les enclos les ânes de Francis Jammes. Si je vais acheter du vin en Bourgogne, je passe par Milly pour que le temps suspende son vol. Majeurs ou mineurs, régionalisant à des degrés inégaux, des écrivains ont gratté dans les sillons de leurs origines des miettes d'universel. J'aime aller m'en repaître sur place. Si la lecture a précédé le voyage, on fait du lieu ce que l'on veut.

Ce détour livresque n'empêche aucunement des noces charnelles. J'apprécie le commerce des tenanciers de bistrot, autant que celui des érudits locaux. J'aime me plonger dans le journal du coin, apprendre sur le tas, autant dire au comptoir, qui est le député de la circonscription, de quoi on y vit, à quel niveau joue le club de foot ou de rugby, vers quelle métropole vont étudier ou s'embaucher les jeunes et sur quelle ligne se trouve la gare. Mais souper à Sancerre quand on a lu *La Muse du département*, ça corse le menetou-salon servi avec un crottin de Chavignol.

Je dois tant aux écrivains français, je leur voue un culte si enfantin que je n'ai pas de honte à les traquer jusqu'à leur tombe. J'ai pris un train jusqu'à Charleville pour aller pèleriner sur celle de Rimbaud et j'y reviendrai, le rimbaldisme étant pour moi une religion, ou presque. Pas seulement pour moi : c'était en semaine, il pleuvait des cordes et pourtant les fleurs jetées sur sa tombe étaient toutes fraîches. J'ai vu des fleurs aussi sur la tombe de Péguy, perdue dans un champ de la Brie où baguenaudent des lapins. Mort pour la France dès 1914, comme Alain-Fournier. Beaucoup d'écrivains reposent dans les cimetières parisiens, Père-Lachaise, Montparnasse, Passy, Montmartre. Je vais les distraire de leur solitude tout en les plaignant d'être ainsi encasernés. La tombe de Vigny, dans le cimetière de Montmartre coupé en deux par la rue Caulaincourt, donne sur un Ibis. Il ne méritait pas cet outrage. Zola, c'est pis, on l'a sorti du même cimetière pour l'encager au Panthéon. Pareille mésaventure est arrivée à Dumas qui était chez lui à Villers-Cotterêts, la ville du fameux édit de François Ier. George Sand a failli endurer le même exil, ses admirateurs voulaient aussi l'envoyer au Panthéon. Elle est tellement mieux dans le petit cimetière de Nohant attenant à la chapelle, derrière sa maison, je tiens beaucoup à ce qu'elle y reste. Dieu préserve les écrivains de la sollicitude des politiques ! Bernanos est très bien à Pellevoisin (pas facile à trouver), Valéry perché sur son Cimetière marin à Sète, Chateaubriand sur son rocher à Saint-Malo, Tocqueville juste derrière l'église du village qui porte son nom. Mauriac n'a pas eu de chance : Vémars est au bout des pistes de Roissy ; un décollage foiré, et un Boeing peut tomber sur ce qui lui reste de râble. Il aurait mieux valu qu'il se fît enterrer à Malagar d'où l'on entend le grondement du train sur le pont qui enjambe la Garonne.

Grâce au ciel, la plupart de mes écrivains de prédilection ont échappé au Panthéon : Rutebeuf, Villon, tous les grands de la Renaissance, tous les grands du Grand Siècle, Marivaux, Casanova, Chénier, Balzac, Vigny, Musset, Lamartine, Baudelaire, Rimbaud, Verlaine, Proust, Mallarmé, Jammes, Bergson, Montherlant, Camus, Cioran, Mauriac. Seuls se sont fait piéger Hugo (il l'a cherché), Zola, Dumas (raisons politiques) et Malraux qui aurait peut-être apprécié. Il aimait les trucs officiels, c'était son mauvais côté. N'importe : dans mon panthéon personnel, il est à Saint-Chamant avec Josette Clotis, dans le causse de Martel avec les gars de l'AS, en Alsace sous l'identité du colonel Berger. Il est avec moi chaque fois que j'entre dans un musée, tant son œuvre esthétique m'a aidé à comprendre l'histoire de l'art. Je me souviens d'avoir assisté – sans joie – au transfert de ses restes ; l'amiral de Gaulle se trouvait être à mes côtés et ce hasard me plaisait, tant le héros et son chantre sont indissociables dans l'assomption de la légende. Je croyais revoir Malraux sur cette même place du Panthéon, lâchant dans le ciel de Paris les incantations de son lyrisme pour honorer le sacrifice de Jean Moulin. Il pleuvait ce jour-là et, quand la cérémonie prit fin, je me suis senti presque aussi orphelin qu'en apprenant la mort de de Gaulle. Malraux, c'est le versant tragique des *Trois Mousquetaires*, celui d'Athos – l'âme française dans ses états de deuil perpétuel.

En matière de littérature j'avoue sans vergogne une prédilection pour les écrivains de mon pays. Elle ne m'a pas empêché d'aller butiner ailleurs, c'est ma pente à la vadrouille. Reste qu'une fable de La Fontaine, une tirade du *Cid* ou certains vers des *Feuilles d'automne* me toucheront toujours davantage que les échappées belles – parfois très belles – dans la littérature étrangère. « Plus me plaît le séjour qu'ont bâti mes aïeux... » : ce vers de du Bellay s'applique à mon désir spontané, quand je sors un « Pléiade » de ma bibliothèque. Pourquoi ne pas s'évader ? J'hésite et je finis par choisir un auteur de notre patrimoine, sachant qu'avec lui l'évasion ramènera mon cœur au plus près de ses sources.

Je ne crois pas avoir passé une semaine depuis mon adolescence sans lire un écrivain français ; ni une année sans relecture d'au moins trois ou quatre de nos classiques. Et, quand j'écris un livre, je ne lis que nos grands stylistes – de La Bruyère à Morand, le choix est vaste – avec l'espoir peut-être vain que ma plume ne sera pas trop indigne de leurs prouesses. Ma respiration la plus intime, mes émois les plus secrets, mon regard sur un paysage, mon approche de la féminité, le mode de mon patriotisme et en somme ma façon de vivre ma vie doivent beaucoup à cette fréquentation, qui m'a prémuni de la société qualifiée de « spectacle ». Je ne vais guère au cinéma, et jamais pour y voir un film démarqué d'un livre qui m'importe. Les images ont éclos, avec leur mélodie ; elles se sont imbriquées à leur guise, en puisant dans le labyrinthe de ma poétique, je ne veux surtout pas qu'un réalisateur m'impose les siennes. Je ne regarde pas la télévision, je n'écoute pas la radio et, mes auteurs dramatiques de prédilection, je préfère les lire plutôt que d'aller les écouter au théâtre ; les comédiens me gâteraient le plaisir de savourer lentement une tirade, mots après mots, plusieurs fois. Aimer à ce point la littérature française, lui avoir voué mon existence en une époque où tout la marginalise, c'est du pur anachronisme. J'en ai amèrement conscience mais je ne regrette rien, mon bonheur était à ce prix. Lire, écrire, me balader : rien d'autre au fond ne m'a tenté, sauf l'aventure amoureuse ; encore ai-je toujours accordé les battements de mon cœur au diapason de mes chers écrivains. Quant au vagabondage, ça tombe bien : si j'aime voyager loin, sans ménager ma monture, c'est sur la carte de France que je préfère tailler la route – et, immanquablement, je retrouve une plume à chaque détour ou presque.

Épineuil

Il faut emmener à Épineuil Régis Debray, Max Gallo, Alain Finkielkraut et tous ceux qui ont tendance à idéaliser la IIIe République à ses débuts, celle de la fameuse circulaire de Jules Ferry aux instituteurs de France, 1882. C'est un village du Berry tout proche de la forêt de Tronçais. Un village charmant et somnolent, aux maisons basses coiffées de toits marron. Deux rues s'y croisent, qui le résument ; à l'angle qu'elles forment on trouve un bar PMU et en face une demeure nantie d'une tourelle. Au bout d'une rue, l'église, trapue et si petite qu'on dirait un jouet. Puis la campagne. À l'autre bout, une grille de fer forgé, une cour, un préau, une buanderie.

C'était l'école où officiaient en qualité d'instituteurs les parents d'Alain-Fournier et c'est le décor de la plupart des chapitres du *Grand Meaulnes*. On l'a transformée en un musée confié aux soins d'un couple d'instituteurs en retraite. Leur obligeance permet au visiteur de découvrir les lieux dans leur intégralité, depuis le secrétariat de la mairie jusqu'au grenier où dormaient le narrateur et Meaulnes. Rien ne manque à ce mini-temple de la religiosité chère aux « hussards noirs » – les pupitres de bois sombre avec l'encrier de porcelaine blanc, le tableau noir, les cartes de géographie (A-OF, A-EF, etc.), l'estrade du maître, le poêle au fond de la classe, refuge des cancres. Je sais de quoi je parle. Des affiches électorales d'époque ont été encadrées dans la salle de la mairie, avec les incantations d'usage contre l'« ennemi clérical ». En toutes lettres. Comme souvent, l'instituteur faisait en même temps fonction de secrétaire de mairie. Le père d'Alain-Fournier était probablement rad-soc ou socialiste, et bouffait de l'andouille le vendredi saint. Ce qui n'empêchait pas son épouse d'aller à la messe et de fréquenter l'épouse du notaire, rang social oblige. En ce temps-là, l'instituteur et le curé étaient des personnalités aussi éminentes qu'un médecin, presque autant que le châtelain local.

Le Grand Meaulnes n'est qu'un roman : il a contribué à façonner l'imaginaire de trois générations de Français. Sans lui je serais peut-être le même, mais je ne saurais pas pourquoi. Sa magie, c'est l'imbrication du merveilleux dans la réalité la plus humble, la plus tangible, la plus raisonnable : une école publique de village à l'apogée de l'idéologie « républicaine ». Ce qu'il a de français, c'est l'irruption d'un songe lié à la noblesse (Guermantes, etc.) dans le cœur d'un adolescent très roturier : le voyage initiatique, la fête dans le château, Yvonne de Galais, la promenade sur l'étang, les bohémiens. Le récit ébloui de Meaulnes au narrateur, une nuit, au grenier. Une pureté paradoxale isole ce dadais de ses semblables : voilà le vrai secret. Sa grande solitude, la gaucherie de sa quête d'absolu le métamorphosent en un héros. Car Yvonne n'est pas inaccessible et d'ailleurs il va l'épouser. Mais sans échapper au cercle de la tragédie tracé par son absolutisme.

Le roman est mal fagoté et les épisodes parisiens nuisent à son unité. On les oublie. La seconde partie n'a pas d'intérêt, on ne retient que le va-et-vient entre l'école et le château fantomatique, la rétention du secret, son approche effarée. L'irrégularité, l'immaturité de Meaulnes en prise avec un idéal. De même on se doit de lire toute la *Recherche*, mais on ne garde en mémoire que les scènes à Combray. Yvonne de Galais, Oriane de Guermantes : même songerie d'une noblesse décrétée par l'âme et qui fait surgir la figure de l'éternel féminin. Cette songerie qui m'habitait lorsque je trimbalais mon spleen dans le parc de Contresolles, où est sa source ? Serait-ce dans les images des livres d'histoire qu'on nous donnait à l'école ? Auquel cas les « hussards noirs » ont œuvré contre leur paroisse. J'ai plutôt tendance à croire que la magie liée aux châteaux – en ruine de préférence – vient d'un fond de sauce culturel plus ancien, où les légendes populaires ont leur part, autant qu'Hugo, Dumas et Gautier, un fond qui a dû émerger lorsque furent conçues les légendes du roi Arthur, puis se solidifier au fil des siècles. Avec cette récurrence celtique d'un âge d'or enfoui dans le passé.

Alain-Fournier n'a pas fait de vieux os : mort pour la France, aux Éparges, en 1914. Il était âgé de vingt-huit ans. Sa correspondance avec Jacques Rivière révèle une âme de haut vol et un bel écrivain en herbe mais, ayant donné *Le Grand Meaulnes* à la jeunesse de son pays, vieillir en homme de lettres eût été une atteinte à sa gloire.

F

Française (La)

Elle n’est sûrement pas la plus facile à vivre, ni même la plus gaie. Sa tendresse est sujette à éclipses et ses aversions ont parfois la vie longue. Mais la Française est de loin la femme la plus élégante. La plus soucieuse de son apparence, jusqu’aux portes de la mort. La plus attentive aux sous-entendus de son miroir. Qu’elle soit friquée ou fauchée, qu’elle adopte le registre du BCBG ou celui des audaces, elle aime s’habiller. Se maquiller. Se parfumer. Presque tous les couturiers de légende sont français – et Coco Chanel est même entrée en littérature dans les pages de Déon. Presque toutes les marques de produits de beauté prestigieuses sont françaises. C’est autour du luxe que Pinault et Arnault se font la guerre, c’est même un des labels majeurs de notre présence dans la macro-économie. Et, si un galant offre à son égérie un diamant de chez Bulgari ou de chez Van Cleef &

Arpels, c'est sous emballage de la place Vendôme que son offrande sera vraiment fastueuse. Le goût du luxe, son usage et sa démocratisation ont sculpté, dessiné, décoré la Française. Si elle ose une extravagance vestimentaire, ça passe ; une étrangère pareillement accoutrée aurait l'air d'un sac de topinambours. Pendant l'Occupation, beaucoup de femmes manquaient de tout. Dans n'importe quel autre pays, elles auraient consacré leur énergie au ravitaillement et à la sécurité. Tout en s'y employant, la Française trouvait le moyen de se faire attrayante, fût-ce avec des hardes d'infortune, jusqu'à dessiner au crayon sur ses jambes un similimotif de couture de bas. À quartier socialement égal – la Cinquième à New York, Chelsea à Londres – les dames argentées s'habillent à peu près chez les mêmes couturiers, en conformité avec la mode du moment. La Française porte sa robe et son sac comme un charme, les autres comme des cintres. Seules la Romaine ou la Milanaise rivalisent, mais ça ne dure pas. Tandis que nos mamies, voire nos mémères, ont besoin d'inventer de quoi attester leur élégance. Une broche, un collier, un châle : cet ajout faussement anodin fait la différence, la vieille dame a quelque chose de plus que son maintien, sa dignité ou son opulence. Même le « mauvais goût », sur le corps d'une Française, échappe à la vulgarité, comme si l'esprit des lieux lui concédait la grâce d'une distinction. Beurette des banlieues, soubrette de campagne ou Versaillaise fille d'officier, la Française possède cette grâce. Ou bien la capte mystérieusement, qu'elle soit plate comme une limande ou grasse comme un chanoine. Les étrangères bien fagotées qu'on peut rencontrer ont toutes appris en France l'art de se parer en évitant l'uniformité ou le ridicule. Cela se vérifie dans la rue autant que dans un salon ou sur la plage : l'étrangère est presque à poil, on voudrait la prier d'ôter ce haut et ce bas qui l'encombrent ; le maillot de bain de la Française suggère l'ineffable, il entre de l'esthétique dans le frémissement de notre désir. Qu'on ne m'accuse pas d'être bêtement cocardier. J'ai beau être ignare en matière de mode féminine, j'ai l'œil et le bon, celui d'une appétence passionnée pour le genre féminin, depuis toujours, et toutes appellations d'origine confondues. C'est en connaissance de cause que je décrète la suprématie de la Française sur ce registre capital. Dans un raout cosmopolite, je la repère à vingt mètres. Elle n'est pas toujours la plus belle, elle règne immanquablement par une touche indescriptible d'élégance. Donc elle promet davantage à notre... imagination. Quitte à nous le faire payer. Mais le jeu en vaut la chandelle, car la sensibilité de la Française est un miroir à facettes multiples, en même temps qu'un puits sans fond d'émotions enroulées les unes dans les autres. Un amoureux maladroit peut s'y noyer. S'il sait nager dans les sentiments, et s'il a conquis le cœur de la belle, il sera mieux aimé par une Française que par une autre. À charge pour lui de contourner les écueils du bovarysme.

Car la Française met toujours de l'idéal dans ses appétences érotiques ; on n'obtient sa fidélité que si le frisson de l'échine trouve un écho dans l'âme ou dans ses environs. Encore faut-il avoir la bonne fortune de ne pas s'éprendre d'une capricieuse. C'est le défaut de la Française, quand elle croit devoir tromper en foucades infantiles ses insatisfactions. En fait elle est à l'image de notre littérature, de notre philosophie : ambiguë parce que écartelée entre le goût d'un bonheur éperdu et un curieux mélange de narcissisme et de jansénisme dans la gestion de ses affects. Surtout la bourgeoise. À l'étage social du dessous, l'amour coule davantage de source, cœur et corps gazouillant sur la même longueur d'onde. Mais à tous les étages la Française aime l'amour et, si ma libido n'a pas de frontières ethniques, je ne me suis jamais vraiment épris d'une étrangère, je les trouve par trop sommaires dans l'expression – verbale ou gestuelle – de leurs sentiments. *Anna Karénine* de Tolstoï et *Les Fiancés* de Manzoni sont de grands romans d'amour et en les relisant me vient comme une envie de m'enticher d'une Slave ou d'une Italienne bien ferventes. Ça existe. Mais je relis Proust, qui pourtant n'était pas porté sur le cotillon, et je sais d'expérience que seule une Française saura me mitonner un brouet amoureux à cette sauce exquise. Rien que le goût de ses lèvres annonce les couleurs : on va se perdre dans les dédales d'une volupté qui rameute harmonieusement les ressorts de notre épicurisme et de notre soif d'absolu. On en revient toujours à cette ambivalence, où le puritanisme n'a pas droit de cité mais qui exige de l'amant davantage que du donjuanisme.

France

France : de ce nom de pays d'origine germanique, nous avons fait un prénom féminin. Avec une majuscule, le mot Franc est viril en diable comme nos premiers rois. Tribu guerrière. Sans majuscule, le franc s'oppose au sournois. C'était aussi notre monnaie. Tout change par la magie de cette voyelle « e » qui affine, pacifie, spiritualise et met du velouté. Un Français peut tomber amoureux d'une douce France, blonde ou brune, on connaît tous une femme ainsi prénommée. Et si le prénom « sec » n'est pas très courant, on le rencontre souvent précédé de Marie. Accolage hautement symbolique.

La France est donc foncièrement féminine. Serait-elle l'épouse d'un Germain dont elle aurait divorcé après trop de scènes de ménage ? Divorce interminable, et jamais à l'amiable. Ça tendrait à prouver qu'une femme sait autant qu'un mec brandir une épée, vaincre des ennemis et même assujettir des peuples. Quoi qu'il en fût, la Française est plus femme qu'aucune autre. Elle le sait, elle en joue ; parfois ses amoureux en pâtissent. Mais ses fils la vénèrent. La sonorité tendrement parfumée du mot, grâce à ce « e » qui n'a l'air de rien, reflète une fécondité souriante, des équilibres paysagers, une aptitude au bonheur, des charmes enfin dont la « douceur angevine » serait l'imagerie.

Francophonie

J'ai milité pour cette cause en écrivain français soucieux de préserver le rayonnement de sa langue. Donc de son pays. Par voie de conséquence, de tous les pays où on la parle un peu, communément, avec ou sans le statut de langue officielle. Car, au siècle de la « communication » tous azimuts, une langue est en soi un vecteur de puissance politique, économique et culturelle. On dialogue, on pense, on prie, on rêve, on négocie dans une langue qui a modulé nos émois et orchestré notre lyrisme. La nôtre définit une certaine façon d'aborder les réalités, induite par sa structure, étayée par son prestige. Fut un temps, pas si lointain, où l'on parlait français dans toutes les chancelleries, à Weimar, à Saint-Pétersbourg, à Vienne, au Caire. Il en est resté longtemps l'idée – vague – qu'un être « civilisé » se devait d'avoir pratiqué nos classiques et de savoir les commenter. Fut un temps, encore moins lointain, où le fin lettré de Buenos Aires, de Sofia ou de New York échouait au quartier Latin pour être au cœur vivant des choses de l'esprit. Ce temps est révolu, hélas, mais il existe encore des élites francophones sur les cinq continents. Une connivence les rapproche. Il n'était pas illogique de l'asseoir sur des institutions. Dont acte. Dans une vie antérieure j'ai participé – modestement – à la mise en forme d'un club politique, l'OIF, qui a pignon sur rue, statut d'observateur aux Nations unies, et qui défend la langue française dont l'avenir hors l'Hexagone ne va pas de soi. Il importe pourtant qu'on continue d'enseigner et de parler le français partout dans le monde, sous peine d'une marginalisation irrémédiable. C'est une question de volonté politique. Elle ne manque pas dans les pays où notre langue est menacée par encerclement – Belgique, Canada, Suisse. En France, seuls quelques sectateurs s'intéressent à la francophonie. C'est fâcheux. Je me souviens des « sommets » de Cotonou où le principe de l'OIF fut adopté, d'Hanoi où le premier secrétaire général fut proclamé. Boutros Ghali en l'occurrence, auquel Diouf a succédé. Deux ténors pour une cause essentielle : la préservation du pluralisme linguistique. Car un basic dérivé de l'anglais, relayé par l'essentiel des « tuyaux » où transitent sons et images, menace l'humanité d'une normalisation de l'imaginaire. Menace à très court terme dont on prend mieux conscience en assistant à la Foire du livre de Francfort. Les éditeurs du monde entier sont présents. Tous vont acheter des droits sur les stands américains. Les éditeurs non francophones ne se bousculent pas sur les stands français ; s'ils y viennent, c'est surtout pour consulter des livres de photos sur nos vins, nos châteaux de la Loire, nos stylistes de mode et nos impressionnistes.

Lors de ces sommets, qui en soi sont des rituels dépourvus d'intérêt, et lassants à la longue, une fraternité indéniable rapprochait le musulman du catholique, de l'athée, du bouddhiste. De rudes dictateurs et des staliniens de stricte obédience fraternisaient avec des démocrates à la sauce occidentale. Des Peuls croisaient des Khmers, des Mauriciens s'attablaient avec des Roumains, c'était un cosmopolitisme de bon aloi, à l'enseigne d'une langue que tous maîtrisaient. Chacun avec son accent et ses termes idiomatiques, comme en France lorsqu'un Catalan parle à un Picard, ou un Basque à un Alsacien. Tous ces francophones aiment la France, ou du moins l'idée qu'ils s'en font sur la foi des clichés d'usage : « patrie des droits de l'homme », etc. Je voudrais être sûr que la France les aime. Je pense à ces Africains que l'on fait mariner devant nos consulats pour l'obtention d'un visa, et à ces étudiants qui filent aux États-Unis et au Canada, faute d'une politique boursière de nos autorités. L'Afrique francophone, Maghreb y compris, reste le vivier de base de la francophonie, ainsi qu'un arrière-pays pour nos imaginaires ; accessoirement, une source de jouvence pour notre littérature. Tôt ou tard, le continent africain prendra sa place dans le village planétaire. Soit on y parlera français, et l'avenir est garanti, sur tous les plans ; soit on le parlera de moins en moins ou plus du tout, et notre pays survivra dans sa langue autour de son nombril hexagonal. Il a beau être ce qu'il y a de mieux sur la surface de la terre, ça ne suffira pas à remettre la France sur les rails de sa grandeur.

Fraternité

Alors qu'il était encore soldat, saint Martin donna à Amiens la moitié de son manteau à un pauvre. Le premier évangélisateur des Gaules inaugurait sans le savoir une approche toute française de l'amour du prochain : la fraternité. Ce dernier mot du triptyque inscrit sur les frontons de nos bâtiments publics a fait l'objet de débats avant que d'être adopté. Les autres pays ne l'ont pas mis dans leur devise. Fraternité : un élan venu du cœur qui se matérialise par un coup de main et reflète une tendance profonde de la spiritualité française, celle de saint François de Sales et de son disciple saint Vincent de Paul. Le sans-logis est transi de froid ? L'abbé Pierre harcèle les autorités et fonde Emmaüs. Le miséreux croupit dans un bidonville en Égypte ou en Inde ? Sœur Emmanuelle vient le secourir. Le largué, le chômeur, le clodo ont faim ? Coluche fonde les Restaurants du cœur. Ils n'ont pas donné une leçon de morale, ils n'ont pas théorisé leur acte ; ils ont obéi à un réflexe – et, comme par hasard, dans un pays apparemment très déchristianisé, l'abbé Pierre et sœur Emmanuelle ont eu la faveur des Français dans les sondages d'opinion. De même Coluche. Les pionniers de Médecins sans frontières furent tout aussi populaires. On tuait en série des Ibos au Biafra, ça leur a soulevé le cœur, ils sont allés soigner sur place. Le Français préfère l'honneur à la morale, et brocarde volontiers le pharisaïsme du bigot, quelle que soit sa chapelle. Trop cocardier et individualiste pour embrasser l'humanité dans un amour abstrait et pontifiant, il est sujet à des tentations xénophobes, voire racistes à l'occasion. Mais si l'Arabe du coin avec qui il trinque est dans la peine, il fraternise spontanément. Ne lui dites pas qu'il a été charitable, sa pudeur s'en offusquerait. Il vous confirmera même, par bravade, que les Arabes, il n'aime pas. Mohamed, c'est différent, il le connaît, ils sont copains. Ceux qu'on a qualifiés de « moralistes français » (La Rochefoucauld, Chamfort, Vauvenargues, etc.) sont des pessimistes attachés à démontrer la bassesse de l'âme humaine, pas des professeurs de vertu. Le peuple français n'est guère « moral », il se fait un devoir de voler le fisc ou la Sécu et les vertueux professionnels – clercs ou intellos – le font vite ricaner. En revanche, il est charnellement fraternel ; il a ce bel instinct qui le rapproche d'autrui et le rend capable de toutes les générosités et de tous les héroïsmes, sinon malgré lui, du moins malgré son fond de scepticisme.

« French flair »

« French flair » : ainsi les Anglais ont-ils qualifié un style de jeu où le goût du risque, l'improvisation et le sens de l'esquive procurent aux attaquants un vif sentiment d'allégresse, et aux spectateurs une impression de maestria. C'est de rugby qu'il s'agit et, entre la Libération et les années soixante, l'école lourdaise d'un certain Jean Prat a déposé la marque de cet art. D'ailleurs les Anglais appelaient Prat « Monsieur Rugby », tout simplement. Son frère Maurice et Roger Martine l'illustraient, tant sous les couleurs rouge et bleu du FC Lourdes qu'en équipe de France. Ils eurent des prédécesseurs – Max Rousié à Villeneuve, Coderc à Chalon, Dauger à Bayonne. Ils eurent des disciples pour ensoleiller le stade de Colombes du temps où de Gaulle bivouaquait à l'Élysée : Gachassin, Bouquet, les frères Boniface.

On décèle dans le « french flair » un souci du panache et un goût du défi opposables au culte de l'efficacité. Pourquoi « flair » ? Parce qu'il faut sentir le coup, ça relève de l'instinct. Et du désir. Pourquoi « french » ? Parce que s'agissant de guerre, ou de mode, ou de jeu, ou de galanterie, les Britanniques nous concèdent le monopole d'un sixième sens, celui de la divination. Ils ont raison. Nous avons tort de ne pas nous y fier plus souvent. Peser le pour et le contre, calculer les risques, quadriller le réel comme le détective de *La Lettre volée* d'Edgar Poe, ce n'est pas notre registre. La France était souveraine, et souvent victorieuse, quand André Boniface, buste droit, moue dédaigneuse, dessinait au jugé des arabesques entre les lignes de défense. Les historiens de l'Empire racontent cent batailles gagnées par la Grande Armée, contre toute logique militaire, grâce au « french flair » de Napoléon ou de ses généraux. Le « french flair » divinatoire de Rouletabille – un enfant ou presque – s'oppose au génie analytique de Sherlock Holmes, qu'on n'imagine pas enfant : il y a dans cette grâce quelque chose de candidement puéril.

Et, comme le sort nous a privilégiés, quand le « french flair » nous fait défaut, il nous reste la « furia francese » – cet élan rageur qui nous brûle les sangs et nous rend capables de tout affronter, de tout surmonter, de tout vaincre. Napoléon savait tirer aussi sur cette corde. La « furia francese » des troupes de Charles VIII au défilé de Pontrémoli rejoint le « french flair » du maréchal de Saxe à Fontenoy : dans les deux cas, il y a le panache.

G

Gares

Des gares ont poussé au XIXe siècle sur la carte de France comme des pâquerettes sur un pré, on en débusque dans des patelins perdus dans la nature et qui n'ont pas d'autre titre à la notoriété. Six gares parisiennes ont arrosé les grandes villes de province sises aux frontières de l'Hexagone, ou sur ses rivages. Même intention centralisatrice que pour notre réseau routier et nos lignes aériennes. Elle remonte à nos rois ; les Jacobins, Napoléon, les rad-soc de la IIIe République en ont rajouté. Tant mieux. Aux alentours de ces six gares, pour peu qu'on ait quelque flair, on hume un petit air de la région qu'elles desservent – le nom des rues, la tête des voyageurs, l'accent des serveurs dans les hôtels et les restaurants. Des Auvergnats ont proliféré autour d'Austerlitz, des Bretons à Montparnasse, et, en déjeunant au Train bleu de la gare de Lyon, ou en face à L'Européen, on sent, à des détails, que les gens sont en partance vers le Midi. Au Terminus Nord on est déjà à Calais, presque en Angleterre. Ces invitations au voyage, j'y ai souvent succombé, je connais bibliquement les brasseries des gares parisiennes et je regrette qu'on ait détruit celle de Montparnasse pour construire à sa place un bâtiment informe, d'une laideur irrémédiable. Je regrette aussi de n'avoir pas connu la gare d'Orsay du temps où Thérèse Desqueyroux y arrivait, en quête d'une liberté qu'on ne respire qu'à Paris. Du moins c'est ce que croient les provinciaux dont l'âme en surchauffe tourne en rond dans un terroir comme une guêpe dans un bocal. Car on lit sur les visages de ceux qui débarquent cette convoitise mûrie dans les pénombres de la province. Elle n'est pas incompatible avec une certaine angoisse ; les gens qui rentrent au « pays » pour les week-ends, pour les vacances ou pour toujours ont l'air plus sereins que les Rastignac. Dans le sens province-Paris, la gamberge est solitaire, personne n'adresse la parole à son voisin ; dans l'autre sens, on se raconte plus volontiers.

Les gares bocagères ayant essaimé sous la IIIe République sont aiguillées vers le réseau majeur par la grâce de Vierzon, de Culmont-Chalindrey, de Saincaize, de Sainte-Germain-des-Fossés et autres localités qui doivent leur existence ou leur survie à la SNCF.

J'aime nos trains et leurs gares, ils ordonnent une sorte de civilisation ferroviaire. Dans les autres pays, les trains ne servent qu'à se déplacer ; en France, ils servent à poétiser. J'aime prendre un train dans une gare parisienne – un Corail, un Teoz, un TGV – au début de l'après-midi. Au départ il est toujours bondé. Premières escales. Des voyageurs descendent, presque aucun ne monte. On change à Limoges-Bénédictins ou à Metz, pour citer deux gares à l'esthétique singulière, très Second Empire pour l'une, très prussienne pour l'autre. On monte dans un TER dont le museau effilé ressemble à celui des TGV. Il a remplacé les michelines rouge et blanc surchauffées qui grondaient comme un camion dans les côtes. Ce TER s'arrête à la moindre gare – une maisonnette parfois, telle la gare de Combray. Il finit par nous larguer dans un chef-lieu d'arrondissement, voire de canton, voire moins encore. La nuit est tombée depuis longtemps. Un employé à casquette a sifflé, agité un drapeau. Le train s'est ébranlé ; on a vu se dissoudre dans le noir les deux taches rouges du wagon de queue. Les rares voyageurs remontent à pied ou en voiture une avenue bordée de platanes qui rejoint le centre de la localité. Moment poignant et délicieux où la France est vraiment « profonde ».

Plus personne sur la place de la gare. Des hangars, quelques maisons et, à l'angle de l'avenue, le néon blême d'un « Hôtel de la Gare ». Variantes : Hôtels

« des Voyageurs », « Terminus ». Ou encore « Hôtel de Paris », puisque aussi bien tous les rails de la SNCF convergent vers la capitale. Les rêves, eux, vont et viennent, ou reviennent, du cœur à ses vaisseaux périphériques.

On pousse la porte. Un desperado d'envergure locale est debout face au comptoir, devant un demi de bière, une cigarette entre les doigts jaunis, l'œil tourné vers l'intérieur pour y constater on ne sait quel saccage. Au fond de la salle, un contrôleur de gestion achève un repas à menu fixe inscrit à la craie sur une ardoise. Au mur, des réclames d'apéritifs et la photo de l'équipe de foot locale. Cendriers Ricard sur les tables en Formica. Un patron somnolent est absorbé dans la lecture des pages sportives ou nécrologiques du quotidien régional. Une souillon désabusée essuie les tables. Le patron octroie à l'impétrant la chambre numéro 3, à contrecœur, dirait-on. Œil suspicieux : un voyageur, ça vient d'ailleurs, peut-être de loin, on ne sait jamais, avec les trains. On décline une provenance et un métier avouables et alors il consent l'amorce d'un commentaire météorologique.

La porte s'ouvre, un quarteron de jeunes vient achever sa bordée. Bière ou cognac. Accent du cru pour rendre à la serveuse des hommages peu protocolaires. Elle émet un sourire pâle, ou résigné, les sert, les remballe. Le patron lève le nez de son journal, consulte l'horloge. Le dernier train est passé, le contrôleur de gestion est allé se coucher, la nuit a happé le desperado qui doit tituber entre les platanes.

Autant monter. La chambre numéro 3 n'est pas désirable. La fenêtre aux rideaux mités propose une vue imprenable sur un paysage de rails et de pylônes. À la lumière jaune des lampadaires, le quai désert donne le sentiment d'être résigné. Comme la souillon. Comme le patron. Résigné à quoi ? À tout et à rien. On voit, plus loin, une lumière rougeâtre prise dans la brume. La gare s'est endormie. Si la brume s'est levée, on devine les formes imprécises du patelin. Il dort. La nuit a quelque chose d'irrémédiable dans ces chefs-lieux de pas grand-chose ; l'hôtel est comme un phare désemparé.

Une sonnerie grêle. Un train de marchandises passe avec lenteur. C'est émouvant, rassurant, inquiétant. Un grondement sourd, deux lumières rouges et puis la nuit, encore plus noire. Encore plus nuit. C'est une certaine France, cette nuit autour d'une gare de dernier ordre, appelée à disparaître parce que les économistes la trouvent inutile et coûteuse. Ils ont leurs raisons. La mienne est poétique. En de tels endroits, je me suis toujours surpris à bâcler des vers alors que, dans les palaces, rien n'inspire ma plume.

Le jour se lève. Pluie et brouillard. Douche mal réglée, café médiocre, croissants déplorables. Aucune importance : des trains s'arrêtent, la gare s'anime et on va découvrir une localité que l'on ne connaît pas. Ça m'est arrivé souvent et, presque chaque fois, je suis tombé sur un bourg qui valait le détour. Des milliers de bourgs français valent le détour, au moins une fois, et entre autres regrets à l'article de ma mort il y aura celui de ne pas les avoir tous découverts.

On reprend le TER dans l'autre sens au début de l'après-midi. On change de train comme à l'aller, on retrouve l'express de Paris. Des gens montent à toutes les gares, personne ne descend. La nuit tombe sur la Beauce, ou la Brie, ou la Picardie. Paris... Ce ressac ferroviaire entre les deux versants de l'âme française, j'en éprouve le besoin physique ; il reflète une double citoyenneté assez foncière : sous l'écorce du Parigot, titi de faubourg ou rupin des bords de la Seine, coule la sève d'un provincial. Je le retrouve à Austerlitz, frétillant d'impatience, un clocher accroché dans un coin de son cœur.

Gastronomie (La)

Au pays des moines vignerons et de l'épicurisme rabelaisien, le guide Michelin continue de nourrir des polémiques quand il décerne ses étoiles et c'est tout juste si l'on ne couche pas ses recettes de cuisine sur son testament. En tout cas on ne les confie qu'aux intimes, non sans disserter à perte de temps sur l'opportunité de mettre une gousse de vanille dans la confiture de pêches. Ou sur le dosage du chocolat dans la sauce du lièvre à la royale. En France, la gastronomie est une religion avec son droit canon, ses théologiens (Brillat-Savarin), ses réformateurs, ses hérétiques, sa liturgie, sa sémantique. Un plat se mijote au long cours dans l'imagination d'un Français avant de se laisser humer, contempler, déguster. Mets ou produit, l'intitulé suggère un terroir ou à défaut un label d'élaboration. C'est l'album colorié de nos diversités que l'esprit effeuille avec gourmandise quand on lui promet des tripes à la mode de Caen, une sole à la dieppoise, un cassoulet de Castelnaudary, des pieds de porc à la Sainte-Menehould, du jambon à la jovinienne. Les papilles ont le culte des enracinements : l'andouille est de Vire, le piment d'Espelette, la poularde de Bresse, le saucisson chaud-pommes à l'huile de Lyon, la quiche lorraine, la potée limousine, les rillettes du Mans. Hors l'Auvergne point d'aligot ou de truffade qui vaillent, et il n'est de vraie bouillabaisse qu'autour de Notre-Dame-de-la-Garde. L'Alsace contresigne un poussin au riesling, le Bourbonnais une pompe aux grattons, le Berry un coq au vin, la Corrèze une tête de veau sous la mère, et les huîtres se doivent d'arriver de Marennes avec la marée. Pour la mouclade il faut aller à La Rochelle et le jésus de Morteau doit venir de Morteau, pas d'ailleurs. Appellation d'origine exigible, comme pour nos vins et nos fromages. Qui commettrait l'impair de commander un livarot à Roquefort, une pissaladière à Lille, un vin de Buzet à Chablis ?

En qualité de Français, j'aime manger et boire. C'est culturel et la géographie de nos traditions culinaires n'est pas sans rapports avec notre littérature. J'aime les plats qui ont de l'accent et de la tronche. J'avoue un faible pour ceux qui augmentent le taux de cholestérol – civets, salmis, daubes, confits, abats – et une tendresse pour le gibier à plumes quand la perdrix est cuite dans ses choux, la bécasse servie sur un canapé d'abats écrasés. Mon patriotisme se régale malicieusement avec ce qui répugne à nos voisins : les escargots (à la bourguignonne, à la charentaise, à la bordelaise), les cuisses de grenouilles (à la provençale), les pibales bien aillées, les queues et les oreilles de cochon qui croustillent sous la dent, les ortolans qui fondent sous la langue. Les cœurs de lapin à l'apéritif, arrosés d'un pouilly fumé, ne sont pas non plus pour me déplaire, je dois cette découverte à l'ancien patron de L'Espérance. J'en doit tant à tant de toques, sans compter mon épouse, irréprochable sur le ris de veau aux cèpes, l'épaule d'agneau, le chou farci et la farcidure, spécialité corrézienne. Ma mère est hors-concours sur le poulet à la crème, la quiche, le pâté de viande.

J'ai gastronomisé partout en France, dans d'innombrables gargottes et parfois chez des étoilés, encore qu'ils soient hors de prix et que leurs sophistications me déroutent. N'étant ni un spécialiste, ni un intégriste, je préfère les auberges sans apparat où une patronne bourrue vous propose des œufs mimosa, une omelette aux girolles, une andouillette-frites, une truite aux amandes, une côte de veau forestière, un boudin aux pommes, une vraie friture de goujons, des pissenlits (tièdes) aux lardons. Tout est dans l'art du cuistot et, en France, les cuistots ont le doigté, presque autant que les cuisinières des bourgeoises d'antan. On n'est déçu que s'ils veulent étaler leur science en vue d'obtenir une étoile, une fourchette ou un macaron.

Je ne suis pas le moins du monde xénophobe et j'ai pris de vifs plaisirs à goûter des plats italiens, chinois ou arabes ; certains d'un raffinement indéniable. Mais enfin, toute partialité bue, aucun ne mérite la comparaison avec les nôtres, il s'en faut de beaucoup. C'est en France seulement que l'on sait trousser un plat qui sous la langue se fond en un poème. Dans aucun autre pays la nourriture n'enflamme autant les lyrismes et n'exaspère autant de passions. Dans nul autre une telle abondance de livres n'a été consacrée à la gastronomie depuis la bible de Brillat-Savarin jusqu'au fantastique *Déjeuner de Sousceyrac* de Pierre Benoit. Ce roman, je l'ai dégusté dix fois, je suis même allé déjeuner à Sousceyrac, pour comparer. C'est en France seulement que l'œil s'allume de convoitise en lisant une carte, avant de se régaler en voyant apparaître sur son chariot un plateau de fromages bien achalandé. En France les produits ont une âme, j'aime la surprendre au petit matin dans les carrés de Rungis. Pour les couleurs, les senteurs, l'argot des commanditaires. Pour le plaisir d'un voyage imaginaire dans nos « pays », et chaque fois je crois revoir des scènes du *Ventre de Paris* de Zola. J'aime tout autant lécher l'étal d'une charcuterie. Quoi de plus sensuel qu'une théorie de jambons suspendus, un régiment de jambonneaux nappés de chapelure, un assortiment de saucissons cuits à l'ail ou séchés sous la cendre, des effilés et des ovoïdes !

Andouilles gainées de noir, terrines, pâtés de tête, de foie et du reste, pots de rillettes et de grattons, pieds panés, museau persillé, cervelas, côtes de porc d'un rose pâle, tranches de lard : tout m'euphorise et de plus j'ai remarqué que les charcutières sont toujours gaies. Nulle part ailleurs qu'en France on ne trouve une telle allégorie de l'abondance, dans ses liens avec la ripaille joyeuse. Nulle part ailleurs l'épicurisme n'a emprunté à la nourriture de quoi esthétiser le bonheur. À telle enseigne que nos chefs d'élite vont enseigner et labelliser partout dans le monde.

Mes souvenirs de régalades sont innombrables – à Paris, en province, à la campagne – et quand j'aime, je reviens. Néanmoins je ne serai jamais las de débusquer une auberge inédite pour y fomenter un dégagement de copains. Au fond de la salle de préférence, on peut parler plus fort et rire plus gras. En choisissant des plats du pays qui tiennent au corps, et des vins qui parlent encore patois. Adepte pratiquant de la gastronomie lourde, j'ai forcément des réserves sur la « nouvelle cuisine ». Elles souffrent des exceptions, celle notamment de Guy Savoy qui sait alléger un produit sans l'affadir, et créer des merveilles sans en rajouter. Peut-être parce qu'il est rugbyphile pratiquant, sûrement parce qu'il n'a pas rompu avec ses attaches iséroises. Du reste les excès de l'épuration culinaire, imputables au moralisme des diététiciens, commencent à passer de mode : les « modernes » remettent de la sauce, les « anciens » la font moins épaisse et le pays de Rabelais demeure le paradis des papilles, malgré la prolifération des infâmes McDo chers à nos progénitures.

Gaulois

Nos ancêtres n'étaient pas tous gaulois, tant s'en faut, et les instituteurs qui décrétèrent cette ascendance obéissaient à un parti pris idéologique manifeste : les rois francs, le peuple gaulois. Du temps où nous possédions une A-OF, une A-EF, une presqu'île en Indochine, des îles dans les Caraïbes et l'océan Indien, le présupposé avait quelque chose de burlesque. Il continue d'offusquer les Français dont la peau est cuivrée, ou noire comme l'ébène. On peut les comprendre si leurs ancêtres par le sang habitaient la vallée du Mékong, le mont Cameroun ou le Cap haïtien. À chacun ses racines, et la mythologie qu'on peut touiller avec.

Et pourtant, puisque le sentiment d'être français ne procède pas du sang et puisque chaque peuple se forge un mythe des origines, celui-là en vaut bien d'autres. En tout cas c'est le nôtre. Le sol n'est pas tout, mais il n'est pas rien et la France a un positionnement précis sur la mappemonde. S'il ne la résume pas, on ne saurait en faire fi. On ne peut nier que la Gaule plus ou moins « chevelue » a précédé la France, qu'elle a été romanisée par le fer et le feu, que ses peuplades, approximativement celtiques, possédaient une culture – en gros le druidisme, une forme bordélique de démocratie, un art préfigurant l'abstrait. Cette culture a survécu entre les mailles tissées par la monarchie catholique, puis son héritière en ligne directe, la république laïque. Les croix de pierre érigées partout sur le sol français ont souvent pérennisé en le bénissant un lieu de culte celtique. Louable permanence de la religiosité. On ne peut nier Brennus, Vercingétorix, Gergovie puis Alésia, les Arvernes trahis par les Éduens (ou l'inverse) : cela fait partie de ce mixte d'histoire et de légende sans lequel un pays n'a pas d'âme collective. Donc n'est pas un pays. Dans ce sens et en vertu d'une logique coloniale issue des Lumières – que je réprouve dans son principe –, il n'était pas absurde d'assigner à un Gabonais des ancêtres gaulois. Les miens l'étaient-ils un peu, beaucoup, totalement ? Je n'en sais rien, mais je les revendique avec d'autant plus d'aise qu'Obélix a planté un gros menhir près de mon village. Je sais ce que la France doit à Rome, mais nos ancêtres étaient gaulois, je n'en démordrai pas. Il me plaît de savoir qu'après le premier édifice chrétien, le Moyen Âge a reconstruit à Chartres l'inestimable cathédrale sur l'emplacement précis d'un lieu sacré du druidisme des Carnutes. Jean Markale, qui dans une autre vie fut mon prof de lettres, a beaucoup écrit, et milité, aux fins de revaloriser la part de celtitude de nos racines. Il en rajoute, parce qu'il est breton ; reste qu'il est précieux d'avoir eu un contrepoids à la rationalité gréco-latine et à ses bâtards, l'ordre catholique et le centralisme administratif. Le cycle du roi Arthur traduit cette infusion de mythologie celtique dans la dramaturgie chrétienne et je me demande si l'anarchisme brouillon qui en moi s'insurge contre toute autorité ne vient pas de là. En vertu de quoi Goscinny a eu bien raison de ressusciter avec Astérix ces ancêtres-là, et un Français aurait tort de les renier, de quelque latitude qu'il provienne. D'autant qu'ils ne sont pas exclusifs : on peut se les approprier sans oublier ceux qui ont colorié le sang en noir ou en jaune plutôt qu'en blanc.

Grandeur (La)

« La France ne saurait être la France sans la grandeur » (de Gaulle, *Mémoires de guerre*). Nous en sommes tous plus ou moins convaincus ; sinon, comment expliquer cette pente à la déprime quand la France « officielle » – ses chefs, son armée, ses champions – ressemble à un pays moyen ? Ce qu'elle est dans l'ordre du quantitatif. Elle était pire encore dans les années cinquante, quand de Gaulle, retiré à Colombey, écrivait ses *Mémoires*. Elle venait de perdre une guerre et d'endurer une occupation, elle allait perdre son empire ; elle se refaisait une santé, plutôt qu'une beauté, avec les dollars du plan Marshall. Entre États-Unis et URSS, ce minuscule septentrion du cap de l'Asie ne pesait pas lourd à l'aune de la guerre froide. Il pèse moins lourd encore à l'aune de l'économie depuis que s'éveillent à la puissance de nouveaux géants, la Chine, l'Inde, le Brésil, le Mexique.

La puissance n'est pas la grandeur. Le rayonnement « culturel » non plus. Historiquement, la grande peinture occidentale est italienne puis flamande, la grande musique italienne et allemande, la grande métaphysique allemande. Les trois écrivains majeurs de l'Occident « moderne » – Dante, Shakespeare, Cervantès – ne sont pas français. Ni Darwin, Marx, Nietzsche, Freud, Einstein qui ont pétri les contours de la conscience occidentale, et orienté le cours de l'Histoire. C'est l'Amérique qui nous a donné le western et le blues, versions « modernes », populaires et profanes de la chanson de geste et du grégorien. Et c'est avec une curieuse ingénuité que nous nous approprions *La Joconde* du Louvre, l'obélisque de la Concorde et Tintin. On peut se demander à quoi rime cette grandeur dont le souci nous taraude jusqu'à nous faire sombrer dans un désarroi nauséeux ? Comme si nous n'avions que cette alternative : orgueil d'être français ou morosité grinçante et ricanante. Orgueil nourri par l'invincible certitude que la France est le sel de la terre, et se doit de le rester. Rien de plus déraisonnable, et pourtant rien de mieux enraciné. Nos premiers rois ont voulu que la France fût à la fois la « fille aînée de l'Église » et l'héritière de l'universalisme romain. C'était viser plus haut que le nombril de leur mini-royaume. Le sacre à Rome de Charlemagne, les croisades, l'idéalisme de Saint Louis, l'étrange mysticisme de Jeanne d'Arc, les périples italiens de Charles VIII et de Louis XII, le faste de François Ier, la majesté de Louis XIV, le prophétisme des Lumières, la folle bravoure des soldats de l'An II, l'épopée impériale, l'aventure coloniale, la saga gaullienne, ces tranches d'Histoire dorées et sanglantes procèdent d'un désir impérieux de hisser la France au-dessus de ses capacités vérifiables. Elles conspirent à une arrogance qui exaspère nos voisins. Et parfois les sidère. Dans l'inconscient du Français le plus obtus, survit le fait que Versailles donnait le ton, que sous Louis XV les chancelleries parlaient français, que Napoléon a toisé les Pyramides avant de dormir dans le lit des tsars et que de Gaulle, avec une armée fantoche, a imposé la France à des alliés qui n'en voulaient pas. Il postule une exemplarité irrationnelle et confuse, mélange de bravoure empanachée et de missionnarisme idéal qu'aucune victoire sportive ou économique ne saurait traduire. Le Français de base a admiré les « French doctors » de MSF pour la gratuité de leur activisme au Biafra, et Zidane parce qu'il incarnait davantage que l'excellence footballistique. D'où son insondable mélancolie si la France se complaît dans une prospérité pacifique et se résigne à produire, consommer et exporter. D'où sa hargne, son mépris puis son rejet des gouvernants « raisonnables ». Ils ont mis la barre à l'altitude de nos désirs, de nos pulsions, de nos hantises alors qu'il faut, pour ne pas nous humilier, la placer quelque part entre la glèbe et les étoiles. À ce prix seulement le chef mérite notre estime, même s'il se fait rétamer dans les urnes comme de Gaulle en 1969. Après tout, Vercingétorix et Napoléon ont perdu la bataille capitale, Saint Louis a loupé ses croisades et Jeanne d'Arc a péri sur un bûcher. Ils restent nos héros tandis que les Guizot qui encombrent nos manuels d'histoire comptent pour rien dans notre mémoire.

La France ne saurait être la France sans la grandeur : évidence à la fois salvatrice et accablante. Que nous soyons la septième ou l'antépénultième puissance économique de la planète n'a pas beaucoup d'intérêt, il faut que le génie français ébahisse le monde. Je le crois encore vivant, telle une braise de l'esprit sous la cendre du mercantilisme ; cette foi naïve est un des ressorts de mon patriotisme.

H

Henri IV

Avant ses cinq républiques, ses deux régimes impériaux et quelques parenthèses qu'il vaut mieux oublier, la France a eu des rois. De grands rois, des bons, des médiocres, des mauvais, des cinglés. Le plus populaire est mon préféré ; en quoi je suis un Français très ordinaire. Nous vénérons Saint Louis, nous admirons (ou pas) Louis XIV, nous plaignons (ou pas) Louis XVI. Nous aimons Henri IV. En vérité sa légende ne remonte qu'aux historiens de la IIIe République et, de son temps, il a eu pas mal d'ennemis, même après l'abjuration à Saint-Denis, le sacre à Chartres, et l'entrée victorieuse à Paris. Avant Ravaillac, il a risqué plusieurs fois d'être assassiné et les ultras du protestantisme le haïssaient autant que ceux de la Ligue. Reste pour nous – pour moi – l'imagerie du « bon roi Henri », sagement conseillé par le « bon » Sully ; l'image d'un Gascon rigolard et pas hautain, pas cruel non plus, encore moins sectaire (édit de Nantes). Un Gascon joueur et chamailleur, au menton en galoche et à la barbe taillée, dont l'haleine sentait l'ail, ce qui plaide en sa faveur. Un chaud lapin de nos garennes qui sautait à cru soubrettes ou duchesses, et d'aussi bonne grâce. Margot était stérile, comme toute la postérité d'Henri II, mais la grosse Médicis lui a donné six enfants, auxquels il faut adjoindre trois bâtards redevables à Gabrielle d'Estrées, trois à Catherine d'Entraigues, deux à Charlotte des Essarts, un à Jacqueline de Bueil. Ce qui fait neuf, sans compter les autres.

Durant les guerres de partisans, Henri de Navarre a arpenté avec sa bande un royaume qui n'était pas encore le sien. Quinze années de guérilla. On est fondé à supposer qu'il semait des gosses à tous vents, c'était sa façon d'honorer les lieux. Sur le pont d'Argentat, au bas de mon plateau, une plaque signale son passage ; les familles de toute la contrée peuvent s'adjuger un peu de son capital génétique. En extrapolant, du sang des Bourbons et des rois de Navarre coule au moins symboliquement dans les veines de chaque Français, il nous a tous anoblis.

Le panache blanc, la poule au pot, le Vert-Galant, « Paris vaut bien une messe », le givry, son vin préféré, Ravaillac : avec ce salmis d'histoire et de mythologie, l'imaginaire collectif a fait un roi sans majuscule, truculent, bon vivant et sympa. Ce qu'il était, bien que roué, et retors à l'occasion. Ardent au combat, prudent et patient dans sa conquête de la couronne, il aura eu aux moments cruciaux l'intuition de ce qu'était la légitimité, et de ce que pesaient les minorités. D'une certaine façon, tous nos grands politiques depuis Richelieu jusqu'à de Gaulle ont gouverné dans le droit fil de son pragmatisme, contre les ultras des deux bords, contre les Grands de tous les bords.

Hexagone (L')

Tellement rassurant, l'Hexagone, inscrit dans ce cercle imaginaire dont le centre serait Bruère-Allichamps, près de Saint-Amand-Montrond, en ce pays de Boischaut si raisonnablement boisé et vallonné qu'il est un peu plus français que nature. Presque régulier malgré ce Cotentin qui se hausse du col, ce trident au bout de la Bretagne qui semble défier l'Amérique, les pointes sèches de Port-Vendres, du col de Tende et de Lauterbourg, le doigt de Givet, l'incursion abusive de Genève au bout du Léman, excessive du golfe du Lion au bout du Rhône.

Bordé comme un enfant par une mère attentive : des montagnes, des mers, un océan. Il y a juste cette ouverture plane sur la Belgique, qui nous a valu des ennuis sans nombre. Mais qui a permis la mise au monde de la France, puis la mise en couveuse à

Tournai et à Aix-la-Chapelle. Il y a aussi la Corse pour qu'il soit dit que la France sait nager.

Au fond, c'est un abrégé du vaste monde : des Flandres, une germanité, plusieurs latinités, une océanité et au centre un gros massif dont les pentes vertes glissent vers des prairies grasses. Tout ça bien enclos. Le destin nous ayant aussi richement pourvus, qu'irions-nous chercher hors de l'Hexagone ? Nos croisades foireuses, nos brefs empires et nos rares émigrations reflètent moins une vocation nationale qu'un accès d'orgueil ou d'idéal. Parfois une simple curiosité. C'est la faim ou les persécutions qui ont peuplé de Français des coins de Canada et d'Afrique du Sud, un recoin du Mexique, plus tard l'Algérie. On est rarement allé en Guyane ou en Nouvelle-Calédonie de gaieté de cœur et le fantasme tahitien n'a expatrié que de rares chimériques dans le sillage de Gauguin. La Riviera le rémunère tout autant. Des Corréziens se sont exilés par nécessité en Belgique, des Cantalous en Espagne, mais, fortune faite ou pas, ils revenaient mourir au pays. Aussi nos marins, nos explorateurs, nos missionnaires, nos aventuriers n'ont-ils fouetté qu'incidemment notre imaginaire. Avec ses formes équilibrées et son apparente quiétude, l'Hexagone suffit à notre bonheur. Il le circonscrit. Granit ou grès, ardoise ou tuile, oc ou oïl, blé ou olivier : à notre bon choix. Sombritude des forêts, moutonnements des vignobles, vents rageurs de l'Atlantique, lumière qui dessine les cyprès et les mas : entre genièvre et pastis, l'Hexagone fait ses synthèses au bord de la Seine après les avoir ébauchées au bord de la Loire. D'où l'autosuffisance de nos rêves. Nul ne nous le reproche, c'est toujours le

Français qui vitupère notre pente aux « replis hexagonaux ». Nos voisins envieraient plutôt ce cocon presque rond et si moelleux. Il y a tout ce qu'un mortel peut désirer à l'intérieur de l'Hexagone, même l'exotisme, il suffit de prendre la route ou le train, à la rigueur le bateau pour aller sur nos petites îles. Car nous avons même des îles, des vraies et des tricheuses – Ré, Oléron – qu'un pont relie au continent, comme si l'isolement leur pesait. Que pourrait-on ajouter ? La Wallonie, le Jura francophone ? L'esthétique en pâtirait. D'ailleurs Napoléon s'y est risqué, ça n'a pas très bien marché. La seule anomalie, ce sont les îles Anglo-Normandes ; elles auraient dû nous revenir. Chausey, c'est charmant, mais on en a vite fait le tour. Quant au Léman, il est à nous autant qu'aux Helvètes. Vraiment nous n'avons rien à annexer, rien à retrancher, l'Hexagone est un aboutissement parfait. Quel plaisir de regarder, dans les livres d'histoire, ces planches où l'on montre les étapes de son épanouissement, qui tantôt paraît inéluctable, tantôt miraculeux.

J'ai placardé une carte de l'IGN dans ma cuisine et je promène mon index sur ses creux et ses protubérances. Bizarrement, la Corse est à gauche, enclose dans un rectangle. Du temps où j'étais écolier, on la mettait à droite. De Bray-Dunes à Menton je crois avoir exploré toutes les baies, estuaires et golfes qui l'encochent, emprunté toutes les routes côtières et passé à presque tous les postes frontières. L'Europe les a frappés d'obsolescence. Dommage : j'aimais bien sortir de France pour me dépayser, et surtout pour le plaisir de rentrer dans le giron hexagonal, après le franchissement de la douane à Givet, au pont de Kehl, à Ciboure ou à Saint-Genis. J'avais l'impression que tout était plus beau et que je ne risquais plus rien. Ce giron qui prolonge en duchés de poésie mon royaume de ronces et de fougères, j'en ai tellement intériorisé le tracé que je puis divaguer n'importe où ; il me tient lieu d'armure ou de carapace.

Histoire(s) de France

Le générique « sciences humaines » associe deux mots incompatibles. Aussi suis-je circonspect quand un Michelet, un Augustin Thierry, un Duruy, un Lavisse, un Guizot, un Bainville, un Soboul ou un Madaule me racontent « leur » histoire de France. Autant qu'en lisant Grégoire de Tours, Joinville, Froissart ou Commynes. Ou Bossuet. Je les vois venir avec leurs gros sabots partisans. Mais, qu'ils soient progressistes ou réactionnaires, républicains ou monarchistes, croyants ou athées, j'ai une tendresse pour ces fabulateurs. Le fil conducteur est toujours le même, ils partent de Lascaux, d'Alésia et du baptême de Clovis, et ils débobinent pour montrer l'accession miraculeuse d'un songe à la réalité d'un royaume, d'un État, d'une nation. Michelet l'avoue dans ses préambules : la France a une âme. C'est une personne, de genre féminin, donc une mère, une sœur ou une amante. Ou les trois ensemble. Une princesse pour de Gaulle. Longtemps, l'âme de la France a vacillé dans les ténèbres avant d'embraser le monde. Telle est la vision de Michelet. On doit beaucoup à ce romantique un peu timbré, dont la mauvaise foi prête à sourire, mais dont la foi tout court est admirable, autant que le style. Dans son sillage, élargi par le prophétisme hugolien, les plus modérés nous racontent l'histoire presque sainte d'un recoin peuplé de grands gosses querelleurs (les Gaulois), conquis par des brutes épaisses (les Francs), appelés par magie à hériter de Rome, pour ne pas dire de Jérusalem, et à proposer à l'humanité leur version de l'universel. Quitte à se chamailler sur ce qu'ils entendent par « universel ».

Que l'humanité ne s'en soit pas mieux portée (euphémisme), c'est une autre affaire. Le présupposé idéologique des historiens de la France, tous plus ou moins enfantés par la IIIe république, se voit comme un clocher au milieu d'un village. Néanmoins, l'intention est touchante : peindre une allégorie des scènes évangéliques en racontant l'histoire d'une sainte : la France. Même si le conteur est « de gauche », laïque *et cœtera*. Cette histoire édifiante, on a envie d'y croire. On finit par y croire. En décrétant que la voix de la France importe au vaste monde, de Gaulle rejoint Michelet – et, contre ma raison raisonneuse de Français toujours enclin au scepticisme, j'y ai cru, j'y crois encore. C'est un miracle bel et bien que la postérité de Mérovée soit parvenue à imposer sur les cartes du monde ce pays de cocagne, et qu'il ait survécu aux incuries, aux vilenies, aux folies de certains de ses chefs. En lisant, en relisant nos historiens de la France, j'ai un peu l'impression de redevenir l'enfant qui, à l'église, effeuillait son missel en s'attardant aux belles images de la Vierge.

Le prestige intellectuel de la France, pour le moins déclinant, s'accroche aux branches de nos historiens et ce n'est pas un hasard si nos meilleurs esprits vont à cette discipline : l'amour de l'Histoire est consubstantiel à notre personnalité nationale. Elle a élargi ses perspectives grâce au rayonnement de l'école des

Annales (Braudel, Bloch) et partout dans les thébaïdes des universitaires on étudie Duby, Le Roy Ladurie, Le Goff, Winock, Azéma, Chaunu ou Furet, qui sont ses dignes héritiers, avec Nora dont la somme sur nos lieux de mémoire est précieuse. Sont-ils plus « scientifiques » que leurs prédécesseurs ? Ils sont mieux équipés, ce n'est pas la même chose. En vérité je ne crois pas que l'Histoire soit une science, surtout si l'historien français parle de la France : on sent à chaque ligne sa passion vibrer, on devine de quelle vision il est captif et ça n'a aucune importance, l'histoire de France est une page blanche en forme d'hexagone sur laquelle chacun de nous dessine les figures d'une fantasmagorie : la sienne.

« Hussards noirs » (Les)

Ils croyaient au Progrès, à la Raison et à la Science (majuscules), ce qui n'est pas très raisonnable. Ils vouaient à la République (majuscule) un culte mystique, inséparable de leur foi rationaliste, progressiste et scientiste. Tout aussi inséparable d'un patriotisme intransigeant : la France, égérie, madone ou martyre d'un combat des archanges de la Liberté (majuscule) contre les démons de l'obscurantisme. En l'occurrence, les curés. Les « hussards noirs » de la IIIe République étaient les preux d'une Croisade contre le Mal ; du moins ils se percevaient comme tels, non sans orgueil. En guise de feuille de route, la célèbre circulaire du printemps 1882 adressée aux instituteurs par le ministre de l'Instruction, Jules Ferry. Il leur incombait de forger des citoyens probes et dignes, aimant la France et la République. Bien évidemment il fallait que leurs ouailles sachent lire, écrire et compter, et qu'elles connaissent l'histoire-géo de la France. Tâche immense dans un pays encore très majoritairement rural, dont la paysannerie était analphabète et parlait en patois locaux. Patois ou langues, comme on voudra, mais pas le français, apanage du bourgeois, surtout à la campagne. Ils avaient un talisman pour extraire les loupiots de leurs supposées geôles mentales : la Laïcité. La majuscule ne suffit pas pour décrire la ferveur religieuse qui auréolait ce mot. Ferveur souvent intolérante : justifiable dans le contexte, leur anticléricalisme n'en confinait pas moins à l'hystérie. Les prêtres leur renvoyaient la balle d'une haine qui nous paraît mesquine et puérile, parce que au fond les deux ennemis ramaient sur la même galère. Ils ne voulaient pas le savoir ; ils jouaient à guichets fermés une finale historique, la férule contre le goupillon, l'esprit contre les ténèbres, l'Humanité selon Hugo contre ses gardes-chiourme accrédités par le Vatican. Pour en finir avec l'« infâme » en soutane et calotte, on ne fait pas dans la dentelle.

D'autant que le match n'était pas gagné d'avance, il s'en fallait de beaucoup dans une France en deuil de son Alsace et de sa Lorraine. Après le désastre de Sedan, l'abdication de Napoléon III, la Commune, le régime équivoque de Thiers puis de Mac-Mahon, l'amendement Wallon avait instauré en catimini une république boiteuse. Elle se cherchait une légitimité dans le rationalisme de Monsieur Homais. L'aurait-elle trouvée sans l'ardeur militante de ces « hussards noirs » ? Pas sûr. Le duc de Chambord – un idiot politique – avait désespéré les royalistes mais les bonapartistes ruminaient leur revanche ; à la défaite près contre les Prussiens, le Second Empire avait tenu la route, métamorphosé l'économie et séduit les masses rurales. Sans compter l'impact de l'épopée impériale dans l'imaginaire collectif. Boulangisme, affaire Dreyfus, Panama, séparation des Églises et de l'État : tandis que se met à gronder sourdement un prolétariat des faubourgs misérable, la France des banquets rad-soc s'enlise dans ses contradictions. Le médecin, l'avocat, le professeur sont voltairiens et

volontiers francs-maçons mais Madame s'en désole à confesse, c'est encore le prêtre de sa paroisse qui régente les frustrations de son bovarysme.

L'instituteur, lui, n'est pas frustré. On le paye avec des clopinettes mais il règne dans sa mairie-école et il a la foi du charbonnier. Partout sur la carte de France éclosent en même temps des mairies-écoles avec la devise – Liberté, Égalité, Fraternité –, des gares, des juges de paix. Partout cette imagerie touchante : l'instit en blouse grise, le tableau noir, la craie, le poêle, les cartes de géographie accrochées au mur, les pupitres et leur encrier, les potaches en sabots qui somnolent et se font gronder. À la récré ils n'ont pas le droit de parler patois, et gare aux parents s'ils manquent l'école pour aller travailler aux champs. L'objectif, c'est le certificat. Souvent l'instituteur garde le cancre jusqu'à point d'heure, pour tâcher de lui dégrossir les méninges. Heures supplémentaires nullement rémunérées, mais le « hussard noir » a le sens du devoir et la fierté de sa mission. Souvent aussi il garde l'élève doué pour le préparer à affronter l'entrée en sixième au lycée, avec une bourse à l'appui. Il a dû au préalable convaincre des parents souvent réticents.

Trente-deux ans après la circulaire de Jules Ferry, les « hussards noirs » iront mourir dans les tranchées de Verdun avec des poilus cathos ou athées, des Péguy, des Alain-Fournier, des musulmans sénégalais. Patriotisme oblige. Le leur ne mégotait pas. Entre-temps ils auront alphabétisé la France de Dunkerque à Perpignan et de Sedan à Bayonne. Pas seulement alphabétisé : armé moralement. Si ce sacerdoce n'a servi qu'à envoyer des conscrits à la boucherie, en prélude à une autre guerre, la faute incombe à la folie des politiques et à l'incurie des diplomates, ils les ont subies et payées de leur sang.

Hiver 1918. La France a récupéré l'Alsace et la Lorraine, elle pleure ses disparus et indemnise (mal) ses stropiats. Partout s'érigent des monuments aux morts. Presque partout devant l'église : la férule et le goupillon ébauchent une réconciliation. Certes l'instit et le curé continueront de se tirer la bourre jusqu'au début des années soixante où, dans mon village, Peppone s'arrangeait pour retenir les élèves à l'heure du caté. Don Camillo fulminait, les villageois riaient sous cape. Plus pour longtemps. Le twist, la pilule et la télé ont éreinté les credo respectifs. Les fidèles se sont faits aussi rares le dimanche à l'église que dans l'échoppe de la Libre Pensée derrière le Panthéon. Rideau sur ce moment finalement bref de l'histoire de France où une piétaille armée seulement de la foi qui soulève les montages a tiré un peuple vers le haut. Chapeau bas ! Leur foi, c'était la morale de Kant. Exactement la même que celle des Évangiles, on s'en avise maintenant qu'elle n'a plus cours. Relisons la circulaire Ferry. À quelques mots près, un prêtre en chaire de l'époque aurait pu en faire son homélie.

I

Impressionnistes (Les)

Ils ont redécouvert le monde, ils l'ont réenchanté. Tout en a découlé, le fauvisme, le cubisme, l'expressionnisme, l'art abstrait. C'est la grande école picturale des temps modernes, une aventure magnifique, la seule française après des siècles de suprématie italienne puis flamande. C'est aussi le plus bel enfant naturel d'une bourgeoisie au mieux de sa forme, malgré Sedan et la Commune. Il a eu de bons précepteurs : les romantiques (surtout Delacroix), Corot, Courbet, Fontainebleau, Barbizon. Et, lorsque les impressionnistes ont imposé ce regard ébloui de lumière, Proust le traduisait en volutes de mots, Debussy en sonorités. C'est une « révolution », bel et bien, si l'on prend le terme dans son acception étymologique, sans y mettre le fatras romantique de l'« artiste maudit ». Ils n'ont pas été longtemps maudits, nos magiciens. La bourgeoisie, dont ils provenaient presque tous, les a vite adoptés, promus, financés, choyés ; rarement une dissidence aura aussi vite fait la loi. Clemenceau, qui n'était pas un hurluberlu, a consacré un livre à Monet, lequel a peint son portrait. Ironie de l'Histoire : la bourgeoisie française, qui avait tellement peur de la révolution, a donné au monde la plus radicale qu'on puisse imaginer. L'« homme nouveau », ce fantasme inepte des idéologues, les impressionnistes l'ont fait naître pacifiquement, et comme par inadvertance.

Leur histoire est bien connue. Aucune école n'a été autant disséquée et on n'en finira pas de se demander où et comment situer Van Gogh, Cézanne et Gauguin. Dans l'auberge espagnole de l'impressionnisme, chacun fait son régal avec les fleurs de son jardin secret. J'ai une fascination pour les *Nymphéas* de Monet – ceux du musée Marmottan et cette toile démesurée, à Bâle, dans un nouveau musée. Ma façon d'admirer le tympan d'une cathédrale gothique doit tout à celle de Rouen, telle que Monet l'a peinte. J'aime les paysages des bords de Seine de Pissarro et de Sisley, les visages féminins de Renoir, les danseuses et les chevaux de Degas. Je les aime tous, depuis Manet et Berthe Morisot jusqu'à leur postérité – Vuillard, Bonnard, Van Dongen, Vallotton. C'est pour les retrouver que je vais à Étretat, à Honfleur, à Trouville. Ils ont enchanté ce rivage normand comme ils ont enchanté les gares, les ponts, les péniches, les Grands Boulevards et la butte Montmartre. Ils ont rebaptisé en poésie un monde que l'ère industrielle enlaidissait, offrant gratis au tout-venant le secret d'un voyage merveilleux pour le prix d'un regard. Le leur. Le nôtre depuis lors. Ça ressemble à un miracle ; en tout cas, c'est une grâce qui vaut à la France un immense prestige, tous peuples et tous milieux confondus. Car le goût pour la peinture « classique » implique une culture mythologique, biblique, historique, ainsi qu'un commerce soutenu avec l'histoire de l'art. Les profanes sont rebutés ; au mieux ils admirent froidement. La remarque vaut pour l'art dit « moderne ». Tandis que l'émotion du touriste lambda face à un impressionniste n'est jamais feinte ; par la grâce de ces gentils thaumaturges, son œil fait sa « révolution » sans le savoir. Le sourire d'une femme, le frémissement d'une feuille, le vol d'un papillon, une flaque de soleil sur l'herbe – tout ce qui tombe sous mon regard et me chavire, instant après instant, je me l'approprie en un tremblement... impressionniste de ce qu'on appelle l'intériorité. D'ailleurs le langage courant a adopté le terme pour qualifier un certain frisson ébloui de l'âme qui embrouille des lambeaux de réalité pour en faire une sorte d'extase.

J

Jeanne d'Arc

Avoir une Antigone de chair et de sang au cœur de son histoire, pour l'ennoblir, tel est l'inestimable privilège de la France. Jeanne appartient à la légende universelle et l'Église, tardivement, a daigné la canoniser. Mais cette sainte a existé, elle est de la famille d'Arc dans le pays barrois, elle a gardé des moutons et entendu des voix. La fugue à Vaucouleurs n'est pas une fable, ni l'entrevue de Chinon avec ce pauvre Charles VII au cours de l'hiver 1429. Son audace fut si véridique que le « roi de Bourges » lui fit subir une enquête à Poitiers avant de l'armer. Les voix ? Message très simple : Dieu a voulu deux royaumes distincts, chacun chez soi et, en terre de France, le roi légitime, c'est Charles VII. Que l'on fasse justice à ces évidences et l'on jouira de la paix de Dieu.

Quoi de plus beau que cette vierge en armes, s'élançant de Blois vers Orléans en chantant « *Veni*

Creator Spiritu », au début du printemps ! Quoi de plus miraculeux que sa victoire sur Talbot ! Personne n'y croyait, ni le roi, ni ses politiques qui déjà la haïssaient sournoisement. Les politiques, toujours, haïssent les héros et les saints ; c'est tout juste s'ils consentent à se calfeutrer sous leur protection, quand la peur les congèle.

Jargeau, Beaugency, Patay : chevauchée fantastique vers le Graal politique dont Jeanne a compris d'instinct la nécessité, le sacre de Charles VII à Reims pour en finir avec le conflit de légitimité.

La suite, calamiteuse puis tragique, les politiques en portent la responsabilité. Ils politicaillent dans son dos et c'est l'échec devant Paris, l'échec devant La Charité, la capture de Jeanne à Compiègne. Bourguignons, Anglais, université de Paris, archevêque de Winchester : comparses d'une entreprise visant à effacer du ciel les étoiles que son innocence avait allumées. Retour du politique contre la mystique, comme disait Péguy qui a glorifié dans ses vers la plus belle, la plus pure, la plus noble héroïne de l'histoire de la France. Le procès confirme sa sainteté, le martyre la parachève. Que Charles VII ait fait annuler le procès par la suite était le moins qu'il devait à sa salvatrice. Sa brève incursion sur le champ de la politique, de la diplomatie et de la guerre oblige la France ; elle a été sauvée par Antigone, ce qui met sous caution la légitimité de tous les Créon en place. Parce que Jeanne a vaincu, puis subi le martyre, la France, à tout jamais, c'est plus que la France. Quand de Gaulle, à Londres, aussi solitaire que Jeanne, entouré d'une poignée d'insoumis moins martiaux qu'un Dunois ou un La Hire, s'avisa de prétendre incarner la France, il retrouvait un secret perdu à Compiègne. Mais pas oublié. Churchill aurait-il seulement feint de le croire s'il n'avait su qu'à Orléans une vierge aussi exaltée que de Gaulle avait inversé le cours des événements ?

En matière de héros notre patriotisme n'a que l'embarras du choix, mais Jeanne d'Arc l'auréole d'une fierté particulière : la France qu'elle a pris en charge n'est pas un pays confronté à d'autres mais l'allégorie d'une cohorte en marche vers le royaume de nos plus belles aspirations.

Juifs français

Français juifs ou juifs français ? Peu m'importe la prédominance en leur âme et conscience de la judaïté et de la francité, nous avons la même France en partage, qu'ils soient fixés de longue date en Alsace ou dans le Comtat venaissin, qu'ils aient débarqué un jour de Vilno ou de Corfou, de Lisbonne ou d'Alexandrie, plus récemment de Tunis ou d'Oran. Tous ont à raconter des sagas familiales épiques – encore que douloureuses –, des périples où l'on fait souche en Ukraine ou à Salonique avant d'aller se poser à Berlin puis de s'évader vers les Amériques. Mes amis juifs ont tous un cousin à New York, une tante à Jérusalem – et presque tous un ailleurs ou plusieurs en réserve dans la musette de leur imaginaire. Ça ouvre des fenêtres. Dans la musette il y a la Loi, ce n'est pas rien.

L'antisémitisme n'est pas seulement une aberration pour un chrétien, c'est un contresens pour un Français. Jamais la conscience juive n'a menacé l'« identité » française. En revanche, on perçoit dans la culture juive un ferment de dissidence dont la culture française n'a eu qu'à se louer, et dans mon panthéon intime l'immense Proust rejoint Bergson et Simone Weil. Les trois ont influé sur ma façon de voir le monde, en gros ses mystères et ses au-delà. J'ai fréquenté en outre avec sympathie Berl et Maurois, avec profit Levinas et Marc Bloch. Ceci pour m'en tenir aux Français, car en tant qu'écrivain j'ai d'autres dettes à l'égard de la sensibilité juive : Zweig, Roth, Klee, Schnitzler, Buber, Singer, etc. Liste non exhaustive.

J'écris ces lignes en goy aucunement honteux et entiché de ses racines. Je les prends pour ce qu'elles sont : un privilège, un coup de pot qui m'a épargné les affres d'une quête « identitaire ». Mais les racines, ça s'insinue sur n'importe quel terreau, il suffit de semer de la bonne graine à bon escient. Mon patriotisme a partie liée avec une histoire-géo, il n'en est pas moins tout à fait compatible avec celui de Marc Bloch tel qu'il l'a dévoilé dans un beau texte (*Une étrange défaite*), avant de le payer de son sang, non sans un héroïsme qui l'inscrit dans la cohorte de nos preux. Il a sa place dans l'ordre de cette chevalerie exaltée par nos chansons de geste – du moins c'est en ce sens que je m'y réfère. Un autre Français juif, Berl, a prêté (brièvement) sa plume à Pétain pour énoncer une sottise : « La terre ne ment pas. » Ce qui prouve que, à l'instar d'un Auvergnat ou d'un Breton de souche, un intellectuel juif peut déraisonner. La terre n'est rien en soi, et les ancrages d'un homme sur le sol de ses ancêtres peuvent le hisser vers le sublime ou l'abrutir, ça dépend d'une alchimie intérieure qui lui permet, ou pas, de faire la synthèse de l'horizontal et du vertical. Cette alchimie, il me semble que la conscience juive y prédispose. C'est pourquoi j'ai une sympathie pour les Français juifs qui s'accrochent à leur judaïté, jusqu'à se sentir solidaires de l'État d'Israël. Le double patriotisme ne me gêne pas. Mais je conçois que d'autres aient fait le choix de ne plus se réclamer du judaïsme, voire de le récuser, voire même d'épouser la cause palestinienne, en haine d'un État qui forcément se comporte aussi mal que les autres. C'est leur affaire. L'héritage juif n'est pas simple à assumer : la Torah, la mémoire des persécutions, le sionisme – et cet État lourd d'ambiguïté par définition. Sans compter le regard du concitoyen goy qui, depuis deux mille ans, a rarement été amène. Euphémisme. Tout ce qui a trait à la « repentance » me déplaît souverainement, parce que j'y décèle une notion vicieuse : la « responsabilité collective ». Je refuse la moindre part de responsabilité dans la Shoah et je doute même qu'il soit judicieux – pour la communauté juive française – de culpabiliser *ad aeternam* nos compatriotes. Néanmoins, je mesure la profondeur de la blessure et je comprends qu'au plus intime de sa conscience, et de son cœur, un juif ne puisse ni oublier, ni pardonner. Il s'est agi ni plus ni moins d'exterminer un peuple, le sien. D'une certaine façon j'admire l'absolutisme de Benny Levy, et les déchirements d'Alain Finkielkraut me paraissent naturels. Quand mon ami Boris Hoffman m'affirmait vouloir finir ses jours à Jérusalem – lui si français par tant de belles fibres –, j'étais blessé qu'il veuille déserter notre patrie commune mais je le comprenais, et, quand je l'ai accompagné jusqu'au carré juif du cimetière de Bagneux, j'ai pensé en écoutant le rabbin psalmodier en hébreu que Boris n'avait plus besoin du détour par Israël pour gagner sa Terre promise.

J'ai de la sympathie pour les « alya », c'est davantage qu'un retour au clocher natal. La « Jérusalem céleste », nous la convoitons tous en notre for, en tant qu'Occidentaux. Mais distraitement. Eux, sur un mode plus obsessionnel – et le mixage d'une attente spirituelle et d'un projet politique conçu par Herzl a produit le sionisme. J'admire l'idéal sioniste ; bizarrement, j'y retrouve en partie les ingrédients de mon patriotisme. Ma France idéale a des ressemblances mystérieuses avec le grand rêve initial des amis de Ben Gourion. J'aurais du mal à formaliser cela, mais je le sens.

En Corrèze, durant l'Occupation, beaucoup de paysans ont hébergé des enfants juifs, beaucoup de gendarmes ont feint de l'ignorer, beaucoup de prêtres les ont baptisés en douce pour les protéger. Rien de plus faux que d'opposer une plèbe française irrémédiablement antisémite à une « élite » qui ne le serait pas. Et rien de plus pervers que d'opposer une France imbue de ses clochers et haïssant le reste du monde à un universalisme d'intellos hors sol présumés libres de préjugés. L'hystérie antisémite a été plus souvent le fruit pourri d'un déracinement, d'une acculturation ou d'un déclassement que l'attendu d'un amour du terrier. Ce n'est pas ma France, ce n'est pas la France qui a décrété les lois antijuives de Vichy, dès l'automne 1940 ; ce sont des ratés, des aigris, des paumés qu'un délire idéologique avait rameutés autour d'un sénile, tels des rats autour d'un fromage puant dans la pénombre d'une cave. Ils n'étaient pas si nombreux, leurs complices actifs non plus. Malheureusement ils détenaient le pouvoir « officiel ». Ou « légal », comme on voudra. On comprendra qu'il y ait moins d'« officiels » que de séditieux dans ce *Dictionnaire amoureux*.

K

Koufra

Koufra : première victoire des combattants de la France libre. L'épopée de la prise de cette citadelle réputée imprenable, tenue par le général italien Graziani, ressuscite les héros des chansons de geste en un siècle où les vertus chevaleresques n'étaient plus cotées à la bourse des actions militaires. Graziani n'avait rien d'un chevalier sans peur et sans reproche. Les héros de Leclerc étaient dépenaillés et disparates : des évadés de Cayenne, des Saras animistes, des Senoussis musulmans, des soldats oubliés tel le commandant Drogo du *Désert des Tartares* de Buzzati. Parmi eux l'artilleur Roger Ceccaldi, hantise des Italiens avec son canon mobile, auquel les hasards de la vie m'ont apparenté. Ce qu'il m'a dit de Leclerc confirme le bien-fondé de la légende. Avec ses desperados rameutés à Fort-Lamy (N'Djamena), il a forgé en plein désert libyen l'ébauche de la 2e DB. Après Koufra il y eut Tripoli,

Tunis, le débarquement en Normandie, la libération de Paris par la porte d'Orléans, la descente des Champs-Élysées et le *Te Deum* à Notre-Dame avec de Gaulle, Strasbourg, Berchtesgaden. L'honneur et la gloire. Puis une escale trop brève en Indochine et la mort en avion sur le sable africain. Epilogue à Notre-Dame puis aux Invalides avec l'insigne dignité de maréchal. La République ne pouvait faire moins.

Avant l'armistice, c'est l'histoire d'un aristocrate picard banalement catholique et monarchiste, qui aime la chasse à tir et les belles voitures. Le capitaine de cavalerie Philippe de Hauteclocque a fait Saint-Cyr en conformité avec la tradition familiale. En se promenant autour du château de Belloy-Saint-Léonar, puis de la chapelle (privée), on imagine les scènes de la vie campagnarde entre hobereaux aussi impécunieux qu'imbus de leur généalogie. La grandeur de Leclerc, la métamorphose d'une carrière en destin, le passage d'une frontière morale sont le fruit béni d'une humiliation au printemps de 1940. Il refuse la défaite. Se bat. Blessé au combat et fait prisonnier, il s'évade par deux fois. Entre-temps l'armistice a été signé. Il le refuse. Prie Dieu de lui montrer le bon chemin. Décide de rejoindre à Londres ce de Gaulle équivoque dont ses pairs galonnés ne pensent pas de bien. De Gaulle l'envoie en Afrique où le gouverneur de l'A-EF, Félix Éboué, le premier haut fonctionnaire de couleur exerçant dans la Coloniale, a fait lui aussi le choix de la dissidence. Il sera le premier Compagnon de la Libération. Sur le sol africain, Philippe de Hauteclocque devient le capitaine Leclerc (patronyme courant en Picardie), se coud des galons de colonel pour prendre Douala, puis Libreville avec le concours de l'amiral d'Argenlieu, aristo comme lui et moine dans le civil. L'évêque du diocèse refusant d'obtempérer, ils le bouclent sans états d'âme. Ensuite Leclerc se pose à Fort-Lamy et prépare l'assaut de Koufra. Le catho très « ordre moral » vire pudiquement au mystique. Le parallèle s'impose avec Charles de Foucauld, même s'ils n'ont pas largué les mêmes amarres. Le maurrassien abonné à *L'Action française* s'offre de fait à la République, le conservateur devient révolutionnaire. Cette récusation de ses attaches n'a rien de commun avec le virage marxiste d'un grand bourgeois en rupture de conformisme familial, chose banale. Leclerc, devenu plus gaulliste que de Gaulle, plus républicain que Blum, ne s'est pas adonné à un troc idéologique. Il n'a pas renié les codes de sa caste sociale, exercice commode quand on est né coiffé. Il a rompu avec un moralisme croupi pour renouer avec l'antique chevalerie française. En quoi il est resté fidèle, au niveau le plus élevé, à l'idéal que se devrait de cultiver tout officier catholique. Honneur et patrie – et rien d'autre.

Happé par une légende dont Malraux aura été le chantre, le maréchal oppose aux molles désespérances une image dont la grandeur efface l'exotisme :

un officier français roide et maigre comme un chat de gouttière, moustache concise sur visage émacié, armé d'une canne et coiffé d'un képi d'infortune, s'éloignant de ses soldats pour aller prier seul dans le désert, aux fins de rameuter dans son âme d'élite de quoi vaincre ou mourir. Rien de plus français que ce quichottisme.

L

Langue française (La)

Elle sait arraisonner le monde extérieur et décrypter l'intérieur. C'est un scalpel et une lanterne, un outil d'artisan autant que de poète – et, si on sait la manier, pas besoin de tourner autour du pot, autour des mots, elle va droit au but et ça fait mouche. Un vers bien troussé et voici un paysage qui se déploie, attesté par le regard, confirmé par l'émotion. Une phrase de Pascal et voilà une métaphysique récusée. L'ébauche d'un dialogue sur un marché ou dans un bistrot, avec l'accent du cru et ses termes patoisants, ressuscite un terroir dans son jus historique.

La langue française est mon sésame, mon va-tout et mon vade-mecum, le truchement de ma raison d'être. Je l'aime dans tous ses atours, sophistiquée chez Heredia, argotique chez Carco ou Simonin, je l'aime dans sa magnificence gothique (Chateaubriand, de Gaulle, Malraux), dans ses rétentions

(Valéry, Cioran, Debord), pétrarquisante chez les poètes de la Pléiade ou resserrée selon les préceptes de Boileau. Classique ou moderne, toute nue sous son verbe-sujet-complément ou enrubannée d'adjectifs. J'aime le naturel de Montaigne, l'artificiel de Scève ou de Louise Labé, le vaporeux raréfié de Baudelaire, les extravagances de Montesquiou, les sophistications de Mallarmé. Me ravissent les imparfaits du subjonctif de Proust ou les points-virgules et les adverbes de Flaubert autant que les envols de La Fontaine, les fausses ingénuités de Gide, le tremblé de Rousseau (celui des *Rêveries*), les complaintes suffocantes de Mauriac.

J'aime la façon dont Blondin détourne le sens d'un mot pour lancer un clin d'œil et j'aime entendre Gabin balancer une repartie d'Audiard avec l'accent de Paname. Les apostrophes d'un titi au Parc des Princes, ou d'un Beur au Vélodrome de Marseille, quelle régalade !

Que des anglicismes pimentent la sauce ne me dérange pas du tout, ni ne m'effraye. L'intégrisme francophone est une absurde bigoterie, notre langue a fait son miel de tant d'apports extérieurs à l'Hexagone, voire à l'Europe. Elle est plus baladeuse que le peuple chez qui elle a émargé du roman. Les poètes de la négritude (Senghor, Césaire, etc.) m'ont métissé le lyrisme. D'autres m'ont ouvert des fenêtres sur des horizons aussi lointains : Nelligan, Nadia Tueri, mon ami Maulnick que je compte parmi les plus grands. Sans lui l'île Maurice ne serait pour moi qu'un lieu de bronzage. Les trois Roumains de Paris – Cioran, Eliade, Ionesco – m'ont un peu slavisé les neurones. Des Haïtiens les ont ensoleillés : Roumain, Alexis, Depestre qui vit à Lézignan, Corbières. J'ai cherché Simenon à

Liège pour mieux le retrouver à Montmartre et quand j'ai découvert la pampa, ce fut avec les yeux de Supervielle. J'ai débusqué Pirotte, Belge de Namur, dans un caboulot d'Angoulême et nous avons eu d'emblée en partage une admiration pour les Charentes peintes par Chardonne. C'est pour dire que la langue de « mes ancêtres les Gaulois », je la retrouve sous toutes les latitudes, elle sait voyager loin et n'en revient jamais bredouille. Ou bien elle se pose dans une brasserie de Montparnasse et l'Irlandais Beckett en exprime le dernier jus pour décrire une forme de mélancolie redevable à son pays natal. Mais universelle.

« Une patrie, c'est une langue, et rien d'autre. » Cet aphorisme de Cioran vaut pour un immigré seulement, je ne peux pas le prendre à mon compte. Reste que je pense, que je rêve, que je prie, que je vocifère ou murmure en langue française – et si je bute au bord de l'indicible, c'est ma faute, pas la sienne ; elle obéit avec le même naturel aux injonctions de la raison, du cœur et de l'âme. Elle a des souplesses d'acrobate tout en tenant fermement son cap. En soi elle n'est pas pourvoyeuse de sens, comme on l'a cru dans certains cénacles de la rive gauche. D'où mon allergie à la littérature dite « de recherche », qui bricole la langue pour lui faire rendre du « sens ». Rendre ou vomir. Comme si pour mieux posséder une femme on croyait devoir la découper en rondelles. La langue module le sens, elle le balise, le colore, le rythme. L'infléchit si l'on veut. Elle ne le fonde pas. C'est déjà beaucoup que la nôtre ordonne nos émois avec des capacités polyphoniques aussi fabuleuses. Et fasse preuve de tant de docilité : ce que Racine en a tiré n'a pas grand-chose à voir avec le lyrisme brut des rappeurs et cependant ils ont puisé à la même source.

Légion étrangère (La)

Je ne suis pas très militariste et j'ai satisfait mes obligations militaires au grade de deuxième classe, avec une condamnation à deux mois de prison, assortie d'un sursis. C'est dire que je ne suis pas taillé dans un bois qu'on peut habiller d'un uniforme. Avec quoi l'habiller ? Je me le suis demandé lorsque vint l'échéance de la « quille ». Écrire est une raison d'être, pas une raison sociale. Rien ne me paraissait plus enviable que la condition de moine : le foisonnement anarchique des désirs sublimé dans une ascèse qui ritualise chaque heure du jour et de la nuit. Je trouvais le temps long à l'époque. Malheureusement, un attrait invincible pour le cotillon m'interdisait la bure, j'étais amoureux en permanence, ce qui n'est pas non plus un métier. Restait l'autre vocation : devenir Légionnaire. Je m'étais lié avec quelques « bérets verts » qui avaient combattu en Indochine et en Algérie et revenaient d'Afrique où on les avait parachutés pour Dieu sait quelle cause politique, peut-être inavouable. Un Hongrois, un Serbe, un Chilien. Leurs biceps étaient tatoués, ils ouvraient les canettes avec leurs dents, riaient comme des gosses pour un rien ; ils sentaient bon le sable chaud de la chanson de Piaf. Renseignements pris, l'engagement était pour cinq ans. J'ai renoncé, la mort dans l'âme, et il m'arrive de le regretter : la Légion me fascine. Dès l'enfance, j'ai idéalisé le képi blanc, c'était le seul qui pût m'inciter à regarder un défilé militaire du 14 Juillet à la télévision. Sidéré par la légende – Alma, Sébastopol, Solferino, Camerone, Tonkin, Salonique, Bir Hakeim, El-Alamein, Diên Biên Phu, mystère des origines, réputation de détachement face à la mort – mon imagination silhouettait le Légionnaire en un moine-soldat qui aurait perdu sa foi en Dieu et sa patrie. Il risquait sa peau en barouds d'honneur, pour le panache, sans autre espoir que de mourir, comme le prescrit Vigny dans son poème. Leur musique (le « boudin ») me donnait des frissons ; j'avais acheté le disque, je l'écoutais toute la journée. J'aimais croiser un képi blanc, je tâchais d'imaginer son passé de caïd, ou pis encore. Sans doute s'était-il engagé dans la Légion en manière de rédemption après avoir tué un homme ou plusieurs. Ou enduré une débâcle amoureuse. Que cet apatride se soit voué à un drapeau, le tricolore, me paraissait le comble du romantisme.

Cette fascination demeure. J'aime me balader à Aubagne ou à Calvi, heureux de voir des képis blancs sur des nuques bien rasées. J'en ai croisé en Guyane où ils protégeaient Kourou tout en construisant des routes et en s'improvisant maîtres d'école. Je les ai vus à l'œuvre en Afrique et ailleurs : partout ils sont respectés. Ils montent au feu avec le même flegme impavide qu'ils affichent en tapant le carton au mess. Les officiers américains ou anglais en conviennent unanimement : au sol, un Légionnaire est le meilleur guerrier du monde. Le plus discipliné, le plus intrépide. C'était déjà vrai quand Louis-Philippe créa la Légion étrangère, ou du moins après qu'il l'eut réformée.

Lorsque la tempête de 1999 a déraciné tant d'arbres autour de mon village, les autorités ont envoyé des Légionnaires aux fins de dégager les chemins forestiers et les lignes électriques. Ils ont abattu en quinze jours une besogne qui, entreprise par des fonctionnaires, aurait pris des mois. Et, s'ils avaient campé quinze jours de plus, ils auraient repeuplé la contrée car les filles, aujourd'hui autant que jadis, ont du mal à leur résister. Comme moi elles sont captives d'une légende qui exotise notre mythologie guerrière, et la poétise aussi. Sait-on du reste que de nombreux Légionnaires ont écrit des poèmes ? J'ai lu un recueil ; on dirait que les auteurs renvoient à Édith Piaf, en guise d'hommage, la sentimentalité poignante de sa chanson. C'est de la belle poésie qui vise le cœur et atteint sa cible. On devrait la faire étudier en Sorbonne, ça inciterait peut-être les chimériques en panne d'idéal à intégrer la Légion comme l'ont fait en leur temps Cendrars, Koestler, Jünger ou Nougaro.

Lipp (Chez)

Le père Cazes n'est plus là, avec sa moustache et son cigare, mais ses mânes continuent d'ordonner, selon les règles d'un protocole implicite, le cérémonial du placement. En bas, bien entendu ; l'étage, c'est pour les touristes. En montant l'escalier en colimaçon ils reluqueront la starlette en vogue, le champion fraîchement décoré, le ténor du barreau, le ministre en galante compagnie, l'académicien en conciliabule avec un producteur américain. Ils peuvent aussi avoir été placés sous l'auvent, comme en vitrine. Ou dans la salle du fond, le « purgatoire ».

Ne pas en déduire que les riches et les puissants font la loi. On soigne les habitués, avec une prime moralement répréhensible car son fondement est ethnique : dans le sillage de Jean-Pierre Athanase, de Laroquebrou (Cantal), les maîtres d'hôtel ont des indulgences plénières pour les natifs d'une Auvergne élargie à l'Aveyron et à la Corrèze. Après tout, les Cazes sont de Laguiole. À Paris la limonade est quasiment une exclusivité aveyronnaise : les Bras, les Costes, etc. Je ne m'en plains pas.

On ne vient pas chez Lipp pour manger, bien que les plats soient excellents. J'ai un faible pour le pied de porc farci, le jarret aux lentilles, le pâté en croûte pistaché, le cervelas rémoulade. On n'y vient pas pour s'enivrer, encore que le côte-de-brouilly en carafon, ou la brune à la pression, se laissent boire sans soif.

Certains vont chez Lipp pour se montrer. D'autres, pour voir de près ceux qui se montrent. Les premiers s'arrangent pour être adossés à la banquette du fond, près de la caisse dite « du radiateur » ; les seconds se retournent chaque fois que quelqu'un entre et repèrent forcément Laurent Terzieff, toujours planqué dans l'angle à gauche de l'entrée.

La plupart des habitués poussent la porte à tambour de chez Lipp pour dîner comme chez soi, dans un décor Art nouveau. Les fresques du plafond marron représentent des indigènes nues et des oiseaux roses. Même exotisme sur les carreaux de faïence qui ornent les murs, entre deux glaces, dans des verts pâles : motifs floraux, feuilles de bananier et cacatoès. Ne pas se fier à l'horloge, toujours en avance. On jouit de la sollicitude discrète mais affable d'un personnel plus averti des arcanes du parisianisme que tous les gazetiers. Tel visage ne m'est pas inconnu, mais qui est-ce ? J'appelle un serveur. Il me déniaise à voix basse : un banquier. Il dîne avec sa maîtresse en titre, l'ancienne épouse de tel cinéaste. Pourquoi avoir accoté cette star de la droite et cette diva de la gauche ? Deux mots, un clin d'œil et j'ai compris : ils sont de la même loge. Du reste on me demande – toujours discrètement – si ça ne me gêne pas d'avoir pour voisin un ministre ou un chroniqueur que peut-être j'ai écorchés dans un article. Non, ça ne me gêne pas mais, avant de prendre place, il faut aller serrer quelques louches. Car chez Lipp on croise fatalement une connaissance si on a quelque peu traîné ses savates à Paris en tant qu'écrivain, journaliste, politicien, éditeur ou « artiste » (terme générique). Pas forcément quelqu'un de notoire.

Quelqu'un qu'on a plaisir à croiser et qu'on ne rencontrerait pas ailleurs. C'est un club, avec du passage et des récurrences. Un club plutôt rive gauche, même si le cinoche et la « com » se pointent à onze heures du soir, lunettes noires et bronzages hors sol.

Passé minuit, une dame solitaire vient s'attabler devant un verre de rouge, toujours sur une banquette à gauche de la porte. On aimerait savoir la vie qu'elle a menée, on se renseigne, c'est un puits de mystère. Il y a aussi ces deux messieurs qui sont là tous les jours, depuis toujours, et qu'on salue sans savoir précisément qui ils sont. L'un des deux vit à l'hôtel toute l'année, comme Cossery, ce bel écrivain égyptien au visage de condor, qui s'est établi au quartier Latin depuis l'après-guerre et n'a plus quitté son antre de Buci. Carlos, autre habitué, n'a quasiment jamais quitté le quartier depuis sa naissance.

Lipp est la sacristie profane de Saint-Germain-des-Prés dont le clocher roman toise Les Deux-Magots, Le Bonaparte et les restes d'un cosmopolitisme intello jadis florissant. Le Flore, en descendant vers Sciences-Po, La Rhumerie en remontant vers l'Odéon, les librairies (La Hune, Le Vent dans les pages) sur le même côté du même boulevard Saint-Germain accréditent l'illusion d'une pérennité de la gamberge à la sartrienne, spécialité du cru. Lorsque j'étais étudiant, je rêvais de passer une nuit à l'Hôtel Madison, dans un renfoncement du boulevard, parce que des écrivains américains y avaient séjourné. Du moins le disait-on. Je me suis offert ce luxe, une fois, bien que créchant à deux cents mètres, et je n'ai pas été déçu : de ma chambre je voyais le clocher illuminé, c'était beau comme un rêve d'étudiant, je pouvais me croire à l'époque où Sidney Bechet et Claude Luter trompettaient l'existentialisme au Vieux-Colombier pour éberluer Juliette Gréco, Annabel Buffet et autres « gens de la nuit » campés dans le roman de Déon. Il n'y a plus d'après à Saint-Germain-des-Prés, plus d'existentialistes. Il n'y a plus rien, conclut la chanson. C'est excessif. Tant de mânes divaguent au quartier Latin qu'on ne lève pas un coude sans qu'un auteur du Lagarde et Michard s'enrôle dans notre ivresse. On décerne toujours des prix littéraires chez Lipp (prix Cazes), au Flore, aux Deux-Magots. On y voit toujours aux terrasses des intellos, brevetés ou simili, fomenter une remise en ordre du monde, à l'enseigne d'un « isme » quelconque. C'est dans l'église de Saint-Germain-des-Prés que fut dite la messe pour les obsèques d'Antoine Blondin, avec ce chant basque magnifique entonné par Dospital, l'ancien rugbyman de Bayonne et de l'équipe de France. C'est vers ce clocher que mon regard se tourne quand je sors de chez Lipp, fût-ce en titubant si j'ai fait la fermeture avec de tels habitués tolérant le commerce d'un Corrézien pas très mondain. Lipp, must des people du monde entier depuis les années vingt, a su préserver une manière de provincialisme au cœur même du parisianisme ; cette bonne franquette est son secret.

Lupin (Arsène)

Sa gouaille, sa légèreté, ses audaces, sa gaieté, sa mobilité, son art de l'esquive, son orgueil enfantin, sa gentillesse, ses accès de mélancolie : c'est un héros mi-cornélien mi-picaresque qu'Edmond Rostand aurait pu mettre en vers. Baroque par les escamotages de son identité, encore qu'enraciné dans l'histoire-géo de la Normandie – l'Aiguille creuse d'Étretat, Jumièges et Saint-Wandrille entre les boucles et les pommiers de la Seine, le pays de Caux où il divague en toute liberté. En toute impatience. À Jumièges, dont la majesté des ruines n'a pas échappé à Victor Hugo, une plaque signale que l'actuelle poste tenait lieu de résidence à Leblanc. Pourquoi a-t-il qualifié Lupin de « gentleman » ? Lupin n'est ni gourmé, ni impavide ; socialement il sort de nulle part pour aller Dieu sait vers quelles chimères à forte teneur d'idéal. Il a des reparties et des pitreries franchement popu et c'est pour ça qu'on l'aime, il venge le pékin de base en escroquant le parvenu suffisant ou l'aristo dégénéré. Surtout, on l'aime parce qu'il est suprêmement chevaleresque. Pas de sang, pas de violence : il cambriole les succédanés de l'argent mais toujours il protège la veuve et l'orphelin. Son invulnérabilité serait lassante s'il ne la remettait en jeu, soit par forfanterie, soit par amour. Ou les deux à la fois quand il s'éprend de son double mauvais, la capiteuse et vénéneuse Cagliostro. En somme il est moral « à la française », comme d'Artagnan : le sens de l'honneur et rien d'autre. Tout le contraire du pauvre Ganimard qui, lui, porte le fardeau d'une intégrité de fonctionnaire.

M

Mai 68

C'était un printemps de soleil et plus personne n'allait en cours ; j'en ai profité pour déserter Bordeaux en Solex avec le propos de rejoindre à Toulon une femme que j'aimais.

Le premier jour, j'ai traversé les Landes de part en part. Ce n'était pas la route la plus directe, mais j'avais envie de revoir Dax et de connaître la Chalosse après la mort du cadet des frères Boniface. J'ai dormi dans une grange au large de Saint-Sever. L'abbatiale, le cloître et les arcades de la place méritent qu'on se hisse jusqu'à cette ville que j'ai prise en affection ; depuis j'y reviens aussi souvent que possible. Je crois me souvenir d'y avoir laissé tout mon fric dans une auberge, tenté par une alose de l'Adour qui coule en bas, presque au ras des poteaux de rugby.

Le lendemain, j'ai poussé jusqu'à Auch, en passant par Vic-Fezensac sans savoir que Lussac se trouvait à quelques kilomètres. Puis Toulouse par Gimont, Léguevin et L'Isle-Jourdain. J'ai dormi dans les parages, à la belle étoile, et le hasard m'a mis sur l'autoroute qui déjà doublait la nationale 113. Elle était fermée à la circulation car tout le monde faisait grève, y compris les pétroliers ; depuis Bordeaux j'avais les routes pour moi tout seul, je ne croisais que de rares cyclistes. Des policiers affables m'ont rempli le réservoir de mon Solex dont la sobriété était louable. Ils m'ont même autorisé à emprunter l'autoroute. Peut-être parce que je portais les cheveux courts. En ces temps-là, les cheveux sur l'oreille et dans le cou connotaient hippy ou gaucho, les flics préféraient les nuques rasées. De même les automobilistes. Mon passé d'auto-stoppeur m'avait instruit de cette circonstance, elle m'a valu d'être embarqué sous le nez de chevelus armés de guitares qui n'étaient sûrement pas plus mauvais garçons que moi.

Me voici seul sur l'autoroute, fou de bonheur, le vent de la liberté dans les voiles, ayant du loisir pour la savourer car nous roulions à trente à l'heure, maximum. Mon Solex n'avait rien à envier au « bidet jaunâtre » de d'Artagnan. J'ai dépassé Castelnaudary, baguenaudé dans la cité de Carcassonne, atteint Narbonne où s'embranche l'autre autoroute. Béziers sur sa butte a toujours l'air de défier un Simon de Montfort, son bourreau. Ou n'importe quel club de rugby de haut rang. J'étais depuis le départ en terres de rugby. Sur chaque nom de lieu je surajoutais des noms propres, Mantoulan à Lézignan (jeu à 13), les frères Spanghero à Narbonne, Danos à Béziers dont j'ai vainement cherché le bar sur les allées Paul-Riquet. J'ai dormi dans une cabane, au milieu d'un vignoble, vers Pézenas me semble-t-il. Où ai-je quitté l'autoroute ? Peut-être à Nîmes. J'ai dû faire une incursion en Camargue, à cause d'un film où Johnny chantait « Pour moi la vie va commencer ». Je parle d'un Johnny tendrement printanier, que les moins de soixante ans ne peuvent pas connaître. Souvenirs, souvenirs... Ils sont faramineux, les souvenirs en miettes de cette échappée belle. Je me revois traversant Saint-Rémy-de-Provence, puis sollicitant du « mélange à 5 % » pour mon brave Solex dans une gendarmerie dont les locataires avaient l'accent de Fernandel. Puis sirotant une limonade à une terrasse ombragée de platanes. Enfin débarquant sur la rade, bronzé comme un corsaire. La femme que j'aimais m'attendait sur les pentes du Faron, dans une maison cernée d'oliviers. Toulon s'apprêtait à jouer contre Lourdes la finale du championnat de France, mais la rencontre était reportée de dimanche en dimanche, à cause des grèves. Je piquais vers Mayol à la fraîche et j'assistais à l'entraînement des Porthos de la rade : Herrero, Carrère, Hache, Mouysset, Fabre...

Le même Solex, sous le même soleil, remonta la vallée du Rhône. Le mistral soufflait sur la nationale 7

dans le mauvais sens, un piéton aurait pu nous suivre. Une escale en face de Valence, sous le rocher de Crussol, chez des amis de la famille, une autre à Vichy, en famille, et nous sommes rentrés au village. J'ai dû pédaler un peu dans la côte de Volvic et dans la gorge du Chavanon, mais mon destrier n'a pas rendu l'âme. Je lui voue rétrospectivement de la gratitude et de la tendresse, il m'a permis de m'enivrer de liberté sur les routes de ce Sud français inégalement latin qui, selon qu'il ondule ou s'aplanit, nous tient lieu d'Andalousie ou de Toscane, d'Afrique à la rigueur et même de tous les Orients imaginables. C'était juste une parenthèse de félicité buissonnière car, le soir de notre retour, les pompistes ont repris le travail, les voitures se sont remises à rouler. Toulon a pu jouer la finale à Toulouse : match nul (9 à 9), mais victoire de Lourdes au bénéfice des essais.

Maigret

Simenon était belge mais Jules Maigret est une idéalisation du Français moyen, un héros ordinaire qui trimbale sur l'impériale d'un autobus une indulgence bougonne pour les passions humaines. Toujours les mêmes : la peur de manquer, le quant-à-soi, le désir de se prouver qu'on existe, la hantise du déclassement, la fuite dans l'alcool, le besoin de se rassurer, la frénésie du nihilisme, l'ivresse des sens. Il a éclos modestement dans un terroir banal, Paray-le-Frésil, près de Moulins où il ira au lycée. Son père était le régisseur de domaines appartenant à une famille de nobles comme le Bourbonnais n'en était pas avare.

Juste au-dessus de la paysannerie, très en dessous de la bourgeoisie. Sur la trame de cette ambiguïté, l'histoire de Maigret est tributaire d'un drame initial, la mort précoce de sa mère lors d'un accouchement. Il traînera ensuite le regret d'avoir dû renoncer à terminer sa médecine (mort du père). En fait il aurait aimé exercer un métier qui n'existe pas, celui de « raccommodeur de destinées ». Ascension sociale régulière : il débute comme pandore en uniforme et finit patron de la Criminelle au Quai des Orfèvres. Mais jusqu'au bout il aura des comptes à rendre à des chefs – le directeur, le préfet de police, des ministres – et il ne forcera pas sur les notes de frais. C'est un fonctionnaire qui a réussi une belle carrière, sans en tirer la moindre vanité, sachant trop la minceur de la frontière qui sépare le glorieux du raté. Ses goûts sont d'un bourgeois plutôt petit que moyen : pêche à la ligne au bord de la Marne, belote avec des copains, petit blanc de pays siroté au zinc. Vacances aux Sables-d'Olonne avec Madame. Sur le tard il achète une télévision, comme tout le monde. Puis une voiture. Puis une maison à Meung, au bord de la Loire, dans la perspective d'une retraite qu'il appréhende autant qu'il la désire. Comme tout le monde. Il est souvent grippé, son foie s'engorge, il prend du poids et se sent vieillir. Il n'a pas d'enfant, autre regret. Son épouse Louise (fille d'ingénieur des Travaux publics, il a convolé au-dessus de son étiage) est idéalement effacée, vouée à son mari, à son ménage ; elle cuisine et tricote, postée dans une attente sereine.

Rien qui sorte de la moyenne. Commune mesure de l'humanité. Avec cet humble matériau, Simenon a campé un héros qui nous rassure parce qu'il nous ressemble, tout en forçant notre admiration. Maigret ne juge pas. Il comprend. Il est celui que nous sommes tous, avec en prime un mélange de rectitude, de fatalisme, de chasteté et d'amour du monde. Amour charnel, amour du cœur, sans illusion. S'il a nos défauts, il ignore le Mal sous ses formes habituelles : la cruauté, la prédation, la suffisance. D'où l'exemplarité de son scepticisme. Nous sommes à son image, pleins de doutes. Mais sa probité pèse lourd, c'est une citadelle morale imprenable.

Le génie de Simenon facilite le processus d'identification. On lève les yeux vers l'immeuble du quai des Orfèvres, on cherche la fenêtre du bureau de Maigret. On s'attend à le croiser sur la place Dauphine ou sur le pont Saint-Michel. J'ai passé des heures à chercher où il habitait précisément sur le boulevard Richard-Lenoir. Côté rue Amelot ou côté rue Popincourt ? Je l'ai cherché aussi sur les deux versants de la butte Montmartre, autour de l'île Saint-Louis, à Bercy, à Porquerolles, autour de La Rochelle, sur le canal latéral de la Loire, à Meung, bien sûr – autant de lieux de la géographie simenonienne car les Maigret ne sont que les esquisses de son œuvre. Les romans « durs » sont plus intéressants, mais on revient à Maigret, périodiquement ; on a envie, on a besoin de retrouver sous l'écorce pataude sa tendresse pudique pour les êtres floués par le destin. Son regard qui poétise les trivialités de la vie. Avant Maigret, on voyait le fonctionnaire français avec les yeux ricanants de Courteline : borné, formaliste, dur avec le sous-fifre, obséquieux avec le chef. Au mieux : bêtement intègre, monstrueusement dans le cas du Javert des *Misérables*. Le flic, c'était Ganimard, l'ennemi d'Arsène Lupin. Ce sera le de Funès du *Gendarme de Saint-Tropez*. Maigret sauve la mise de la fonction publique à la française, c'est l'incorruptible qu'on devrait pouvoir croiser dans n'importe quel bureau.

Marseillaise (La)

La gorge se noue et un gros frisson me traverse l'échine quand retentissent les premières mesures. « Allons enfants de la patrie.i.e. » Aujourd'hui comme du temps où j'allais voir avec mon père l'équipe de France de foot au Parc des Princes, de rugby à Colombes. Quand tu seras grand, me disais-je, tu seras en tricolore, comme Kopa ou Domec, et le jour de gloire sera arrivé. On entendait aussi *La Marseillaise* à la télévision, rarement, lors des apparitions de de Gaulle, autant dire du chef : l'Histoire en majuscules, l'Histoire en majesté coulait dans mes veines sans que je susse trop de quoi il retournait. J'aurais voulu être missionné par le chef pour défier le Mal en défendant la patrie, comme d'Artagnan ou Bob Morane.

J'ai appris les paroles sur le tard, elles sont dans le jus de leur époque, leur violence ne me choque pas, je les entonne avec ardeur au Stade de France. Ironie du sort : quand c'est l'équipe de France de rugby, je suis souvent aux côtés de Jean Gachassin, le « Peter Pan » des années soixante, qui fut pour moi une idole. Je lui ai demandé si *La Marseillaise* l'émeut autant que lorsqu'il était en bas, sur l'herbe, au garde-à-vous, avec un coq sur la poitrine. Il m'a répondu que oui, et comme moi il chante, avec l'accent de Bagnères-de-Bigorre. Ce partage de l'émotion me console un peu de n'avoir été qu'un sportif d'envergure à peine départementale.

L'hymne national, c'est mon patriotisme à fleur de peau et dans les tripes. Martial sans caporalisme, tragique mais pas funeste ; dans sa belle arrogance il rythme une joie de vivre, un entrain et, disons-le, il en émane un petit complexe de supériorité pas antipathique. La France qu'il exalte a enduré des calvaires mais, à la fin, elle gagne. C'est Philippe Auguste à Bouvines, Jeanne d'Arc à Orléans, Bayard à Marignan, Condé à Rocroi, les sans-culottes à Valmy, les poilus à Verdun, Juin à Monte Cassino. C'est la « furia francese » de la bande à Mias à Johannesburg (1958), le « french flair » de la bande à Zidane au Stade de France (1998), la dernière ligne droite de Colette Besson à Mexico (1968), la dernière haie de Guy Drut à Montréal (1976). C'est une France au débotté plutôt qu'en majesté, insolente, gouailleuse, intrépide. Altière même, et jeune de cœur.

Un jour, dans une vie antérieure, j'ai atterri sur le sol d'une capitale africaine aux côtés de Chirac, qui était alors président. Il descendit de l'avion. Tapis rouge, sommités galonnées, soldats rutilants, et *La Marseillaise*, comme il se devait, insolite sous un soleil équatorial. Elle nous hissait au-dessus de notre étiage ; nous étions, à son appel, investis d'une sorte de charge sacramentelle ; nous rendions un culte à une France devenue idéale par le fait de l'extraterritorialité. Je me suis figé au garde-à-vous. Ce que je ressentais était assez paradoxal car toute cérémonie officielle m'inspire au mieux une curiosité d'ethnologue ; j'ai l'impression d'être un gamin assistant frauduleusement à du théâtre pour grandes personnes. Or, là, j'étais vraiment ému. Peut-être parce que, au cœur de cette Afrique francophone, anciennement A-E-F, j'avais le sentiment d'une dette d'honneur que nous devions acquitter, d'un pacte non écrit mais impérieux que nous ne devions pas trahir.

J'ai été pareillement ému à Chardonne, un village vaudois planté dans les vignes, où pour la seule fois de ma vie une fanfare a joué *La Marseillais*e en mon honneur. Il s'agissait juste de la remise d'un prix littéraire dont j'étais le lauréat et Nourissier m'accompagnait en qualité de président du jury. Il y avait les notables locaux, et cette fanfare, tout aussi locale. Les

Suisses aiment bien les fanfares et les solennités. Une *Marseillaise* pour un écrivain, ça s'entend rarement. Surtout un écrivain aussi peu officiel. J'étais en Suisse, indéniablement, et néanmoins, depuis toujours, j'ai tendance à m'approprier ce rivage entre Lausanne et Montreux, le vignoble, la montagne à vaches, le lac, le Mont-Blanc en face ; ça participe du bucolisme français. *La Marseillaise* dont on me gratifiait légitimait cette annexion. En fait, chaque fois que j'entends l'hymne national, un double m'habite plus ou moins, je me sens plein d'un orgueil irraisonné, je me crois capable de toutes les prouesses imaginables, avec un paroxysme à la dernière reprise. « Aux armes, citoyens ! » Là, j'envahirais la terre entière en levant, en agitant les « étendards sanglants » tricolores. Sans méchanceté, avec des copains. Juste pour rappeler que la France, si on l'embête ou si ça lui chante, bivouaque à l'occasion au Kremlin, s'empare de Koufra et plante son drapeau sur les îles Kerguelen.

Martel (Charles)

Mauvais débuts : bâtard de Pépin II de Herstal, emprisonné par sa belle-mère Plectrude, une sale bonne femme. Mais il s'évade, se planque dans les Ardennes, prend les armes, soumet la Neustrie, ensuite l'Austrasie, et finit par contrôler l'essentiel du royaume franc élargi à la Provence. Au bout du compte, il pose les prémices de la dynastie carolingienne, en toute illégalité car il n'était que maire du palais, mais son fils Pépin le Bref sera sacré roi. De la belle ouvrage, une belle épée et du sens politique.

Entre-temps il a, comme disent les livres d'histoire, « battu les Arabes à Poitiers en 732 ». Ce n'était pas tout à fait Poitiers, et il s'agissait de Maures, lesquels ont continué durant un bon demi-siècle d'occuper le Languedoc, la Septimanie, la vallée du Rhône, la Bourgogne. Il a fallu maintes batailles pour les arraisonner, et ils ont gardé longtemps un avant-poste à La Garde-Freinet après de nouvelles incursions, deux siècles plus tard.

Cette « bataille de Poitiers », où périt prétendument le chef musulman Abd el-Rahman, a été certes mythifiée, mais elle procède d'une réalité lourde de conséquences : le sud de la France n'a pas été conquis et islamisé comme le sud de l'Espagne ou la Sicile ; le royaume encore en herbe serait chrétien intégralement, de foi et de culture. Il l'est encore, sur le plan des soubassements métaphysiques, éthiques, politiques, esthétiques. Dont la précieuse laïcité.

C'est ainsi, et on a lieu de s'en féliciter. Gloire donc à Charles Martel ! Certains pédagogues trouvent « choquant » que les manuels d'histoire décrivent cette victoire : ils craignent de blesser les potaches de souche maghrébine et de confession musulmane. Pudibonderie grotesque et malsaine. La France n'a pas de racines islamiques, il n'y a pas de minarets dans notre imaginaire, et cela s'est joué entre autres à ce moment. Maures et Arabes unifiés sous la bannière de l'islam étaient en phase d'expansion. Poitiers précède – de sept siècles – la chute de Grenade. Vinrent ensuite les batailles de Lépante et de Vienne, puis les guerres balkaniques au long d'un processus historique qui a délimité les frontières d'une Europe judéo-chrétienne et gréco-latine. C'est ainsi, et les Français issus de l'aire islamique ne doivent pas l'ignorer. Ni en ressentir la moindre humiliation. J'ai des amis mauritaniens qui s'enorgueillissent de l'aventure de leurs ancêtres almoravides au Maroc et en Espagne ; ils ne cultivent pas pour autant le fantasme d'un nouveau djihad, en Andalousie ou ailleurs. Comme tous les peuples du monde, ils préfèrent leurs victoires à leurs défaites. Les Arabes ont été de grands conquérants et leur apport à la culture espagnole n'est pas négligeable. L'apport intellectuel et esthétique de la sphère arabo-musulmane au début du Moyen Âge occidental n'a pas été négligeable non plus. Il se trouve que Charles Martel a battu les Maures à Poitiers avant de les pourchasser dans le Sud. La France n'aurait pas eu la même histoire s'ils avaient pu atteindre Paris en passant par Tours, haut lieu de pèlerinage (dépouille de saint Martin), qu'ils envisageaient de saccager. Je suis rétrospectivement ravi qu'ils aient échoué dans cette entreprise.

Au nord du Quercy, sur un causse où poussent des chênes nains, des cailloux blancs et des truffes noires, se trouve une jolie ville médiévale : Martel. Selon certaines sources, c'est en ce lieu qu'Abd el-Rahman aurait été tué, son armée exterminée ; et l'hôtel de ville aurait été édifié à l'endroit même où le combat se serait déroulé. D'où le nom de la ville. Quoi qu'il en fût, Charles Martel, qui n'était sûrement pas un tendre, ni un vertueux, mérite amplement notre gratitude.

Mazarinades

Un vent de Fronde s'est levé ce matin
Je crois qu'il gronde contre le Mazarin

On chantait cette mazarinade dans les rues de Paris, pendant la Fronde, elle visait le cardinal italien qui s'était emparé du pouvoir sur le royaume de France en capturant le cœur, et peut-être le corps, de la régente Anne d'Autriche. On sait qu'il piochait dans les caisses, trichait au jeu, casait sa parentèle sans la moindre vergogne et tremblait comme une feuille au bruit d'une mousquetade. La Fronde embrasa le pays et accula Mazarin à l'exil. Puis elle se divisa, s'essouffla, se délita et le même Mazarin rentra à Paris sous les bravi populaires. Il a gouverné la France jusqu'à sa mort.

Peu importent les présupposés de cette Fronde pagailleuse et verbeuse, les incuries de ses acteurs, parlementaires puis princes : la mazarinade, qui en une nuit surgit des pavés de Paris comme un potiron sur un potager et régala le peuple, est une constante du tempérament français. Les « Guignols de l'info » et les chansonniers du théâtre des Deux-Ânes pérennisent une double pente à l'insoumission et à la dérision qui vise l'autorité établie, sous quelque défroque qu'elle s'affuble. Civile ou militaire, religieuse ou profane, tyrannique ou démocratique. La tradition du pamphlet – de Chateaubriand à Hallier en passant par Darien, Rochefort, Proudhon, Bloy, Sorel, Bernanos et cent autres – reflète une allergie au pouvoir qui tantôt paralyse nos politiques, tantôt les incite à la répression. Au fond, les Français n'ont jamais cru tout à fait à la légitimité d'un pouvoir politique, économique ou spirituel. Jamais, même aux époques où Dieu était censé cautionner le Prince. Monarchistes ou républicains, conservateurs ou progressistes, ils prennent toujours le parti de Guignol contre le gendarme, de Lupin contre Ganimard, de Thierry Le Luron ou de Coluche contre leurs cibles. Parce que le gendarme exige l'observance d'une loi illégitime par essence et injuste dans ses effets. Guignol les venge de tous les Mazarin qui les volent, les humilient et les matraquent. Rire des puissants et des sommités est une thérapie, les narguer un impératif moral catégorique. Moral et esthétique ; on y met de la coquetterie et, pour plaire aux duchesses dans le salon le plus gourmé, il faut dégainer sa mazarinade. Quitte à se laisser piéger, dans le même temps, sur l'autre versant du tempérament français : le goût du césarisme. Un chef bien viril, qui saura juguler l'arrogance des Grands, nos compatriotes en redemandent. Mais à peine l'ont-ils hissé sur un trône, ils mobilisent toutes les ressources de l'esprit pour le ridiculiser. Une ironie vipérine supplante l'humour bonasse et bidasse – et fusent de partout les mazarinades. À mots couverts quand Louis XI, Richelieu ou Bonaparte froncent les sourcils, mais ils n'y échappent pas. C'est notre fond d'anarchisme, il se réveille au moindre symptôme de suffisance de l'autorité. J'ai beau savoir qu'il faut des gouvernants, et des rituels pour symboliser leur éminence, une rage me prend dès qu'un cortège officiel m'oblige à piétiner à un carrefour. De quel droit ? me dis-je. Le droit qu'« ils » s'arrogent indûment avec leurs motards, leurs gyrophares et leurs sirènes. Ce droit, mes tripes le récusent, même si j'ai voté pour le type qui passe dans sa Safrane aux vitres teintées. Que la fatalité du pouvoir procède d'une pulsion malsaine, d'autres que les Français s'en sont aperçus. « Tout pouvoir repose sur une croyance », a écrit Valéry. Nous sommes sûrement pénétrés de cette croyance puisque, après chaque Fronde, la France se dote d'un pouvoir plus musclé que le précédent. Mais dans aucun autre pays la récusation de l'Ordre n'est aussi invétérée, aussi quotidienne, et ne mobilise aussi spontanément notre causticité. Dans aucun autre pays non plus n'existe une classe de philo où pendant un an, à l'âge des points d'interrogation, on incite les futurs bacheliers à prendre du recul pour mettre en cause les axiomes du sens commun. Donc les fondements de l'autorité. Pour autant, la gymnastique de l'esprit critique n'a pas débuté avec le lycée. Ni avec les conflits de légitimité issus de la Révolution. C'est depuis toujours qu'on éprouve le besoin de siffler la comédie des Importants, il s'agit d'un réflexe du corps social, un antidote qu'il s'administre en permanence, comme s'il craignait de succomber à la pathologie de la soumission. Crainte du reste justifiée : au pays des mazarinades les plus insolentes du *Canard enchaîné* et de *Charlie Hebdo*, des écrivains notoires ont rivalisé de basse servilité pour encenser Staline, Hitler ou leurs épigones. Souvent même, le contempteur de l'Ordre a viré au thuriféraire d'un quelconque Néron. Ce paradoxe éclaire l'histoire littéraire d'un pays où les plumes désirent toujours régler un compte. Il trahit surtout l'ambiguïté de notre anarchisme. On l'a dans les veines, je le confesse dix fois par jour, aux dépens de la moindre autorité galonnée ou certifiée conforme, et il me plaît que la France soit le havre des dissidences. Vive les mazarinades et à bas les larbinages ! Mais sachons que le retour de Mazarin était inéluctable, et reconnaissons qu'il fut profitable.

Mérovée

On sait qu'il a existé, on présume qu'il fut le deuxième roi des Francs Saliens et qu'il les commanda sous les ordres d'Aétius aux champs Catalauniques, la bataille victorieuse contre Attila. Auquel cas il a un titre non négligeable à notre gratitude : le « Fléau » a décampé durablement. Auparavant sainte Geneviève avait animé la résistance au même Attila. Furent-ils tout à fait contemporains ? Geneviève a eu affaire aussi à son fils Childéric Ier, le père de Clovis. Quoi qu'il en fût, Mérovée (Mérovic) a fondé – fût-ce par le truchement du mythe – la dynastie des Mérovingiens, ce qui permit au royaume franc de s'enraciner au nord de la Gaule alors que l'Empire romain prenait l'eau. Pour le reste, on baigne dans la légende. Était-il parent avec Clodion le Chevelu ? Sa mère enceinte fut-elle séduite par un animal fabuleux surgi de l'océan où elle se baignait ?

Enceinte une deuxième fois, les sangs se seraient mélangés et Mérovée aurait hérité des pouvoirs surnaturels prêtés aux rois mérovingiens. On ne peut pas dire que, à l'exception de Clovis et de Dagobert, ils en aient fait le meilleur usage. N'importe. Mérovée sculpte un corps de guerrier héroïque à nos origines fantasmées, au même titre que Vercingétorix. C'est le temps d'avant Clovis – le temps des mythes brodés par Grégoire de Tours, ultérieurement. Rien n'est joué, Rome n'est plus dans Rome, le christianisme avance ses pions depuis saint Martin mais là-haut, du côté de Tournai, on ne sait pas forcément de quoi il retourne. Des dieux, on en a des brassées, on en invente d'autres. Mérovée émerge du désordre inouï du ve siècle comme un soleil encore pâle perce la brume du matin ; du moins c'est ainsi qu'il me plaît de l'imaginer. Blond, moustachu, barbu, bien gaulé, farouche, fruste nécessairement, le cerveau embué de religiosité floue.

Mers

En bon Français de l'intérieur, je n'ai pas le pied marin et je nage comme une paire de tenailles. Huit jours en pleine mer seraient pour moi une longue pénitence ; à tout prendre je préférerais les passer dans une cellule de Fleury-Mérogis, au moins les planchers n'y tanguent pas.

La mer me plaît infiniment, mais abordée depuis un rivage, avec la promesse d'un dîner de coquillages arrosé d'un vin blanc très frais. À cet égard la France est bien servie : un océan et trois mers en métropole, deux autres océans et une mer dans les Dom-Tom. Nos ports, nos plages, nos estuaires, je les ai tous approchés, ils m'ont tous emballé. Enfant je prenais le ferry à Calais pour aller à Douvres, des vents salés soufflaient sur des falaises. Plus tard j'ai trempé mes pieds sur la plage de Wissant où de Gaulle allait en vacances et j'ai erré nuitamment sur les pavés mouillés de la haute ville de Boulogne. J'ai même dû perdre quelques fifrelins au casino, près des quais. Autres souvenirs à Montreuil que la mer a délaissée, à Dieppe, Varengeville (tombe de Braque à côté de l'église), Fécamp, Yport, sur les traces de Simenon. Au large de Bénouville les falaises sont mystérieuses ; on voit le menhir sculpté par les flots qu'immortalisa Courbet et sur lequel peut-être sa célèbre vague a surgi. Soudain Étretat s'offre au regard, enclose dans sa valleuse : une harmonie de toits gris

qui rosissent tandis que les reflets du soleil passent sous l'Aiguille creuse. Même sans Lupin, Monet, Boudin, Courbet et Maupassant, l'endroit resterait magique. Derrière l'Aiguille creuse, la falaise en découpe une autre, on la voit en longeant le golf. C'est le confin d'un pays de Caux d'une platitude austère. La polychromie des maisons – brique, silex rosâtre – ajoute au charme. La petite fille de Leblanc a racheté le clos où il a écrit pas mal de ses livres, et achevé ses jours dans la folie. Maison raisonnablement excentrique, agrémentée d'un patio couvert et d'une tonnelle.

Le Havre, la vue du port pétrolier et de l'estuaire depuis la colline de Sainte-Adresse. Rien de plus rafraîchissant que la route de corniche dans une verdure luxuriante entre Honfleur et Trouville où je vais marcher sur les planches jusqu'aux Roches noires pour y glaner des souvenirs d'enfance. J'ai bâti des châteaux de sable en face du Trouville Palace. Plus tard je me suis régalé de moules et de solettes aux Vapeurs. Cabourg, c'est le Bolbec de Proust, mais je préfère le bourg d'Houlgate. La brume à Ouistreham, les pêcheurs de Port-en-Bessin qui en janvier partent à minuit quand c'est la saison de la coquille Saint-Jacques. J'y ai séjourné pour terminer un livre. La nuit je voyais les lumières des bateaux de ma piaule aux Marines, près de la jetée. Tombes blanches du cimetière américain d'Omaha Beach, prés à vaches en surplomb des falaises. Toujours des falaises. Le Mont-Saint-Michel, île flottante fabuleuse, le Cotentin à Saint-Vaast, à Tocqueville, à Cherbourg, à Carteret en pensant à Barbey d'Aurevilly. Souvenir d'un bateau à Granville qui m'a amené sur l'île de Chausey. Puis des rochers noirâtres : la Bretagne. Perros-Guirec, Paimpol, Saint-Malo, la rade de Brest sur un aviso (à l'ancrage), la baie d'Audierne, Concarneau : encore des souvenirs, certains amoureux car les filles aiment bien se faire courtiser au bord de la mer, ça les attendrit. Le charme bourgeois de La Baule, moins bourgeois des Sables-d'Olonne, les plages un peu trop bétonnées de la Vendée. Les deux tours, le vieux port, la magie de La Rochelle, autre souvenir amoureux. Je me revois avec cette fille toute jeune, toute blonde, sous les arcades où surgissaient les « fantômes du chapelier ». Simenon a vécu dans le coin, il a su en peindre la lumière blanche, et restituer cette impression bizarre, vers Esnandes ou Marcilly, là où sont les bouchots, de ne plus savoir où commence la mer, où finit la terre ferme.

Même impression au bout de l'estuaire de la Gironde où débute la longue plage landaise, interrompue par le bassin d'Arcachon. Autre lieu équivoque, autres souvenirs : le charme désuet de la ville l'hiver, un soir d'orage somptueux chez Hortense. Encore une histoire d'amour, nos rivages y prédisposent. Du temps où j'étais étudiant à Bordeaux, j'allais flirter à Contis, sur une dune entre les deux océans, l'Atlantique en bleu nuit, les pins en vert sombre. J'ai parcouru à pied cette plage landaise, entre Mimizan et le Boucau, avec Jean-Paul Kauffmann et nos fils respectifs. C'était grisant mais très mazouté. De Bayonne à Ciboure, des ballons ovales planent au-dessus de l'océan, je suis en terrain familier. Sous les dehors d'une station balnéaire sans intérêt particulier, sauf pour les surfeurs, Hossegor s'honore d'un casino de style arts-déco-basco-béarnais assez remarquable. J'ai écrit le scénario d'un téléfilm tourné à Arcangues en pensant à Toulet. Je me suis régalé d'émotions viriles à Piquesarry, à Saint-Léon, à Aguilera. Biarritz, mon havre pour les nostalgies. J'y reviens chaque hiver, en semaine ; il pleut sur les folies néogothiques, sur le Palais et le Bellevue, vestiges d'une anglomanie d'opérette, il pleut sur la plage entre les deux rochers, sur le Royalty, sur la jolie gare où les trains ne daignent plus venir. Biarritz est une très vieille dame qui dans un passé indéfini a levé des tempêtes sur le rocher de la Vierge. Elle en sourit encore en tirant son chariot de golfeuse sur le gazon de Chiberta tandis que des bateaux sortent de l'Adour.

Autre rivage rugbystique : le Roussillon. Au pied des vignes, entre Port-Vendres et Collioure, c'était le royaume de Matisse. Celui de Cézanne se planque dans la rocaille blanche autour de Marseille et, en surplombant la Joliette, des vers de Brauquier me reviennent en mémoire. Ou bien des tirades de Pagnol, interprétées par Raimu. Toulon n'est pas très belle, mais la rade a de la majesté et les vieux quartiers autour de la rue d'Alger ou du cours Lafayette, de l'âme en surabondance.

J'aime notre Méditerranée, autant que notre Atlantique, c'est la *Mare nostrum* originelle, notre part d'hellénisme et de romanité, notre invitation aux Afriques, le mirage le plus familier de notre soif de bonheur. Les paysages qu'elle découpe à la pointe sèche sont-ils plus beaux en Corse que sur la Riviera ? C'est selon. Beaux en tout cas mes souvenirs liés au golfe de Saint-Florent, aux bars de Bastia, à une crique bien fleurie de Solenzara, à Calvi où les képis blancs des Légionnaires tranchent sur l'ocre de la citadelle. Les nationalistes dont il est question dans les médias manquent sûrement d'aménité mais je n'ai rencontré que des Corses aimables, dont l'introversion ressemble à celle des Auvergnats. Même pudeur de montagnards, même fierté âpre sur les bords, même réflexe si on les désoblige : ils se referment comme des huîtres...

Je me revois sous les cocotiers de l'île aux Pins en Nouvelle-Calédonie, sous les bananiers de Deshayes en Guadeloupe, sur le corail d'un atoll des Tuamotu en Polynésie, sur l'île au Diable en Guyane : chaque fois j'étais la proie du même sentiment plein d'équivoque dans ces fragments de la France des mers chaudes. La mémoire de ces rivages est douloureuse : déportés (Louise Michel, etc.) en Nouvelle-Calédonie, esclaves aux Antilles, bagnards et Dreyfus en Guyane. Tahiti ne traîne pas ces chaînes, mais pâtit d'être le décor d'un songe de paradis terrestre concocté au temps des Lumières par Bougainville, Bernardin de Saint-Pierre et consorts. Songe creux, absurde et vain, démystifié par Gauguin. Songe invincible et j'y succombe comme tout un chacun dès que des flamboyants ou des bougainvilliers s'avisent d'agrémenter un tapis de sable blanc. Une certaine Maeva m'a beaucoup troublé avec ses yeux amandés, sa fausse ingénuité, ses fleurs de tiaré dans la chevelure. Exemple parmi d'autres des sortilèges qui nous guettent là-bas. Néanmoins ce n'est pas l'exotisme qui me donne de la sympathie pour nos Dom-Tom. Pas seulement. Toute nostalgie coloniale bue, je ne lis pas sans émotion des noms autochtones sur les monuments aux morts de 14-18 ou 39-45 : ces gars se sont sacrifiés pour la France, de bon ou de mauvais gré, souvent sans la connaître. Que leur postérité vive librement sous nos lois décrit une continuité qui nous oblige en nous parfumant l'imaginaire. C'est plaisant pour l'orgueil national d'avoir des petits morceaux de tricolore dans le Pacifique, l'océan Indien et les Caraïbes. Jusqu'à quand ? Voilà la question que je me pose, non sans une certaine tristesse prémonitoire. À tort ou à raison, il y a lieu de présumer que le Boulonnais, l'Aunis et la Provence seront encore français dans un siècle. Mais les îles Gambier ou les Saintes, j'en suis moins sûr. Les « confettis de notre empire » coûtent plus qu'ils ne nous rapportent et il n'est pas prouvé que le rayonnement de la France en tire un gros profit. C'est loin ; les hexagonaux ont d'autres bois désormais pour allumer les feux de leur exotisme. Et puis, la tentation de l'indépendance existe. Certes le Néo-Calédonien de base sait la vie qu'on mène à Vanuatu ; de même le Guyanais français connaît sa chance de n'être pas surinamien. Reste que, dans la classe politique et chez les intellos, des ressentiments diversement sincères incitent à faire miroiter ce songe : un drapeau, un hymne, un État à soi, comme le voisin d'à côté. D'où cette impression poignante de précarité lorsque apparaissent les attributs de notre République, éventuellement délavés par le soleil : une école, une mairie, une poste, un uniforme de gendarme. Jusqu'à quand ? me dis-je en pensant à Hanoi ou à Brazzaville. Je sais bien qu'il ne faut pas comparer les anciennes colonies et les Dom-Tom où l'on est français de plein droit. Mais français de loin, sans ancêtres gaulois, et attiré par des puissances régionales – l'Australie, le Japon, l'Amérique, l'Afrique du Sud. À quoi s'ajoute ce souci de l'« identité », à peu près insoluble en l'état. La France a été une puissance coloniale, c'est un fait, et ses Dom-Tom sont les brimborions de ses anciennes possessions outre-mer. Sans doute fallait-il une « repentance ». Elle a eu lieu, officiellement. Les hexagonaux n'ont pas envie d'en rajouter. En la matière le mieux est l'ennemi du bien, on ne peut pas demander à un peuple de battre sempiternellement sa coulpe pour des actes commis aux siècles précédents. Du reste, ça ne résoudrait en rien la difficulté d'être français éprouvée par un Antillais, un Réunionnais ou un Calédonien. Soit elle perdurera, et tôt ou tard ces peuples dériveront vers l'« indépendance », à leurs risques et périls. Il ne faudra surtout pas les en empêcher. D'une certaine façon, les formes d'autonomie politique et administrative qu'on leur concède les y prédisposent. Soit ils trouveront – sans l'avoir cherché – le moyen d'être français à leur manière, et la France continuera d'avoir ses marges créoles,

comme elle a ses marges flamandes, basques, germaniques, catalanes ou corses. C'est mon souhait. Bronzée par ses mers chaudes, la France est encore plus désirable.

Mondial 98

Un écran géant avait été installé dans la salle des fêtes municipale où nous étions ce soir-là plus nombreux que le village ne compte d'électeurs. Partout en France des projections étaient organisées sur des places publiques. Partout on parlait des Bleus, même ceux qui ignoraient jusqu'aux rudiments du football. Il y avait de l'électricité dans l'air de ce début d'été 1998 – un mélange d'excitation, d'appréhension et de fraternité à l'état d'ébauche. Dans les bars, les gens se souriaient sans se connaître comme pour s'encourager. On va gagner ? On peut gagner. On doit gagner.

On ? Les Bleus de Jacquet, l'équipe de France qui allait disputer au Stade de France le match capital de la compétition la plus populaire de la planète : la finale du Mondial de football. C'est le sport le plus universel, la « dernière religion universelle avec le rock », selon l'écrivain Pol Vandromme. Pour la première fois depuis 1938, la France organisait cet événement. Soixante ans auparavant, l'Italie de Mussolini avait remporté l'épreuve et les joueurs de la « squadra » avaient fait le salut fasciste au Parc des Princes. Déjà le sport de haute compétition prenait dans l'imaginaire collectif une importance telle que les politiques ne pouvaient pas l'occulter. Deux ans auparavant, Hitler avait présidé les jeux Olympiques de Berlin, vitupérant avec haine les trois médailles d'or du Noir américain Jess Owens.

Justement, il y avait plusieurs Noirs parmi les onze Bleus qui allaient affronter la nation la plus magique du football mondial : le Brésil du roi Pelé, cinq victoires dans la compétition. Il y avait aussi deux Arméniens, un Arabe, et non le moindre : Zinedine Zidane, considéré comme le meilleur joueur mondial. La France découvrait que « son » équipe reflétait une sociologie inédite, où les banlieues des rappeurs qui faisaient peur avaient soudain le beau rôle. On disait les « Blacks-Blancs-Beurs » pour qualifier le cocktail ethnique des Bleus. Je me méfiais de l'appellation, je la trouvais racoleuse. En même temps j'appréciais l'aubaine d'une trêve des rancœurs. Car elles couvaient dans les cités, nul ne pouvait l'ignorer. Le chômage sévissait, l'activisme islamique menaçait, une violence endémique laissait à penser que l'intégration des immigrés n'irait pas de soi. Surtout les jeunes. Si somptueux fût-il, l'arbre Zidane cachait malaisément la forêt des échecs scolaires, des ados dealers, des prêches salafistes et des « tournantes » dans les caves.

J'avais assisté à deux matchs au Stade de France. Le premier, en phase qualificative, opposait les Bleus à l'Arabie Saoudite. J'ai entendu un titi encourager Zidane en ces termes : « Vas-y, Zizou, renvoie-moi ces Bédouins sur leurs chameaux. » Toute l'ambiguïté des sentiments populaires était dans ce propos naïf : l'Arabe, on n'aime pas trop, mais Zidane, c'est notre idole. L'accent marseillais de l'intéressé accréditait l'équivoque. L'autre match, en quart de finale, avait permis aux Bleus d'éliminer l'Italie aux tirs au but. Puis j'étais rentré dans mon village, et j'avais vu sur l'écran géant les Bleus battre la Croatie en demi-finale, dans une ambiance dont l'euphorie me surprenait car chez nous les gens ne sont pas expansifs.

Nous allions donc affronter le Brésil de Ronaldo, l'autre grande star de ce Mondial. Mon premier souvenir de Coupe du Monde, c'était déjà un France-Brésil, en 1958. Pelé avait dix-huit ans, il rayonnait déjà, il s'envolait même dans le ciel de la légende. Fontaine avait marqué le premier but mais Jonquet s'était fracturé une jambe et en ce temps-là on ne remplaçait pas les blessés. Privée de son défenseur central, l'équipe de France avait perdu par 5 buts à 2. Son ossature était rémoise et son ténor s'appelait Kopa, le prince du dribble court. Je jouais au foot dans l'équipe de mon école et je connaissais par cœur la composition de toutes les équipes du championnat de France, la couleur des maillots. Je collectionnais les photos des joueurs offertes en prime dans les tablettes de chocolat Cémoi. Ou Menier, je ne me souviens plus. Le dimanche, j'allais au Parc des Princes en autobus (ligne 62) voir le Racing de Marche et d'Ujlaki affronter des villes que le championnat a fait connaître à toute la France : Sochaux (maillot jaune), Sedan (maillot vert). Ma première géographie enchantée, c'est le foot qui me l'a bâtie à deux niveaux : la carte de France des clubs pros et une mappemonde où s'inscrivaient des stades fabuleux, celui du Real, de la Juve, d'Arsenal, du Bayern et surtout de Santos, le club de Pelé. Comme des dizaines de millions de gamins, le foot aura éveillé dans ma petite caboche un songe où s'emmêlaient dans une religiosité barbare les fascinations de l'exotisme et les relents de l'épopée. À dix ans je voulais être Kopa ou Di Stefano. Plus tard j'ai connu la géographie du rugby, qui n'est pas un sport universel, je l'ai aimée d'un autre amour. Mais j'aime le foot, il m'a offert des extases mémorables à La Meinau, à Louis-II, à Lescure, dans le « chaudron » de Geoffroy-Guichard où selon les saisons j'ai vu des Verts glorieux ou pitoyables. Je dois à ma culture footballistique cette commodité non négligeable : partout dans le monde, au bistrot comme dans un salon mondain, on use de ce plus petit dénominateur commun comme d'un sésame pour ébaucher une conversation, il suffit de posséder les mots de passe et les références historiques. Tel est mon cas. En outre j'ai été licencié pendant plus de quarante ans et il m'en a coûté de raccrocher les crampons.

Autant dire qu'un France-Brésil en finale de la Coupe du Monde ne pouvait pas me laisser de marbre. Le prestige inouï de son football a enluminé le Brésil autant que la samba et le carnaval, et, lorsque je suis allé à Rio, j'ai voulu voir le Maracana en pensant à Pelé bien sûr, à Didi, Vava, Garrincha, Rivelino, Socrates – toutes les étoiles d'une constellation qui depuis les années cinquante clignotent dans les cœurs juvéniles sur les cinq continents.

Ce soir-là, les Français ont communié dans une ferveur presque médiévale. Ils ont le patriotisme souvent narquois, c'est leur pudeur quand la France les déçoit. Or, elle les a plongés dans un ravissement extrême en infligeant aux Brésiliens un 3-0 dont ils rougissent encore. Deux têtes de Zidane, un but de Petit. Victoire ! Alors, sur les Champs-Elysées, dans toutes les villes, toutes les banlieues, toutes les bourgades, on a chanté, on a dansé, on a klaxonné, on s'est enivré de tricolore – et, sur les Champs, des jeunes Beurs ont brandi deux fanions : un tricolore et un algérien, de couleur verte. Une main pour l'un, une main pour l'autre. Parce que Zidane est de souche algérienne. Parce que, durant cette nuit de liesse, la France se croyait, se sentait, se voulait multicolore, et c'était beau comme une image d'Épinal. J'ai aimé vivre ces moments de grâce dans mon village, où les gars du club local – le mien – ont réveillé les vaches en braillant « On est les champions ! ». J'étais heureux de cette revanche, n'ayant ni oublié ni digéré la défaite de 1958 ; d'une certaine façon les Bleus de Deschamps me vengeaient. J'étais heureux d'avoir vu des stylistes français imposer un « french flair » elliptique, feintes de corps, dribbles millimétrés et passes au cordeau. Heureux par simple cocardisme : nous étions champions du monde et je préfère l'immodestie de nos triomphes à l'affabilité de nos neurasthénies.

Heureux aussi, très heureux de ce rayon de soleil entre les glacis des hargnes communautaristes. Je savais que la parenthèse serait brève. La victoire des Bleus dans l'Euro 2000 a entretenu l'illusion ; les émeutes dans les cités, cinq ans plus tard, ont montré les limites de la symbolique. Il faudra du temps pour qu'un Black ou un Beur se sentent Bleus à l'égal d'un Blanc dans les travées du Stade de France et invoquent leurs ancêtres les Gaulois en entonnant *La Marseillaise*. Le souvenir de cette nuit chaudement fraternelle permet au moins d'entretenir l'espoir. Mais de tels miracles n'adviennent en France que dans l'exaltation d'une victoire empanachée. Mieux vaudrait que la prochaine ne tarde pas trop.

Montagne Sainte-Geneviève (La)

Jean de Meung a écrit la seconde version du *Roman de la rose* dans la rue Saint-Jacques et Verlaine est mort dans la rue Descartes : ce voisinage tend un fil d'Ariane entre l'aube et le crépuscule de notre poésie, sur cette montagne où Lutèce est devenue Paris. Après la guerre, un polytechnicien pouvait croiser sur la place de la Contrescarpe un moderne troubadour de la chanson française ou un normalien de la rue d'Ulm, pérennisant une double tradition qu'attestent encore la bibliothèque, les lycées Henri-IV et Louis-le-Grand, et les tavernes de la Montagne Sainte-Geneviève. C'est le versant sorbonnard, qui dévale vers Saint-Nicolas-du-Chardonnet (classicisme). L'autre versant était l'apanage de l'échoppe (rue Mouffetard) et du populo (faubourg Saint-Jacques). Au bas de la Mouffe, après le marché, Saint-Médard (gothique tardif). En lisière du faubourg, Saint-Jacques-du-Haut-Pas (austérité janséniste), puis la chapelle du Val-de-Grâce (baroque à la française). Tels sont les postes frontières d'une montagne où un instinct me dicte de revenir quand le Paris d'en bas me tape sur les nerfs. Juste après la Première Guerre mondiale, Hemingway a vécu une part de sa jeunesse en haut de la rue du Cardinal-Lemoine, ça lui a inspiré *Paris est une fête*, hymne païen à l'esprit de ces lieux sacrés où les Liguards de Guise, si l'on en croit Dumas (*La Dame de Montsoreau*), ont fomenté dans l'ancien couvent des Jacobins l'assassinat d'Henri III. Lieux sacrés mais aussi sacrément profanes car durant des siècles les escholiers y ont vidé force pots de vin ou d'hydromel en chahutant des soubrettes.

Pour remercier Dieu d'avoir sauvé Louis XV, Soufflot a bâti une église lourdingue convertie en temple idéologique : le Panthéon. Sa coupole n'a pas l'élégance de celles des Invalides, de l'Institut, du Val-de-Grâce, de la chapelle de la Sorbonne ou de Saint-Paul. Pourtant le style se veut de la même veine. Il semblerait qu'un secret se soit perdu entre deux Louis, le treizième et le quinzième. Le Panthéon est ventru, gourmé, frigide et macabre, il n'a pas d'âme. En tout cas pas l'âme fraîche, recueillie, printanière, primesautière de Saint-Étienne-du-Mont où s'entremêlent une touche de Renaissance, une autre de baroque. Dans ce charmant désordre, les mânes de Clotilde et de Clovis sont en terrain conquis. Ici rutile près de sa pierre tombale la châsse de sainte Geneviève où ont été recueillies des reliques. Ici, sous les piliers de la chapelle du fond, reposent les restes de Racine et de Pascal. Chaque fois que j'entre dans cette église, une émotion m'assiège, qui ne doit rien à la nostalgie ; chaque fois j'en ressors armé d'une évidence heureuse et flatteuse : le génie français est incomparable quand il cède à son naturel. La grâce de Saint-Étienne-du-Mont est naturelle, il y a même du laisser-aller esthétique dans le contraste entre la tour, la façade, la nef et le jubé. On ne s'en souciait pas sous les derniers Valois et les premiers Bourbons : on bâtissait du neuf sur de l'ancien, au gré de l'inspiration et à la grâce de Dieu. Dans une chapelle dite du Saint-Sépulcre, un tableau d'un anonyme du XVIIe représente un Christ en croix sous lequel s'alignent la Vierge, saint Jean, Saint Louis, le roi Louis XIII... et Aristote. La présence de Louis XIII est le dû à César, le roi a dû aligner des pistoles, de mauvaise grâce car il était radin. Mais que le peintre ait adjoint le plus grand des philosophes me surprend et me charme. Il est vrai qu'une plaque rappelle ce que la Montagne doit aux Jacobins, disciples de saint Dominique : Albert le Grand et Thomas d'Aquin ont enseigné dans ces parages et ils ont mis Aristote à la mode.

Le quartier s'est embourgeoisé, coût de l'immobilier oblige. L'Ecole polytechnique a émigré en banlieue, les cabarets de la Contrescarpe où débutèrent Brassens, Brel, Barbara, Ferrat, Nougaro, Leclerc, Devos, Bertin et consorts ont tous fermé, les normaliens en herbe sont moins littéraires que leurs aînés. Moins farfelus aussi. La Mouffe est devenue une annexe du Pirée, avec tous ces restaurants grecs. Pourtant on perçoit encore, sur les flancs entaillés de petites rues de cette montagne, une touche d'intello plus canaille que bobo, et les paroissiens qu'on voit sortir de Saint-Étienne-du-Mont ont l'air d'avoir lu Villon ou Verlaine plutôt que le dernier sociologue à la mode.

Montfort-en-Chalosse

C'est un village posé sur une colline du pays de Chalosse qui moutonne entre la vallée de l'Adour, la forêt landaise et les coteaux de l'Armagnac. Pays de rugby : là-bas, même les oies que l'on gave au maïs ont des envies de passes croisées ou de mêlée ouverte. Deux frères qui s'aimaient d'amour tendre, comme les pigeons de La Fontaine, habitaient sous le stade champêtre. On voyait les poteaux depuis la maison de leurs parents. Des gens de la campagne, simples comme bonjour, droits comme des pins. Les deux frangins étaient nés juste avant la guerre, ils ont grandi en jouant au ballon sur la place. Puis sur le stade. L'aîné s'appelait André. Dieu l'avait gratifié de tous les dons, la beauté, la sagesse, la force des bras, la vélocité des jambes, une adresse de funambule, un œil de lynx. La grâce à l'état pur. Le cadet s'appelait Guy, il était maigre comme un courlis, insoucieux, facétieux, dépenaillé. Trop gentil, pas très sage. André le surdoué veillait sur Guy comme un père sur son enfant. À seize ans il était international junior, bien que portant les couleurs (orange et noir) de Montfort-en-Chalosse, huit cents habitants. À vingt ans il était international tout court. À trente, les chroniqueurs anglo-saxons le considéraient comme le plus grand joueur de rugby de tous les temps. Par devoir, par orgueil et par mimétisme, Guy était devenu lui aussi un joueur d'élite, et les Landes médusées assistaient à ce miracle : les deux frères associés sous le même maillot jaune et noir de Mont-de-Marsan, le chef-lieu. Puis sous celui de l'équipe de France. Trois-quarts centre l'un et l'autre, André numéro 12, Guy numéro 13. Ensemble ils conquirent à Bordeaux le titre de champion de France contre Dax, sous-préfecture des Landes, l'ennemi héréditaire des Montois. Ensemble ils prenaient en gare de Dax le train pour Austerlitz, la veille des matchs internationaux, dormaient dans la même chambre – et à

Colombes ils illustraient ensemble le « french flair » en zigzaguant entre les défenses. Buste droit, lippe dédaigneuse, André avait la beauté d'une divinité grecque. Contraste absolu avec Guy – mèche sur les yeux, chaussettes sur les talons, courses rageuses. André était un absolutiste du jeu empanaché, esthète de surcroît et râleur invétéré. D'où des mécomptes avec les dirigeants, et des polémiques sur les « frères Boni » qui exaspéraient dans la France d'ovalie un conflit entre leurs partisans et leurs ennemis. Une sorte d'affaire Dreyfus, avec l'accent. Ce couple de légende allait mettre un terme à sa carrière internationale lorsqu'une nuit de réveillon – 31 décembre 1967 – Guy se tua en voiture entre Hagetmau et Saint-Sever, deux petites villes de la Chalosse proches de Montfort. Depuis, André porte le deuil du petit frère. Souvent on le voit, seul, désemparé, inconsolable, devant une tombe en forme de terrain de rugby. Le cimetière et l'église de Montfort sont en retrait du bourg et les montagnes Pyrénées ferment l'horizon, comme partout au pays d'ovalie. Cette histoire belle et triste a accédé à la légende, des gens viennent de partout pèleriner dans ce cimetière.

Moi, j'habitais Vichy, je jouais en junior, j'étais pour les Boni et je rêvais des Landes, du Béarn, de la Bigorre, de la Septimanie. En ce temps-là Vichy s'enorgueillissait d'une équipe haut de gamme, avec aux commandes un grand joueur en fin de carrière, Gérard Dufau, ancien capitaine du Racing et de l'équipe de France, natif de Dax comme par hasard.

Vichy était située à l'extrême nord des terres d'ovalie. Les dimanches de championnat, on voyait au stade des équipes venues de là-bas et l'imagination se constellait de noms de lieux faramineux. Là-bas... Pau. Béziers. Cahors. Tyrosse. Agen. Narbonne. Tarbes. Montauban. La Voulte. Lourdes. Graulhet. Bayonne. Toute une géographie sudiste qui miroitait le lundi dans les pages du *Miroir du Rugby* ou de *Midi Olympique*. Elle m'instruisait de l'existence de Port-Vendres, de Peyrehorade, de Carmaux, du Boucau, de Beaumont-de-Lomagne, de Lannemezan, de Mauléon, de Condom, de Prades, de Soustons, de Bagnères, de Saint-Girons, d'Hendaye, d'Oloron, de Saint-Sever entre autres où agonisa Guy Boniface. Lorsque le 1er janvier 1968 j'ai appris la nouvelle à la télévision, il m'a semblé que les portes de ma jeunesse se refermaient dans mon dos, avec un chuintement de guitare électrique.

Elles s'ouvrent grâce au ciel quand je reviens au pays du rugby et j'y reviens souvent, j'en connais les replis sur le bout du cœur. Dans le moindre patelin je sais mettre un nom de joueur, ou plusieurs, sur l'herbe du stade. D'ailleurs je connais presque toutes les arènes majeures et, s'il s'agit d'un club que je n'ai jamais vu jouer « à la maison », je cherche son stade pour incarner, pour colorier ce que j'ai lu ou ce qu'on m'a raconté. Mon royaume gascon a deux capitales :

Auch, à cause de d'Artagnan et de Fouroux, Montfort parce que c'est le village des frères Boniface. André et sa famille sont devenus des amis, ils habitent Hossegor, à l'autre bout des Landes. Nous évoquons ses riches heures sur l'herbe verte, les glorieux anciens, Prat que j'ai à peine connu, Crauste, Gachassin et Darrouy que je croise parfois, Domenech que j'ai fréquenté à Brive, Roques qui, avant Clément Marot, m'a fait rêver de Cahors et dont j'ai voulu découvrir le village natal, Cazes-Mondenard, pas loin de Moissac. Nous allons voir un match à Bayonne, dans ce stade Saint-Léon, rebaptisé Jean-Dauger, qui derrière les poteaux ouvre une perspective sur les murailles et les flèches de la cathédrale. Nous allons voir aussi un match de niveau plus modeste à Lit-et-Mixe et au retour nous passons par Soustons pour admirer le stade, un des plus beaux que je connaisse avec ses deux pavillons bleu et blanc encadrant les tribunes, l'un surmonté d'une tourelle. Qui se souvient de Laudouar ? André et moi. Ses souvenirs me parachutent aux quatre coins de la Guyenne, de la Gascogne, du Languedoc, mais les nœuds gordiens de sa vie, les moments de grâce, les comédies, la tragédie, c'est autour de Montfort, dans ce périmètre compris entre Biarritz, Orthez, Dax et Mont-de-Marsan. Pays magique à tous égards, pays de vignes, de pins et de sable. Pays du foie gras, du confit, des salmis, de la ventrèche, de l'uomo, des gésiers, des fritons, des cœurs de canard cuits dans de la bonne graisse si vous avez, par exemple, le privilège d'une accointance avec Bastiat, natif de Pouillon, international de l'US Dax, figure tutélaire de ce club comme Bérot ou Albaladejo. Pays d'humble cocagne où l'on peut, si l'on sait tenir sa langue, se faire servir des ortolans ou des tourterelles. Arrosage au vin de Tursan, de Madiran ou des côtes de Chalosse. Pays où l'on joue à l'écarté avec des vaches quand on a raccroché les crampons.

Au pays des Boni, on joue sa vie à la hussarde, on la savoure, on ne la mégote pas. C'est une autre de mes patries intimes, une France selon mon cœur, un conservatoire de mes nostalgies qui paradoxalement m'ouvre l'appétit. En vérité ses frontières sont imprécises, elle débute entre Dordogne et Garonne, s'enhardit jusqu'au Pays basque et remonte à Toulouse depuis Bayonne par l'autoroute qui double désormais la RN 17, la route des champions de France de rugby. C'est une Gascogne idéalisée qui a vu passer au long des siècles, venues de toute l'Europe, des cohortes innombrables de pèlerins en marche vers Saint-Jacques-de-Compostelle. Quand je reviens m'y poser, je passe toujours par Montfort-en-Chalosse. Déjeuner facultatif chez Tauzin. Pèlerinage obligé dans ce cimetière pentu, adossé à sa petite église, où continue de souffler autour d'une tombe l'esprit de jeunesse, d'insouciance, d'innocence, de panache – l'esprit mousquetaire de la France. D'ailleurs, c'est entre Dax et Mont-de-Marsan que Gautier a situé le manoir du Capitaine Fracasse, *alias* baron de Sigognac. Donc pas loin de Montfort ou de Saint-Sever. Ce manoir fantomatique et décati au début du roman, rutilant à la fin par la grâce de l'amour après la séquence initiatique à Paris, je le confonds un peu avec celui de d'Artagnan à Lupiac. Même cadre historique pour les deux romans, le demi-siècle de Louis XIII. Comme le Cyrano de Rostand. Et comme toujours en France c'est l'histoire d'un provincial qui monte à Paris pour s'éprouver, se révéler si possible, ou bien se brûler les ailes. Guy Boniface, le cadet des Boni, a éprouvé cette tentation, il suffoquait un peu à Mont-de-Marsan, il aimait retrouver Blondin et Marie Dabadie dans les bars de la rue Mazarine et le suivre chez Castel qui était gascon. André n'avait pas cette attirance, les Landes lui suffisaient. Je suis plutôt comme Guy, rien ne me suffit ; j'envie la sagesse d'André. Si elle me vient avec l'âge, je resterai dans mon village, comme lui dans ses Landes. Mais, aux approches d'un printemps, j'aurai toujours envie d'y « descendre » pour aller m'enfiévrer dans une tribune avec mes amis de là-bas.

Montpensier

Le mot sonne vieille France, avec une touche de mélancolie, une autre de langueur féminine, peut-être à cause du roman de Mme de Lafayette. Mot proustien. Comme Guermantes ou Méséglise, il ébauche un pastel de châtelaine idéale, cernée de pages et qui se morfond dans l'attente indéfinie d'un chevalier en vadrouille du côté de Saint-Jean-d'Acre. Poésie de ces noms de lieux et de fiefs, quand ils sont doux, parfumés et souriants. Langeais, Maillé-Brézé, La Vallière, Nemours, Montmorency, Sablé, Meilleraye.

De fait, Montpensier était un apanage d'une branche des Bourbons. Du château érigé sur son promontoire, il ne reste rien, Richelieu l'a fait raser. Il avait ses raisons. Des arbres ont poussé sur la butte, quelques maisons en contrebas. Un clocher roman a survécu. Mais, au-delà d'Effiat, propriété du père de

Cinq-Mars, la forêt qui s'étend jusqu'aux abords de Vichy s'appelle toujours Montpensier. Adolescent, j'y venais avec une demoiselle plus accorte que d'autres. Elle n'était pas princesse comme l'héroïne du roman, il s'en fallait de beaucoup. Néanmoins, que la forêt portât ce nom ennoblissait tant soi peu nos déhanchements sur des tapis de feuilles mortes. J'ai récidivé ultérieurement, pour satisfaire à cet étrange pouvoir des mots ; en l'occurrence celui-là résume ou presque la poétique d'une histoire de France des provinces somnolentes à laquelle j'associe le Bourbonnais qui débute à Montpensier, l'ennui peut-être lancinant, peut-être voluptueux, qu'on devait endurer dans le château, avant qu'il soit détruit. Il recompose un univers sans temporalité précise, un peu médiéval, un peu Renaissance, un peu « classique », un univers dont je retrouve la langueur à la fois délectable et oppressante dans la ville de Moulins avec son jaquemart sur la place pavée, ses cours ombragés et bornés d'hôtels du Grand Siècle en brique polychrome – rouge et noir –, les restes du château des ducs de Bourbon, la maison à colombages de guingois où Jeanne d'Arc fit escale. Pouvoir inouï des mots : cet univers, il me suffit de lire « Anne de Beaujeu » dans un grimoire pour réveiller le florilège d'enluminures qui décorent les sous-sols de mon petit « moi » et inscrivent la cour qu'elle tenait à Moulins dans une nuée merveilleuse. Il se trouve que cette femme – « la moins folle du royaume », disait son père Louis XI – a fait valoir des talents politiques remarquables durant la minorité de son frangin Charles VIII et, sur les gravures qui la représentent, son visage a la beauté hiératique d'une sainte – je l'aime beaucoup. Mais, eût-elle été la pire des garces, le seul accolage de son prénom et de son nom – Anne de Beaujeu – n'aurait pas moins représenté ce royaume imaginaire dont j'hérite aussi quand le mot Montpensier me trotte dans les neurones.

J'ai vu, sur une gravure, feu le château de Montpensier – deux tours, une chapelle, à peine de quoi picorer un songe creux. Un incendie a détruit l'autre château des Bourbons, à Aigueperse, où naquit le connétable de triste mémoire. C'est à deux pas de Montpensier, on a les pieds dans la Limagne bien grasse, l'œil escalade les côtes d'Auvergne et se pose sur les volcans. J'ai des amis dans les parages, des bourgeois de campagne à l'ancienne, comme on dit des confitures, plus ou moins acoquinés avec les particules du cru. Il en reste, on les appelle les « fonds de château ». En allant les voir je traverse la forêt enchantée, j'admire au passage le château d'Effiat (Louis XIII), je contourne la butte orpheline. C'est un fragment de ma France intime, il y en a beaucoup d'autres mais celui-là, outre l'amitié, s'est figé en fantasme par la magie d'un seul mot et j'aime le chuchoter, j'aime le voir apparaître sur un panneau indicateur.

N

Nationale 7

Elle débutait à la porte d'Italie, traversait Le Kremlin-Bicêtre puis Monaco et achevait son périple à Menton, aux portes de l'Italie. On y lâchait, dans un désordre ensoleillé, des fringales de calanques et de pinèdes, de pastis et de pétanque après la sieste, des réminiscences de Giono, de Pagnol et de Daudet recyclées en images drolatiques de Fernandel ou de

Raimu. Avec l'accent de la Provence et dans l'imaginaire de Français, la Provence est l'allégorie d'un Paradis à la fois luxuriant et un peu enfantin.

Les bourgeois avaient leurs escales : Les Templiers avant Montargis, L'Espérance à Pouilly, l'Hôtel de Paris à Moulins, la Brasserie Georges à Lyon, le Napoléon à Montélimar. Les moins friqués déjeunaient sur l'herbe à Saint-Pierre-le-Moûtier ou à La Pacaudière avant d'affronter le col de Tarare. Les curieux s'arrêtaient à Briare pour voir le pont du canal, mais tous avaient hâte de dépasser Valence pour atteindre le vrai Midi avec ses mas crémeux, ses cyprès noirs, ses « oliviers bleus » (la chanson de Trenet), sa caillasse pâle, ses campaniles, ses terrasses où l'ombre des platanes avait le goût des fruits mûrs et des aulx.

C'était la route des vacances qui selon Trenet faisait de Paris « la banlieue de Saint-Paul-de-Vence ». Sa magie allumait des présomptions de flirts sous des ciels étoilés, modulés par les tubes de l'été. « Sur la plage abandonnée, coquillages et crustacés... » (Brigitte Bardot, jeune). « Allez donc vous faire bronzer... » (Sacha Distel). *Les Marchés de Provence* (Gilbert Bécaud). « Bleu, bleu, le ciel de Provence... » (Marcel Amont). *Il y a le ciel, le soleil et la mer...* (François Deguelt). Dans ma mémoire, cette tisane accompagne la traversée de Brignoles, et serine jusqu'à Cannes où la « 7 » atteignait la côte et ne la quittait plus, escortée par la voie ferrée qui va à Vintimille.

La nationale 7 n'existe plus. On retrouve des tronçons ici et là, des souvenirs affluent, mais la route contourne la plupart des villes et les nouvelles générations ignorent ce qu'elle a représenté pour les Parisiens, les banlieusards, les gens du Nord, les Anglais, les Hollandais, les Belges. Pour autant, le Midi n'a pas cessé d'incarner un éden ; simplement, c'est l'autoroute dite « du Soleil » (A 7) qui nous y mène. On y arrive plus vite, on ne le rêve pas moins dès le péage de Dordives. Au lieu du Gâtinais, du Nivernais, du Bourbonnais et du Roannais, on traverse la Bourgogne. Mais, à partir de Lyon, la balade est à peu près la même, on sent poindre le Midi du côté de Livron, on hume franchement la Provence des santons au péage du Plan-d'Orgon et passé Aix on a des envies de Méditerranée. Bandol ? Le Rayol ? Antibes ? Villefranche ? A notre bon choix, elle est toujours là, docile aux injonctions d'une féerie mûrie pendant onze mois sous la pluie de Paris ou d'ailleurs.

J'habitais dans l'Allier durant mon adolescence et la nationale 7 traversait ce département de part en part – Moulins, Varennes, Lapalisse. Quand arrivait l'été je regardais passer des files de voitures coiffées d'un canoë. J'étais partagé entre deux désirs : retrouver mon village et dévaler la « 7 » pour y savourer le plus érotique des strip-tease, celui qui dévoile au fil des kilomètres le corps du Midi jusqu'à la nudité crue de la Provence (la Sainte-Victoire selon Cézanne) et les mirages de la Riviera (*Twist à Saint-Tropez* de Dick Rivers). Pour être tout à fait franc, j'escomptais bêtement qu'au bout du voyage une minette bronzée et salée sur pile et sur face mettrait sa vertu en grandes vacances pour me consentir des faveurs sur un lit d'aiguilles de pin. Avec en guise d'accompagnement un murmure de vaguelettes. La nationale 7 ne m'a jamais déçu : cette impatience en longeant le Rhône après Vienne, ce bonheur en dépassant Avignon, c'était si bouleversant qu'il me suffit de revoir le panneau rouge, fût-ce à Villejuif ou à Pougues-les-Eaux, pour que renaissent des désirs lancinants de mer bleue sous un ciel bleu. Quant aux minettes, une fois sur place, c'était une autre affaire, pas toujours reluisante, mais ça venait de moi, ou d'elles, la « 7 » n'y était pour rien.

Nostalgie (La)

Tout écrivain est porté à cultiver ses nostalgies, la recherche du temps perdu étant son obsession, presque sa raison d'être. En touillant sans relâche la marmite de ses souvenirs, il oppose au néant une fiction d'immortalité et il y trouve un réconfort dont il se repaît en soupirant. Nostalgie, triste bonheur : nos tendres années ne reviendront pas, ni les êtres chers qui sont dans les tombes. Ni les grandes illusions, ni les grandes ivresses. À moins que...

La mémoire de tout un chacun ramasse à la pelle les feuilles mortes, comme dans la chanson de Gréco. La mémoire de chaque peuple porte des deuils et la plupart des civilisations ont postulé un âge d'or, enfoui dans un passé mythifié. Les Celtes, entre autres.

La nostalgie, c'est différent. Plus intimiste et plus feutré. Plus doux. Les Français semble-t-il s'y adonnent plus volontiers que d'autres, en y mettant une sentimentalité particulière. Ne pas confondre ce sentiment avec cette mélancolie des Slaves qui est un fatalisme. L'Histoire, estiment-ils, leur veut du mal depuis la nuit des temps et ça ne changera jamais. Ne pas confondre non plus avec la *saudade* des Portugais, autre fatalisme. La vie, croient-ils, n'est pas gaie, elle ne l'a jamais été et ça ne s'arrangera pas. Le Français peut être dépressif, il n'est pas fataliste : une victoire en Coupe du Monde, une médaille d'or aux jeux Olympiques et la courbe du moral remonte comme par enchantement. Si ça va mal, il n'accuse pas le destin, mais ses chefs ; d'où la difficulté de gouverner la France. La nostalgie qui baigne notre littérature, qui l'inonde, nos coups de blues ou de spleen (mots anglais, sentiment français) emmêlent l'amour du passé, le goût de l'introspection et un orgueil perpétuellement insatisfait. Nous savons cueillir notre bonheur sur le fil de l'instant et dans les bas-côtés, mais il est toujours embué de regrets imprécis. Comme si nous méritions mieux. Comme si nous méritions davantage. Au deuxième apéro nous succombons à l'euphorie, tout est redevenu possible. Au troisième, la nostalgie nous surprend. Peut-être parce que nous escomptons de l'existence plus qu'elle ne peut nous offrir. Plus d'amour, plus de beauté, plus d'aventure. En tout cas nous exigeons de la France tant de noblesse et de grandeur qu'elle nous déçoit. Du moins la France « officielle ». Le temps présent nous désoblige par sa trivialité ; alors le temps perdu nous fait de l'œil. « Il n'y a plus d'après... » pour les amoureux. Plus de printemps pour ce pays qu'on a trop magnifié. Ça froisse le cœur, ce manque indéfinissable. Juste un froissement, une tristesse *mezzo voce* de musique de chambre, mais qui module notre sensibilité. Proust ne pouvait être que français. Baudelaire aussi, et plus encore Rimbaud. Certes il y a des raisons objectives à cette nostalgie : le temps fabuleux de Saint Louis, le temps somptueux de Louis XIV et surtout le temps épique de la Grande Armée nous endeuillent. Mais ce deuil, d'autres l'auraient converti en résignation, ou bien en agressivité vindicative. Pas nous. De nos grandeurs défuntes (à titre provisoire, pensons-nous secrètement) nous avons noué avec notre passé une relation somme toute voluptueuse. Passé collectif et individuel, toujours embrouillés comme dans les *Mémoires d'outre-tombe*. Le passé, nous l'affinons, le cuisinons, nous en éliminons les scories et nous le dégustons. Ça donne une sorte de tendresse vaguement éplorée, à peine larmoyante, qui caractérise notre romantisme et notre presse du cœur. Nous aimons les come-back de l'amour, les « vingt ans après » à la Balzac, à la Dumas, à la Sautet. « Vincent, François, Paul et les autres » ne sont pas malheureux, ils s'offrent juste une rasade de nostalgie pour embuer leur copinage. Ce ressassement du passé, sa résurrection douce-amère nous rendent immatures. Le Français est un ado qui se prend pour un homme tout en voulant rester fidèle à ses souvenirs d'enfant. Sa littérature, ses chansons, ses foucades politiques, relèvent d'une contradiction qui paraît insoluble. Elle ne l'est pas vraiment. Nous retrouvons toujours la route du bonheur dans ce pays qui toujours sort de ses ornières. Toujours et vite. Après Azincourt, tout semble perdu. Après Castillon-la-Bataille, les Anglais détalent. Après la débâcle, la France est en larmes. Après la Libération, elle se relève, Brigitte Bardot en robe de chair concurrence Marilyn et Françoise Sagan chuchote *Bonjour tristesse*, comme pour signifier que le bonheur retrouvé reste inscrit sur la trame de la nostalgie. Blondin en tirera une mélodie mi-pathétique mi-drolatique. La France, nous la rêvons nécessairement sur cette trame. Nos pauvres gouvernants misent à côté de la plaque en nous serinant qu'il faut penser à l'avenir plutôt qu'au passé. L'avenir, on s'en fout. D'ailleurs l'avenir, ça n'existe pas. Tandis que, pour un Français, le passé sera toujours le temple d'un culte, public ou privé, et une maison de famille où les portraits d'ancêtres sortent de leur cadre et vaquent comme s'ils avaient toujours vingt ans.

Notre-Dame

Avant même que soit achevée sa construction, l'histoire de France a tenu à solenniser Notre-Dame de Paris, ses riches heures et ses malheurs, ses deuils, ses résurrections. Les rois pour rendre grâces, pour convoler, pour l'ultime bénédiction avant la crypte de Saint-Denis, mais aussi Napoléon pour s'autosacrer, et de Gaulle pour le *Te Deum* de la Libération. Saint Louis y a déposé la couronne d'épines du Christ, Philippe le Bel y a ouvert les premiers états généraux du royaume et le procès en réhabilitation de Jeanne d'Arc y a débuté. Henri IV y a épousé Margot à la veille de la Saint-Barthélemy, Bossuet y a prononcé l'oraison funèbre du Grand Condé et, de Leclerc à l'abbé Pierre, maintes funérailles nationales y ont été ordonnées. Un seul outrage me vient à l'esprit : le couronnement d'Henri VI, roi d'Angleterre, comme roi de France. Heureusement ça n'a pas eu de suite.

Moi qui ne suis ni roi ni prince, j'aime la contempler sous toutes ses facettes ; en y déambulant, je sens vibrer – comment dire ? – l'âme de la France. Ou son cœur. En tout cas ce qu'elle a d'impérissable. C'est un bonheur empreint de gravité et de fierté de voir s'épanouir comme une gerbe les arcs du chevet depuis le pont Sully, un autre bonheur quand apparaît la rosace au débouché de la rue Maître-Albert, un autre de lever le nez sur les statues du tympan. Chaque fois, je découvre un visage ou un geste qui m'avaient échappé. Et chaque fois qu'en faisant le tour mon regard se porte sur l'enchevêtrement fabuleux des arcs, des chapiteaux, des tourelles, des gargouilles, je crois voir apparaître l'ombre démesurée de Quasimodo, avec Esmeralda sous un bras. Car ma vision de Notre-Dame – et du quartier – est tributaire du roman de Victor Hugo : ce drame romantique inspiré par une splendeur gothique, c'est une cathédrale littéraire qui s'ajoute aux autres, et tellement française : le monstre au cœur d'agneau, la romanichelle toute pure.

Curieusement, le tourisme de masse, peu supportable en d'autres lieux, ne me gêne ni ne m'offusque ; ces Japonais, ces Américains qui béent devant la clôture du chœur pérennisent d'une certaine façon la cohorte des fidèles qui depuis Saint Louis viennent prier, ou admirer. Même si le double mystère de l'humanité et de la résurrection du Christ – sujet de ces motifs sculptés – n'éveille en eux qu'une curiosité polie. Pour peu que l'orgue se déchaîne à l'heure de la grand-messe du dimanche, ils doivent sentir, me dis-je, que la France n'est pas un pays réductible à son PIB. D'autres cathédrales françaises ont surgi à la même époque, où triomphe le gothique : Laon, Beauvais, Noyon, Senlis, Amiens (la plus belle, selon Ruskin), Orléans, Bourges, Chartres, Rouen, Reims. Certaines sont plus élégantes et chacune recèle un fragment du génie national, un lambeau de sa mémoire. Mais Notre-Dame, sise sur l'antique Cité, Notre-Dame autour de laquelle jouaient les escholiers d'Albert le Grand, de Thomas d'Aquin et de Sorbon, Notre-Dame au bord du fleuve où baguenaudent les fantômes de nos poètes entre les bouquinistes et les tavernes, Notre-Dame de Paris chantée avec tant de tendresse par Édith Piaf embrasse et ennoblit la spiritualité éparse qui irrigue les clochers de ce vieux pays.

Notre-Dame de Cléry

Mes amis que reste-t-il
À ce dauphin très gentil ?
Orléans, Beaugency,
Notre-Dame de Cléry,
Vendôme...

Cette comptine du carillon de Vendôme suggère avec une sorte de tendresse désemparée une France précieuse et fragile – celle sans doute de Charles VII avant l'intervention de Jeanne d'Arc. Sa musique à quatre petites notes remonte à mon enfance. J'ai oublié qui me la fredonnait, je me souviens qu'elle enclenchait déjà des émotions douces comme une caresse maternelle. Elle associe quatre noms de lieux aux sonorités parfumées et soyeuses. Orléans, j'ai toujours su qu'elle était pour la France comme une capitale supplétive et que Jeanne d'Arc l'avait sauvée. Beaugency et Vendôme, ce sont des villes très charmeuses, nous les avons découvertes ensemble, ma deux-chevaux et moi. Mais un halo de mystère enveloppait Notre-Dame de Cléry. Elle est signalée par un panneau sur l'autoroute A 71, à hauteur de La Ferté-Saint-Aubin. À l'époque cette autoroute n'existait pas, on traversait la Sologne par la nationale 20, la route des grandes vacances en Corrèze. J'ai fini par trouver ce bijou du gothique flamboyant où nichent sous les chapiteaux du tympan une pléthore d'hirondelles. On peut y voir, dans la crypte, le crâne de Louis XI. Ce roi faisait peur aux enfants des écoles, du temps où ils apprenaient l'histoire de France, à cause des cages de fer où il enfermait ses prisonniers. Il n'en a pas moins réglé son compte au Téméraire, jugulé les princes et augmenté sensiblement la superficie du royaume : le fils de Charles VII fut un plus grand roi que son père. C'est lui qui a fait reconstruire Notre-Dame de Cléry, lieu de pèlerinage depuis le XIIIe siècle, pour honorer un serment fait à Dieppe à la veille d'un combat contre les Anglais. Il avait une prédilection pour le culte de Notre-Dame de Cléry et venait souvent assister à la messe, planqué dans une tour où l'on avait ménagé une ouverture. Des histoires de larmes de la Vierge sur une statue auréolent cette basilique d'une nuée surnaturelle. Notre-Dame de Cléry, associée à la comptine, nous raconte une France de preux et de pieux, vouée comme aucun autre pays au culte de la Vierge, un val de Loire tout en douceurs, l'épopée libératrice de Jeanne d'Arc et tant d'autres merveilles qu'en la voyant apparaître, le cœur se noie de tendresse.

Le Carillon de Vendôme

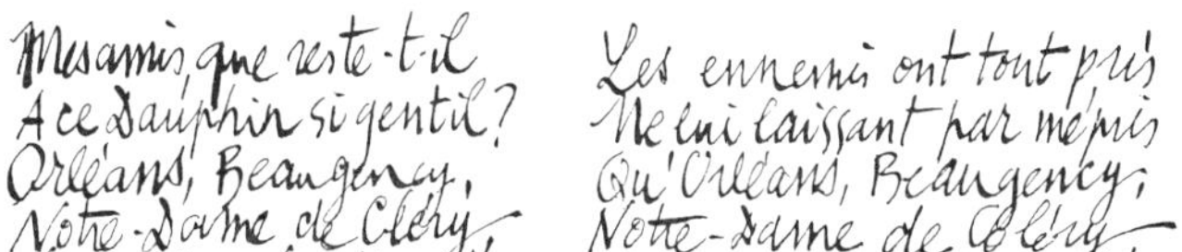

Notre-Dame du puy du Bassin

Chaque été, le 15 août, jour de la fête de l'Assomption, une messe est dite en plein air au puy du Bassin, un promontoire d'où s'aperçoivent entre les arbres les crêtes de la chaîne des puys. Le culte marial, spécialité française au XIXe siècle, a édifié une chapelle et une statue de la Vierge qui trône en bleu pâle sur son socle de granit. Notre-Dame du puy du Bassin est la madone du plateau où se trouve mon village. Chaque « pays » et presque chaque paroisse ont leur Notre-Dame, ainsi qu'un lieu de dévotion et de pèlerinage. L'essor concomitant de ce culte et de l'anticléricalisme a forgé, parfois au sein d'une même famille, pour ne pas dire d'une même personne, une sorte de schizophrénie propre au tempérament français « moderne ». On peut bouffer du curé et vénérer en douce la madone locale ; en tout cas respecter la tradition. Je n'ai jamais manqué une messe de l'Assomption sous la statue de Notre-Dame du puy du Bassin. À la fin de l'office, on chante le cantique local :

La Xaintrie a votre appel
Vierge des montagnes.

À vrai dire, les paroles sont adaptées selon le lieu mais la musique est la même dans les vallées de la Haute-Auvergne. C'est la même Vierge que l'on invoque – et il me plaît de penser que ces prières, adressées à une madone déterminée, s'élèvent au-dessus des monts et des vallées pour converger vers les deux tours de Notre-Dame de Paris en survolant Notre-Dame de Cléry.

P

Pain (Le)

Jadis certains enclos de nos campagnes comprenaient, outre la demeure, les étables et les granges, un bâtiment dont le train arrière présentait une incurvation. C'était le four à pain. Les voisins qui n'en possédaient pas venaient y cuire miches, tourtes, tartes ou potées. Le commerce du boulanger n'en souffrait pas, on en comptait plusieurs dans chaque village. Un prêtre bénissait toujours un nouveau four, lors d'une cérémonie inaugurale où l'on ripaillait : pain et vin ont une dimension sacramentelle dans la culture chrétienne, magique dans les cultures païennes du pourtour de la Méditerranée.

À l'ère de la boulangerie industrielle (« Mie câline », etc.), l'antique tradition recrute des adeptes à l'enseigne de la nostalgie. On restaure des fours ici ou là, on en construit pour avoir le plaisir de faire son pain. Plus qu'un plaisir : la fierté de renouer avec un culte, peut-être aussi l'accession à une sorte d'auto-suffisance : s'il y a la guerre, ou la révolution, ou une famine, au moins on ne manquera pas de pain. Car le pain reste le symbole de la nourriture humaine. Du moins pour un Français. Dans mon propre village, un ami, fils de paysans, a construit son four devant sa maison, sans doute pour retrouver les émotions de son enfance. Le soir où nous l'avons étrenné, un prêtre l'a béni et nous avons festoyé en mangeant le bon pain tout chaud.

Le bon pain, blanc ou noir, froment ou seigle, seule la France sait le pétrir et le cuire. Celui de nos voisins anglo-saxons, germaniques, scandinaves, latins ou slaves ne mérite pas l'appellation. Il est plâtreux ou caoutchouteux, mal croûteux et mou comme de la guimauve. Les crêpes sèches que l'on rompt sur l'autre rive de la Méditerranée en guise d'accompagnement se laissent manger, mais ce n'est pas du vrai pain. Le nôtre a des rondeurs, et des saveurs, qui inspirent la comparaison avec les orbes d'un corps féminin. Baguette, ficelle ou couronne, j'aime le voir et le humer à l'étal d'une boulangerie. Dieu sait pourquoi, les boulangères sont presque toujours gaies. J'aime caresser de la main la couche de farine d'un gros pain de campagne. Par-dessus tout j'aime croquer le quignon d'une baguette. Le pain français, c'est la baguette qui illustre sa suprématie et comme par hasard les caricaturistes nous la mettent sous le bras, en même temps qu'un béret sur la tête. Van Gogh aurait trouvé sa couleur – un jaune paillé, doré et orangé – et su faire valoir ses crêtes et ses vallons. Mais sa sveltesse l'aurait-elle inspiré ? Elle est trop gaie pour un Flamand. Trop tendre sous sa croustillance. C'est pour mon goût le pain le plus savoureux, le plus charnel. On la mange fendue en deux dans le sens de la longueur et tartinée au coin d'un zinc avec le crème du matin, on récidive à midi sous la forme du « Paris-beurre ». Paris, reine de la baguette, encore que les boulangers de nos provinces n'aient plus à avoir de complexes. Le monde entier nous l'envie. Pourquoi les restaurants chic se croient-ils obligés de nous servir des petits pains endimanchés – aux noix, aux raisins, au lard, au sésame ? Pourquoi cette mode du multicéréales ? Rien n'accompagne mieux n'importe quel plat qu'un tronçon de baguette de froment. Pas moulée, pas « viennoise ». La vraie baguette de Paname, franche comme l'or.

Panache (Le)

Le courage n'a pas de frontières ; ni la sagesse, ni la sainteté, et chaque peuple a enfanté ses héros. Mais le panache est français. C'est la cerise de la gratuité et de la fantaisie sur le gâteau de la bravoure. C'est l'orgueil cornélien pimenté par l'insolence de Cyrano, l'espièglerie bravache de Lupin, l'impavidité d'Athos sous les balles des Anglais, au fort Saint-Gervais, lors du siège de La Rochelle, par suite d'un pari avec des soldats suisses.

C'est la fameuse tirade à Crécy, « Messieurs les Anglais, tirez les premiers ! ». Historiquement, le panache français a longtemps pris l'Anglais pour cible, afin d'attester une supériorité d'ordre esthétique, à courage égal.

C'est le « Merde » de Cambronne, « La garde meurt mais ne se rend pas », le mot de la fin de Brune à Avignon, mitraillé à bout portant par une populace (« Les maladroits ! »). Celui de Murat dans une circonstance identique. Ces deux maréchaux sont morts avec autant de panache que les Légionnaires à Camerone, les cadets de Saumur au pont de Gennes. Ou que Montmorency décapité sur ordre de Richelieu. Sa famille voulait demander sa grâce au Cardinal. Il a répondu ceci : « Un Montmorency ne chicane pas sa vie. » Le panache ne chicane rien, c'est une morgue de l'âme d'essence aristocratique, mais accessible au manant. Vertu nobiliaire et populaire donc, reflet d'une belle singularité de l'esprit français : pas besoin de blason ou de fric pour être chevaleresque. Un peu plus que chevaleresque car le panache ajoute une touche d'esthétisme narquois.

Le panache, c'est Mias, en 1958, à Johannesburg, s'autorisant une cuite au rhum la veille du test-match où il a mené l'équipe de France de rugby à la victoire, la première sur le sol afrikaner. Dans un registre voisin, ce sont les frères Boniface prônant et pratiquant un jeu qui devait être beau autant qu'efficace. Beau par la pureté des gestes, et aussi par l'audace : tout risquer pour approcher de la perfection.

Le panache, c'est Anquetil vainqueur du Dauphiné Libéré, volant jusqu'à Bordeaux dans un avion prêté par de Gaulle, dormant trois heures, prenant le départ de la course Bordeaux-Paris, souffrant comme un damné sous la pluie et arrivant en vainqueur au Parc des Princes. Champagne ! C'est aussi Zidane osant face à Buffon, goal d'élite, une « panenca », en finale de la Coupe du Monde, alors que le score était vierge.

Il y a dans le panache une outrecuidance enfantine, et aussi un défi lancé au ciel qui frôle de près le désespoir, comme s'il s'agissait d'en finir avec les limites imposées par la raison, le bon sens, la force des choses, l'ordre du monde. Un ludisme forcené qui nous vaut à l'étranger l'imputation d'« arrogance ». Le tout est de la mériter.

Paris, reine du monde...

« Paris, reine du monde... » dit la chanson. Reine sans doute, mais d'une arrogance souvent glaciale. Comme la reine Margot elle prend ses amants quand ça lui chante, puis les congédie et ils meurent de désespoir. Mais amante incomparable si elle est bien lunée. « Paris, c'est une blonde... » poursuit la même chanson. Blonde ou presque sous le soleil, quand elle s'étire voluptueusement au bord de la Seine, mais grise quand il pleut et alors prédomine la froideur du style haussmannien, atténuée tout de même par les motifs du fer forgé de ses balcons, tous différents et qui semblent habiller ses façades d'un tulle de dentelle noire.

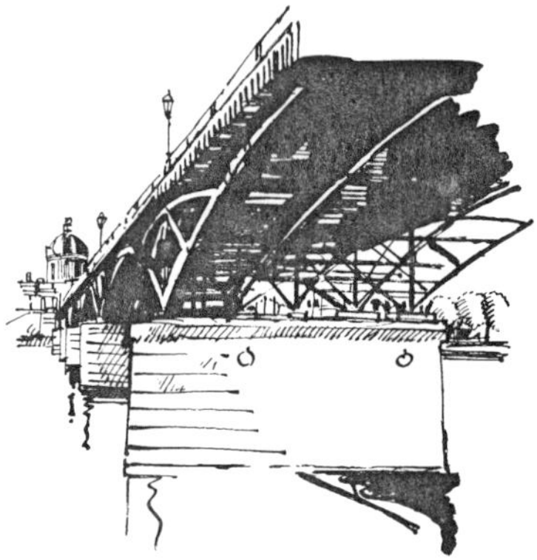

C'est avec Rome la plus belle capitale du monde. Pour un artiste, un diplomate, un « honnête homme », elle fut entre Louis XIV et la Deuxième Guerre mondiale le centre du monde civilisé. Havre pour les proscrits, mirage soyeux pour les amoureux, dangereux pour les provinciaux. On l'a rêvée, on l'a désirée, on a cru l'étreindre, on y a dilapidé sa fortune et on n'a eu droit qu'à un sourire las de pute de grand luxe. On l'a fuie sans cesser de l'aimer corps et âme. On revient tôt ou tard se lover au creux de son quartier Latin. Elle n'a de « latin » que ce quartier, c'est une ville du Nord, on le perçoit tout de suite en accostant dans l'une de ses six gares. Quelle froidure ! Elle m'a tellement pourri l'enfance que j'ai toujours une méfiance. Que me réserve-t-elle encore, la belle ensorceleuse ? Faisons abstraction du collier de joyaux qui enlumine son fleuve, des trésors architecturaux, de ses deux îles enchantées, de ses deux montagnes sacrées et de ses églises que je connais toutes, sans exception. Restent les fragments épars du plus beau puzzle urbain au monde. Chacun recompose un Paris savoureux des jours ordinaires, au gré des souvenirs et des errances. J'ai une tendresse pour la place Saint-Georges, la Moussaïa, les Batignolles, le Père-Lachaise, les Grands Boulevards entre la République et la porte Saint-Martin, le square en forme de poupe au bout de l'île Saint-Louis, le Passy de la place du Costa-Rica, l'église et le cimetière pentu de Charonne, la porte Dorée avec la façade Art déco de l'ancien musée des Colonies. J'en ai eu pour les hauts de Belleville et de Ménilmontant, les Halles avant qu'elles s'expatrient, les alentours de la Bastille, le canal Saint-Martin. Ces lieux ont trop changé pour que je m'y retrouve et j'ai tendance à me replier sur les fondamentaux, à l'intérieur d'un cercle dont le Luxembourg, la montagne Sainte-Geneviève, la place Maubert, la rue du Bac et la Seine marquent la circonférence. Autour de l'Odéon divaguent tant de fantômes chers à un écrivain que, malgré la prolifération des banques, des fast-food et des boutiques de fringues, je m'y sens prémuni des atteintes du siècle.

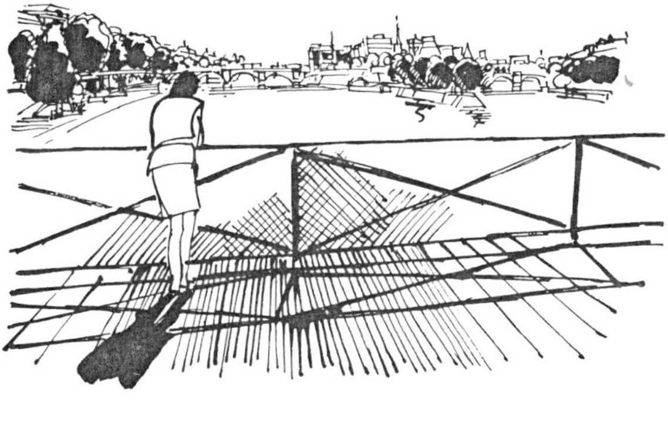

Pour tout dire j'ai l'impression d'être au centre du monde civilisé ; il s'y dilapide encore plus d'intelligence qu'il ne s'en consomme sur l'ensemble des cinq continents. En pure perte, hélas, car l'intello parisien vire au nihilisme, sa morosité est pénible à la longue, je finis par tourner en rond dans la cage dorée du carrefour de la gamberge. Alors, je m'en évade. Grâce au ciel, Paris l'enjôleuse recèle à foison des mystères, capiteux ou vénéneux, je sors de mon trou, je zigzague au hasard et j'ai chaque fois le bonheur de cadrer un plan inédit depuis le zinc d'un bistrot inconnu – et me revoilà amoureux transi et ravi de Paris, reine du monde...

Paris-Toulouse

Austerlitz est une victoire de Napoléon, et l'une des six gares de Paris où aboutissent les provinciaux depuis qu'il existe des trains. Soit ils arrivent avec leur barda, soit ils repartent vers le Sud-Ouest. Avant le TGV, Austerlitz desservait Bordeaux, certains trains poussaient jusqu'à Irun. Désormais ils descendent tous à Toulouse ; les plus aventureux continuent jusqu'à Port-Bou vers une autre Espagne, un autre Sud. Tous font escale à Brive-la-Gaillarde. Cette ligne, je la connais si intimement qu'en m'éveillant d'un somme, un regard me suffit pour savoir où l'on est. C'est ma ligne de fuite la plus ordinaire, et j'ai pour elle une affection qui remonte à l'enfance. Du reste j'aime nos trains, nos gares, cette toile d'araignée dont Paris est le cœur et qui innerve les provinces jusqu'aux localités les plus périphériques, par l'intercession des michelines rouge et beige d'autrefois, des TER bleus d'aujourd'hui.

Jusqu'à Étampes, rien d'autre à signaler que la tour de Montlhéry sur son promontoire, théâtre d'une victoire précieuse de Louis XI contre les nobles, et la vieille église de Lardy où débute la *Chronique du règne de Charles IX* de Mérimée. Encore l'aperçoit-on à peine entre des semis de préfabriqués. Toutes les banlieues se ressemblent, et c'est peu dire qu'en France on n'a pas cru devoir les rendre plus attrayantes qu'ailleurs. J'ai des souvenirs de fiestas sur les rives de la Juine que bordent des pavillons en meulière, seul trait distinctif de nos zones périurbaines. J'en ai d'autres à Étampes où deux églises romanes sont visibles du train. Après, c'est la Beauce, les ciels de Vlaminck, les vers de Péguy : « Heureux les épis mûrs, et les blés moissonnés. » Au début de l'été, des coquelicots décorent le ballast ; leur rouge s'assortit merveilleusement à l'or paillé des champs de blé, aux domaines en fer à cheval bien enclos, aux tours des églises fortifiées. Des éoliennes ont poussé récemment, écologisme oblige. Sur le plan strictement esthétique, ce n'est pas très seyant.

Orléans n'ayant pas voulu de gare (comme Tours), on largue aux Aubrais des cadres qui travaillent à Paris. Restent les vrais voyageurs. Du pont qui enjambe la Loire, on voit la cathédrale et la chapelle gothique Saint-Aignan. Le fleuve alangui dans les sables, cette cathédrale, cette ville où l'Histoire a passé, et repassé, des plats de sang et de gloire : Orléans, ce nom de lieu si mélodieux, c'est cela la France, me dis-je avec contentement alors que le train traverse les forêts et les étangs de la Sologne chers à Genevoix. Quoi de plus aimable que les bourgs de briques, bas de plafond, autour de La Ferté-Saint-Aubin et de Salbris, jusqu'à Notre-Dame de Cléry d'un côté, Saint-Benoît de l'autre ?

À Vierzon, des gens changent de train. On aperçoit le clocher rustique de Reuilly (vignoble estimable). On se souvient que la petite route qui va à Quincy (autre vignoble) et à Mehun-sur-Yèvre (château de Charles VII) est délicieuse. Pensée de rigueur pour Balzac (*La Rabouilleuse*) à Issoudun, en voyant la vieille tour, le clocheton du beffroi et une flèche de l'église. On s'ennuie un peu dans la Champagne berrichonne, on vitupère le mauvais goût de la fin du XIXe siècle en regardant l'affreuse cathédrale néo-gothique de Châteauroux. Cette ville sans charme particulier a un titre à ma sympathie : la proximité de L'Escale, le fameux routier ouvert tous les jours de l'année, 24 heures sur 24, situé en face des anciens bâtiments de l'Otan. Je n'imagine pas une descente vers la Corrèze ou Toulouse, sur la RN 20 désormais autoroutière, sans une halte à L'Escale où l'ambiance est plutôt virile.

On quitte la grande plaine du nord de la France, et même de l'Europe, du côté d'Argenton où coule la Creuse sous le regard attendri de la Vierge dorée. Nohant n'est pas loin, j'y vais souvent, c'est le pays de George Sand, le décor de ses romans champêtres. Près de sa maison, sympathiquement bourgeoise, il y a la chapelle, et les tombes autour, dont la sienne. Aux marches du Limousin, le relief se vallonne et s'assombrit de forêts, c'est le décor du *Mont-Dragon* de Margerit. Les monts d'Aubazac préfigurent la Corrèze. Limoges l'annonce, Uzerche la certifie. Toits gris, ardoises de Travassac, gorges de la Vézère où au Moyen Âge régnaient les Comborn. On imagine Marie Lafarge recluse avec son mari, dans cette solitude, on lui pardonne presque de l'avoir empoisonné. L'affaire avait défrayé la chronique en son temps ; périodiquement, des livres la tirent de l'oubli, presque tous s'efforçant de prouver l'innocence de cette femme. Je les ai tous lus, je crois Marie coupable, mais je l'aime bien quand même, son crime est une variante du bovarysme.

Brive-la-Gaillarde. Normalement c'est mon terminus, je connais tous les visages sous les casquettes des agents de la SNCF, et ceux des serveurs du buffet de la gare. Mais je vais souvent à Toulouse. Avant même les viaducs de Souillac, on a abordé le causse, ses toits orange, ses chênes nains et ses cailloux grisâtres. Les bourgs sont d'un ocre pâle que le soleil fait resplendir, c'est déjà une latinité. Modérée. Douce. Gourdon sur son promontoire, Cahors lovée dans une boucle du Lot au creux de ses collines. J'aime beaucoup Cahors, c'est la patrie de Clément Marot et Alfred Roques, un pilier d'anthologie, a porté haut les couleurs du Stade cadurcien. Je l'admirais beaucoup. Il est mort. Marot aussi. Presque tous ceux que j'admire sont morts, j'ai dû venir au monde trop tard.

Encore le causse jusqu'à Caussade ; ensuite c'est la plaine. De la gare de Montauban, on aperçoit les tours jaune pâle de la cathédrale et l'ancien évêché devenu musée Ingres, au bord du Tarn. J'aime Montauban, presque autant que Cahors ; ses briques rosâtres annoncent le Languedoc, c'est un peu de Toulouse en modèle réduit. Je suis toujours heureux d'assister à un match à Sapiac, dans la fameuse cuvette. Fameuse pour les rugbyphiles, dont Toulouse, qu'on le veuille ou non, reste la capitale. Du temps où j'étais localier à *La Dépêche du Midi*, on sortait de la gare Matabiau et on arrivait au journal, dans la rue Bayard. Il s'est expatrié au Mirail, morne banlieue. Par la grâce de ce journal, j'ai noué une relation presque amoureuse avec cette ville, je ne m'y suis jamais enivré en solitaire.

Certains endroits ont la propriété de condenser un univers. Toulouse, pour moi, se résume aux abords de la Daurade. Ce n'est qu'une vieille église le long de la Garonne, rose comme il se doit, rose délavé, agrémentée au XVIIIe siècle de colonnes néoclassiques comme la Madeleine, et jouxtant les Beaux-Arts. On voit le Pont-Neuf dont les arches hébergent des oiseaux bizarres, et sur l'autre rive l'Hôtel-Dieu et le dôme de la Grave. Rien de plus, mais tout est là ; à la limite, je n'ai pas besoin de revoir Saint-Sernin, les Jacobins, les Augustins ou la Dalbade, ni d'aller déambuler du côté de la rue de Thor, de la rue du Languedoc ou du canal de Brienne pour m'approprier l'âme rebelle de l'Occitanie. Je n'ai pas besoin non plus d'aller aux Sept-Deniers, ce recoin me suffit pour évoquer la saga du Stade toulousain, depuis Bergougnan jusqu'à Nyanga. Il m'offre l'orgueil des comtes de Toulouse et des capitouls, les bastides du Languedoc, les cathares et les albigeois, les chansons de Nougaro à la gloire du fleuve dont les eaux sont verdâtres. Si je désire prier pour le salut de mon âme, c'est dans la pénombre de la Daurade que je me glisse, par une porte qui donne sur une petite place au débraillé napolitain. Si je désire prier autrement, c'est sur le rebord du parapet que je me vois étreindre une brunette. Ça ne m'est jamais arrivé, mais j'ai le droit d'escompter un miracle d'un lieu qui focalise tant de réminiscences, dans un espace compris entre Montauban et Foix, Narbonne et Castelsarrasin, Gaillac et Mirande. Noms de lieux, noms de rugby, briques roses, campaniles et clochers octogonaux, accents adéquats, zestes d'Espagne ici et là, Montagne noire et Pyrénées quand le vent d'autan a chassé les nuages.

Par la grâce de la SNCF, ce parcours entre Austerlitz et la Daurade est devenu pour moi la double allégorie bienheureuse d'un retour au bercail et d'une évasion vers un des Suds de la France, et pas le moins charmeur.

Puisqu'il faut bien qu'un Français regrette quelque chose, j'avoue ma nostalgie du *Capitole* et de son wagon-restaurant à l'ancienne. On y dînait entre habitués, c'était une auberge corrézienne montée sur rails où chacun avait son rond de serviette. Souvent l'apéro durait jusqu'à Châteauroux et parfois on ne payait l'addition que la semaine suivante. La Foire du livre de Brive ressuscite nos ripailles, une fois par an, à la fin de l'automne, en affrétant un train spécial où l'on régale la faune des plumitifs. Ils n'ont pas tous la franche jovialité des notables du Sud-Ouest dont Maurice Faure était pour moi le symbole. Exit le *Capitole*, il faut se contenter d'un Corail reconverti en Teoz où la restauration se réduit aux acquêts d'un chariot qui propose des sandwiches caoutchouteux en diable. Reste ce plaisir de regarder la France passer insensiblement d'oïl en oc, en acceptant le risque d'un arrêt en rase campagne car sur cette ligne les trains font des caprices.

Peynet

Ses amoureux ont fait le tour du monde, il existe même deux musées Peynet au Japon. La légende veut que cet obscur dessinateur d'agence de pub et de magazines frivoles ait imaginé la rencontre d'un violoniste et d'une admiratrice dans le charmant kiosque à musique de Valence, sur les cours. Plus tard le violoniste, qui portait les cheveux longs et un chapeau rond, est devenu un poète. L'admiratrice s'en est éprise, forcément : une vraie Française au cœur frais comme la rosée ne saurait aimer qu'un rimeur tombé d'une étoile. Les amoureux de Peynet (Auvergnat de Brassac par sa mère) sont candides et extatiques. Ils se bécotent chastement sur les bancs publics de la chanson de Brassens, qui leur doit sa tendresse. Ils ne sont pas éthérés, il y a de la malice dans l'œil du tourtereau, il y en a même dans la pudeur de la tourterelle qui baisse les paupières. Ils découvrent qu'ils s'aiment, n'en reviennent pas, ils sont prostrés de joie. La quête de leur éblouissement, restituée avec une économie de moyens admirable, c'est le grand souci des cœurs français. Peut-être le seul qui leur importe avec l'obsession de la grandeur. Du reste nous avons à soutenir une réputation planétaire d'amoureux au long cours – ou en eau douce – redevable à notre littérature depuis Tristan et Iseult jusqu'à Cyrano et Géraldy, à nos chansons depuis les troubadours jusqu'à l'hymne quasi national de la môme Piaf. Amours inavouées, amours fauchées en herbe, amours frénétiques, amours pour la vie, amours d'un été, amours corps et âme, amours au

corps à corps, amours platoniques ou maléfiques. Sur cette gamme, le sentimentalisme français a rhapsodié tous les airs imaginables. Peynet a atteint une quintessence miraculeuse : la pureté mystique, l'innocence enfantine, l'appétence mutuelle et infinie de deux êtres de chair. Ses amoureux transis, c'est notre idéal. Comme il est souvent meurtri, ou dévoyé, on le croit inaccessible. Il suffit pourtant de s'asseoir sur un banc public, et de l'attendre. Elle vient ou ne vient pas. Parfois elle vient et parfois advient ce miracle : nous sommes les amoureux de Peynet. Nous l'avons tous été, fût-ce brièvement – et cet amour tout frais, tout neuf, cet amour qui nous a fait cliquer les mirettes, c'est le seul dont nous avons envie de nous souvenir.

Philo (La)

Lorsqu'il fut question de la supprimer, pour en finir avec cette singularité française, l'indignation fut unanime et on a gardé notre cours de philo en terminale. Pas de bac sans philo dans les sections dites généralistes et, pour les « littéraires », le coefficient est élevé. Pas d'accès à l'empyrée (douteux) des études dites « supérieures » sans ce détour en quelque sorte initiatique, et comme par hasard il coïncide avec l'âge de la majorité légale. Aucun autre système éducatif n'a mis de la philo dans ses programmes avant l'université. Nulle part ailleurs n'existe ce type d'adolescent fasciné par son prof de philo, qui entre l'automne et le printemps devient plus songeur, plus indécis sur son avenir et plus acide avec les filles. Ou plus exalté. C'est un ado en fin de carrière, presque un adulte ; son immaturité le protège et l'emmure à la fois, il ne sait pas trop qui il est, de quoi il procède, à quoi il va se destiner. La philo va exaspérer ses équivoques dans un désordre qui enténèbre ses désirs tout en ensoleillant d'idéal un canton de sa nature.

Qu'est-ce que la philo en terminale ? Tout et rien, ça dépend beaucoup du prof, un peu du programme. On survole les grands auteurs et on explore des « thèmes » en traversant au galop la métaphysique, la morale et la psycho. Bien entendu l'impétrant patauge dans le *Protagoras*, l'*Éthique à Nicomaque*, et plus encore dans le maquis obscur de la *Critique de la raison pure*. Du *cogito* cartésien à la monade de Leibniz, du noumène kantien et du détour phénoménologique husserlien, il ne pige rien ou presque. Peu importe, il apprend sur le tas à gamberger. À prendre ses distances avec les évidences. À isoler son petit « moi » tremblotant du monde extérieur. À douter des pertinences admises. Pour peu qu'il soit spontanément porté à la ferveur, il s'entichera de Nietzsche (le « surhomme » qui bazarde la morale des parents), ou de Marx (romantisme de l'action). S'il a des soucis amoureux, il ira chez Freud pour mieux se connaître. Éventuellement il sera anarchiste le matin, théosophe à midi et stoïcien le soir. Il cherchera Dieu, voire le néant, le perdra en route et tergiversera au bord d'un scepticisme souvent nauséeux. En toute hypothèse, la philo le déniaisera dans le même temps qu'elle entretiendra ses expectatives – ce qui n'est pas anodin à l'âge où il faut faire des choix. En fait elle l'inciterait plutôt à les différer en instillant dans ses neurones une pléthore de « Pourquoi ? » qui débouchent sur des « À quoi bon ? ». Dans la plupart des cas, les aléas de l'existence finiront par arraisonner ces doutes qui anesthésient sa volonté : la mise entre parenthèses et le repli sur l'intériorité s'échoueront en vaguelettes d'amertume. Dans certains cas, le sas de la philo s'ouvrira sur les fenêtres d'un horizon inédit. Dans tous les cas, il profilera un homme ou une femme moins adéquats à leur état et à leur univers professionnel que dans les autres pays dits « avancés ». Vers quoi « avancés » ? se demande le Français en sortant du bureau. À quoi rime ce système qui me broie ? Quel est le sens de la vie que je mène ? Où est la vérité ? Ma vérité ? Ce maelström de points d'interrogation, et d'exclamation, n'est certes pas une exclusivité des consciences tricolores. Il semblerait néanmoins que le Français, plus que ses voisins occidentaux, se sente à l'étroit dans son costume social. Voire dans son costume moral et mental. Il joue toujours un peu à côté de son rôle, comme s'il avait un doute sur la qualité du scénario. D'où cette ironie entre les lignes de sa vie quotidienne. D'où peut-être son inappétence pour la guerre économique. Il s'y adonne parce qu'il faut bien vivre, et ne s'en tire pas si mal, mais toujours légèrement à reculons, parce que au fond il n'y croit pas vraiment. À quoi croit-il vraiment ? Il n'en sait rien. Qu'il soit cadre très dynamique ou préretraité en proie au désenchantement, il continue de se poser la question comme à dix-huit ans, quand il peinait en terminale sur un texte de Hegel. Par pudeur, il la maquillera en cynisme ou en dérision. La classe de philo est sûrement responsable de ce décalage. Responsable et coupable, ajouteront certains que l'amateurisme désabusé du Français exaspère. Coupable d'avoir fauché en herbe des générations de « pros » qui peut-être n'auraient demandé qu'à se lâcher dans le boulot. Coupable d'avoir suscité des « pros » du glandouillage, aussi instables qu'insatisfaits et toujours en quête d'un sens aléatoire. Le fait est qu'explorer pêle-mêle les abîmes du Mal, de la passion, du temps, de la vie, de la mort, du désir, de l'Histoire, des fins dernières, et autres sujets capitaux à l'âge où la sève s'impatiente dans les esprits et dans les corps, ne va pas sans conséquence. En toute immodestie cocardière, il semble que le détour par la philo nous ait rendus plus malins, plus déliés et plus poétiques que nos voisins. Plus méandreux aussi. Plus sophistiqués. Plus indociles, forcément. Ces qualités ont leur revers, surtout s'agissant d'un peuple aussi enclin à la nostalgie : nous sommes velléitaires, versatiles, et un rien nous contrarie. Ces métaphysiciens hellènes et germaniques ont entaché nos bonheurs d'équivoques par le truchement du prof de philo. Lequel, dans un lycée, jouit d'une aura particulière. Il incarne à la fois l'esprit de sagesse et de dissidence. S'il a su captiver, on ne l'oubliera jamais. Le Français est foncièrement narquois ; il semble danser sa vie, ou la tituber, sur un fil d'équilibriste, ou bien il la dilapide en incohérences fastueuses ou moroses. C'est la faute à Voltaire, disait-on jadis dans les cercles cathos. Ou à Rousseau. À nos ancêtres les Gaulois peut-être, mais au moins en partie au prof de philo.

Piaf (La môme)

Toujours vêtue de noir, veuve chétive et poignante de l'Amour. Presque toujours l'amour dans ses chansons – le grand amour qui peint la vie en rose, l'amour simple, miraculeux, idéal et tout en chair d'une grisette ou d'une fille de joie. Pas de cols blancs, pas de bourgeois parmi les élus à cœur ouvert, l'amoureux est un accordéoniste qui sait jouer la java, ou bien un Légionnaire qui sent bon le sable chaud. Des mecs de Paris, côté faubourgs, Belleville (ses origines) ou bien Montmartre. Sa voix pathétique – l'équivalent français d'une Billie Holiday – ressuscite des images de mon enfance parisienne, en noir et blanc : le clochard du pont Sully avec sa poussette, une pauvresse qui gîtait dans une chambre de bonne, au sixième étage (sans ascenseur), le marchand de marrons de la place Félix-Éboué, les saltimbanques de la Bastille, le clown de Bouglione... Ah ! la tristesse noire de cette chanson, *Bravo pour le clown* ! Tristesse grise des cours d'immeuble, des ruelles pavées. Pluie grise sur les toits gris. Le Paris de la môme Piaf fait la soudure avec celui de Villon, celui de Carco, celui de Doisneau. Paris, théâtre unique de sa dramaturgie, Paris « qui s'enroule comme un escargot autour des cloches du parvis ». C'est évidemment de Notre-Dame qu'il s'agit. Tendresse désemparée sur fond de misère, poétisée par la gouaillerie. Sa vie est un roman très noir, « plus noir que le noir de mon cœur » après la mort de Cerdan. Un boxeur en route vers le ciel, pas un Milord en goguette dans un bordel. La môme Piaf, c'est du pathétique brut ; sa voix est comme un long sanglot qui aurait ses pudeurs. Par la grâce de cette voix émergeant du bastringue, l'âme populaire de Paris reçoit ses quartiers de noblesse et accède à l'universel. « Sous le ciel de Paris, les oiseaux du monde entier viennent bavarder entre eux. » Et, sous les ciels de tous les continents, j'ai entendu des gens – pas des intellos – chanter *L'Hymne à l'amour* ou *La Valse de l'amour*. Toujours l'amour, immensément rêvé, éternellement floué par les « je t'aime de 14 Juillet, les toujours qu'on achète au rabais ». D'où cette morale désemparée, déguisée par délicatesse en ironie canaille (« Non, rien de rien »). Et cette antimorale sublime, celle en somme de saint Augustin, le cri du cœur, l'aveu de l'âme : « Si tu m'aimes, je me fous du monde entier... »

Place des Vosges

Enchantement immédiat, que l'on arrive par le pavillon du Roi, rue de Birague, ou celui de la Reine, rue du Pas-de-la-Mule. Une grâce juvénile, une sobriété empreinte de fantaisie, un équilibre miraculeux. Elle est presque carrée, toute en arcades ; ses pavillons à deux étages et quatre fenêtres composent une harmonie sans fard avec la brique rose et le chaînage blanc. Légèreté un peu frivole sur les bords. Pas trop : l'ensemble a de la tenue, et la suprême élégance, celle qui n'a besoin d'aucun maquillage, d'aucun artifice. Sur l'un des toits, un clocheton surmonté d'une silhouette. Les deux pavillons d'entrée sont surélevés et ont cinq fenêtres, on imagine le défilé des chars et des carrosses lors du carrousel de 1612, qui paracheva les noces de Louis XIII et d'Anne d'Autriche. Les places aux fenêtres se louaient paraît-il des fortunes.

Quatre fontaines aux angles d'une pelouse où s'embrassent des amoureux cernés de pigeons. Au beau milieu, une statue équestre de Louis XIII en ciment (Dubaty et Cortot, 1829). Elle a remplacé la statue de bronze initiale, qui devait être mieux balancée.

C'est la France des débuts du XVIIe siècle, la tendre et charmeuse simplicité de son baroque, avec quelque chose de raréfié qu'on ne retrouve pas dans l'hôtel de Sully tout proche. Si le classicisme a rayonné depuis la France, le style géorgien a pu l'imiter (Bath), et on l'a singé aussi à l'est de l'Europe, avec des fortunes inégales. Tandis qu'aucune place au monde ne reflète le génie qui a posé cette place sur des marécages. Ici, les quatre Mousquetaires de Dumas, séparés dans *Vingt ans après* par les aléas de la Fronde, ont prêté un serment (« tous pour un... ») de haute signification car il énonce la suprématie absolue du lien d'amitié sur les affinités partisanes. La place Royale, rebaptisée des Vosges, est le titre d'une comédie du premier Corneille. Ce style qualifié de Louis XIII mais en voie d'épanouissement sous Henri IV, on le retrouve place Dauphine (malheureusement inaboutie), dans deux pavillons de l'hôtel des Francs-Bourgeois, rue Saint-Antoine, et dans de nombreuses gentilhommières à la campagne. Sa perfection tient à un inachèvement, c'est un prélude, un printemps à la fois radieux et modeste, l'aube éblouie du classicisme. J'aime déambuler sous ces arcades aux demi-lunes sans apprêt. J'aurais aimé entamer des amours à l'ombre des marronniers qui entourent la statue. Eux, ils sont opportuns. J'aimerais en revanche faire rouer en place de Grève l'« officiel » responsable de la plantation de quatre rangées d'arbres, en lisière du square. Ils occultent la vue d'ensemble d'une place conçue à cet effet, on dirait un escadron de flics d'un « ordre moral » commis à la répression des voluptés de l'œil. Peine perdue : l'œil se venge en savourant le léger guingois, les dissemblances des cheminées sur les toits gris-noir à quatre pans, la douce patine de ce rose, cette allégresse de funambule qui semble défier avec une pudeur narquoise les bienséances trop normalisées. Je ne me lasserai jamais de rôder autour de la place des Vosges, en la quittant brièvement pour le bonheur de la voir réapparaître, princesse au sourire gentiment enjôleur. Un instinct m'y ramène lorsque la France prend trop de rides pour mon goût. Voilà qu'elle rajeunit de trois siècles. Je me vois arrivant à cheval, l'épée au côté, à la tombée du jour, forçant la porte de ce pavillon où d'Artagnan arraisonna le corps de Milady en se faisant passer pour un autre.

Plaques minéralogiques

Bientôt elles n'existeront plus. C'est dommage. En suivant les voitures sur une route ou en les regardant passer, j'aime bien lire le numéro du département sur la plaque minéralogique. Trois ou quatre chiffres anonymes, deux lettres et ces deux chiffres à la fin qui convoquent des souvenirs en dessinant des paysages. Je connais les métropolitaines par cœur, depuis l'Ain (01) jusqu'au Val-d'Oise (95) et je puis citer de mémoire les chefs-lieux, on les apprenait à l'école, avec leurs sous-préfectures. L'apparition d'un 19 réveille mon patriotisme, c'est la Corrèze, on se connaît peut-être ; en tout cas on a sûrement des amis communs. Tendresse pour le 03 (mes racines dans l'Allier). Affection de cousin pour le 15 et le 46 (mes voisins cantalous et lotois). Sympathie particulière pour le 40, le 32, le 58, le 71 (cascade de souvenirs). Aucune allergie, je les aime tous, je les connais tous au moins de vue, j'ai traversé au moins une fois chaque préfecture, même les nouvelles, celles de la couronne parisienne, les seules qui ne me fassent pas rêver. Exotisme des numéros où je ne suis pas allé souvent : le 57, le 08, le 04, que j'avoue confondre un peu avec le 05, il y a Digne dans l'un (début des *Misérables*) et Gap dans l'autre. Plaisir toujours renouvelé à me revoir en 67 (j'ai joué au rugby dans le club d'Obernai), en 17, 14 ou 33 (amours), en 62 (amitiés à Saint-Omer). Clichés idiots : le 92 connote friqué, le 93 prolo. Rareté des 48 et des 09 : les Lozériens et les Ariégeois ne sont pas nombreux. Le 70 paye cher la chanson de Brel (« T'as voulu voir Vesoul... ») et, sans Colombey, le 52 manquerait de rayonnement. Le 75, c'est tout et rien. Sous une pluie hivernale, un 59 sera tout aise de voir passer une voiture numérotée 83 ou 06 : là-bas, les mimosas sont en fleur.

Pour les parents qui voyagent avec leur progéniture, ces plaques sont une aubaine. L'enfant voit un 64, son père lui raconte l'histoire de Ramuntcho ; pendant ce temps il s'abstient de vomir ou de talocher ses frangines. C'était mon cas, les jours de départ en vacances, entre le 45 et le 19 édénique en passant par le 18, le 23 et le 87. Autrement dit, la nationale 20. Les voitures qui remontaient portaient presque toutes les numéros 75, 77 ou 78, ça augmentait le bonheur de l'évasion. Mais quand la Frégate paternelle doublait un 82, chef-lieu Montauban, mon imagination déployait ses ailes ; je n'étais jamais allé dans le Tarn-et-Garonne, je n'avais pour l'inventer que la sonorité occitane de ce mot – Montauban – et ça me suffisait. Je me promettais juste de m'y rendre quand je serais plus grand. J'y suis allé et je n'ai pas été déçu. Je suis allé débusquer tous les numéros des départements français et, en les voyant défiler, je continue de les désirer. Même le 19.

« Pléiade » (La)

Nocturne hivernal : le vent gémit, la pluie s'acharne. Un feu crépite dans la cheminée. Je choisis un volume de la « Pléiade » dans la bibliothèque, je me munis d'un stylo et d'un carnet de notes, et je me coule avec volupté dans la peau d'un érudit, quel que soit l'auteur. L'objet est d'une élégance sobre : couverture plein cuir, brun ou verdâtre, tranche zébrée d'or, papier bible si fin qu'il faut humecter l'index pour tourner les pages. Aucun risque de tomber sur un texte médiocre ou hors de saison, il n'y a que des « classiques » dans la « Pléiade ». Les « modernes » passent, les « classiques » restent : armé de ce credo irrécusable, je suis sûr de ne pas me gâter l'esprit – et, comme j'ai toujours acheté des « Pléiade », neufs ou d'occasion, j'en possède suffisamment pour imaginer qu'un jour, les ayant tous lus, et relus, et annotés, je deviendrai une sorte de Leibniz ou de Pic de la Mirandole. Rien ne me procure davantage l'illusion d'un savoir universel. À cause des notes. Il faut des années pour établir une édition de la « Pléiade » avec son appareil critique et ses préfaces ; ceux qui s'y vouent sont toujours des universitaires de haut vol. Ces notes forment un livre à l'intérieur du livre, elles élucident la biographie de l'auteur, son sujet, les circonstances et les affres de sa création, les versions initiales, les lieux évoqués. La géographie précise des romans de Mauriac – rues de Bordeaux, charmilles et cyprès de Malagar, parc de Saint-Symphorien, église d'Argelouse, gare de Langon, Sore, Mano –, je l'ai parcourue grâce aux notes de la « Pléiade », en utilisant les signets verts pour ne pas m'y perdre. Deux signets par volume.

Antoine Gallimard m'a raconté un jour l'histoire de la « Pléiade ». Il en parlait comme d'un tableau de famille et c'est effectivement une histoire de famille, bien que la collection ait été conçue (en 1931) par un certain Jacques Schiffrin chez un autre éditeur. Dès 1933 elle a été récupérée par Gaston Gallimard, le fondateur de la maison d'édition, grand-père d'Antoine. Elle compte près de cinq cents titres ; de quoi occuper mes soirées au coin du feu jusqu'au terme de mes jours. Ce qui me rend moins désagréable la perspective de devenir un vieil homme : je vivrai en « Pléiade » comme un prêtre vit en religion. Un seul vivant dans l'illustre cohorte des auteurs : Gracq. Presque tous les écrivains français du patrimoine, en tout cas ceux qui m'importent. Des albums à l'iconographie sophistiquée, dont celui de Rimbaud que j'ai dû effeuiller cent fois. Deux volumes de Simenon qui m'ont comblé d'aise car pendant trop longtemps le plus grand romancier de langue française du XXe siècle a été pris de haut par les lettrés. Deux volumes d'Anouilh dont la parution m'a touché parce que j'avais cosigné le contrat en qualité d'éditeur.

C'est le fleuron, ou le blason, de la maison Gallimard, son orgueil, son titre à la reconnaissance publique dans le pays qui reste le plus littéraire du monde. Ouvrir un « Pléiade » et larguer les amarres avec le monde extérieur est pour moi une volupté du même ordre que de lamper à gorgées lentes un alcool rare, de caresser le velours d'une épaule féminine censément inaccessible, d'aborder un paysage lointain dont on a beaucoup rêvé. D'aucuns souhaitent publier chez Gallimard pour filouter un prix littéraire. Ou parce que la « Blanche » accrédite un écrivain sur la rive gauche de la Seine. Moi, c'était pour la fierté – illégitime – de côtoyer rue Sébastien-Bottin les auteurs de la « Pléiade ».

Le mot lui-même est enchanteur avec sa double allusion à l'hellénisme et au conclave de poètes de la Renaissance, mes chers Ronsard, du Bellay, Marot et les quatre autres que j'ai moins fréquentés. L'idée qu'ils aient formé un club pour soutenir la cause me plaît beaucoup et, si j'ai aimé *Les Pléiades* de Gobineau, c'est peut-être aussi à cause du mot, il a gardé pour moi une aura, je frémis de désir quand je vois dans la vitrine d'une librairie le coffret cartonné blanc d'un nouveau « Pléiade ».

Poètes

Chaque peuple a les siens, qui donnent à son âme sa tonalité, son tremblement, sa façon de ressasser ses chagrins et de désirer la lune. Les nôtres, depuis Rutebeuf et Charles d'Orléans, ont un côté cancre céleste, une désinvolture, un ludisme, de la tendresse dans le bucolisme, la sensualité, l'expression du désarroi ; il y a toujours un sourire entre les mailles du tragique et presque tous ceux qui comptent ont enfanté un mythe dans lequel se reconnaît un versant de notre sensibilité.

Villon : tendre voyou (« Si j'eusse estudié, du temps de ma jeunesse folle... »).

Ronsard, du Bellay : le bonheur – ou son souvenir – glané sur des lèvres, ou des fleurs d'aubépines, par un cœur printanier.

La Fontaine : le naturel du Grand Siècle, une musicalité indolente et fluide (« L'onde était transparente ainsi qu'aux plus beaux jours... »). Le don à l'état semi sauvage ; une plume, un encrier, et la fontaine des mots ruisselle comme de source.

Viau : libertin gracieux, un peu canaille sur les bords (« Beauté, mon beau souci... »).

Corneille : le bel orgueil d'Athos.

Racine : les grandes orgues.

Chénier : le chant du cygne.

Hugo : les vastes polyphonies. L'embrouilleur génial des cartes du lyrisme, l'accoucheur non moins génial d'une mythologie qui a mis le peuple français en larmes derrière son cercueil. « Le plus grand poète, hélas », disait Gide. Hélas est de trop.

Lamartine : l'élégiaque désolé. J'ai souvent fait du Lamartine pour attendrir des minettes.

Vigny : la politesse roide du désespoir.

Baudelaire : l'esthétique du paroxysme. Toutes les postures, toutes les équivoques autour du « maudit », du « spleen », de la « modernité » lui sont redevables. Quel ado un peu fiévreux n'est baudelairien ?

Verlaine : le clochard céleste. Autre tentation de l'ado, si son immaturité se prolonge et tourne à la pathologie zonarde ; un verre à la main, un joint dans l'autre main. Tristesse garantie au réveil.

Rimbaud : le météore en haillons, dont la mystique frôle Dieu et nargue le néant. Soudain le sale gosse file aux Afriques, et l'âme française est orpheline.

Symbolistes et parnassiens : de la belle joaillerie.

Mallarmé : le culte de l'absolu. Une illusion héroïque à son heure (capturer le monde dans les rets du langage) dont la postérité s'est révélée désastreuse, car l'illusion a perduré, sans l'héroïsme et sans les fulgurances (« le Vierge, le Vivace et le bel Aujourd'hui... »). Mais la tentation du mallarméisme n'est pas anodine.

Valéry : même illusion, sur un registre plus classique. La poésie comme religion ultime, à l'extrême bord du nihilisme.

Après, on a brodé sur ces trames. Cendrars, Apollinaire, Supervielle, Ponge, Cadou : autant de pistes où les poètes français se sont enfouis, ou égarés – et sur lesquelles on érudise encore dans les thébaïdes du monde entier. Aucun autre pays n'a concédé une telle importance à ses poètes, soit pour magnifier un Prince, soit pour enjoliver un décorum, soit pour renouer avec l'absolu au crépuscule du christianisme, soit pour hisser les mots à l'altitude de la métaphysique, soit pour ébaucher un modèle alternatif au chevalier, au gentilhomme, au savant, au bourgeois. Mon amour de la France a été modulé par les vers de ses poètes. Plus que modulé : mis en scène, illustré. Et selon les âges et les humeurs je me suis senti leur frère d'infortune, ou de bonne fortune. « Poète, prends ton luth... » Voilà ma musique française, et ma peinture aussi, et en somme l'architecture (en ruine) de mon regard sur le monde : au fil de leurs plumes enchantées.

Poulbot (Le)

On l'aimera toujours, ce loupiot dépenaillé que Francisque Poulbot a croqué sur le motif. Son minois ébahi et narquois, sa mèche sur l'œil, ses mains dans les poches, ses genoux couronnés. On pense à lui en longeant la maison Art déco de son créateur, sur l'avenue Junot, juste après le virage et cette impasse où s'égrènent des maisons de poupée. Ce peintre a intronisé le gosse des rues dans la confrérie de la poésie : le poulbot rejoint Gavroche au panthéon des enfants pauvres de Paris.

Les bobos l'ont chassé de Montmartre. On le retrouve dans certains romans de Marcel Aymé ; on l'imagine rôdant sur la butte, dans ces rues ombreuses et pentues que Simenon m'a fait découvrir à l'âge où les dames de Pigalle me donnaient le tournis. Je savais que saint Denis, mon patron, le premier évêque de Paris, fut martyrisé là-haut, à l'emplacement de l'église Saint-Pierre ou du couvent. S'il faut en croire Grégoire de Tours, on l'a décapité. Au lieu de trépasser comme n'importe qui, il a posé sa tête sur un plat et l'a portée... à Saint-Denis (93) où fut édifiée la première basilique sous l'égide de sainte Geneviève.

Cette légende fait de Montmartre une des deux montagnes sacrées de Paris. Longtemps j'ai répugné à m'y hasarder, à cause du Sacré-Cœur, si moche, si bêtement « oriental », si bourgeoisement ostentatoire, si fin de mauvais siècle, et des amas de touristes sur la place du Tertre. Je m'en tenais aux marges, sur le versant sud – les bars à entraîneuses des rues Fontaine, Ballu, de Douai, Pigalle –, cette zone intermédiaire, en pente douce, qui monte vers Montmartre depuis la Nouvelle Athènes et le quartier de l'Europe en passant par les places Blanche ou Pigalle. Il y a quarante ans, on pouvait encore s'y croire dans un roman de Carco. Les néons de ces bars me happaient comme un papillon mais la coupe de champagne exaspérait ma libido sans la rémunérer ; à peine juché sur un tabouret, une fille sur les genoux, il fallait prendre congé, je n'avais pas les moyens de remettre ça. Alors, avec un copain de bordée, nous traversions le boulevard de Clichy, grimpions la rue Lepic, cherchions nos ombres du côté des rues Berthe ou Ravignan jusqu'à la place Jean-Baptiste Clément. Pas de bobos à l'époque, plus guère de poulbots déjà, juste des chats.

Plus tard j'ai hanté le versant nord, obsédé par la rue Caulaincourt que je trouve romanesque à hauteur de la place Constantin-Pecqueur. Entre-temps j'avais appris la vie qui s'était menée sur la butte entre l'édification d'un temple gallo-romain et l'évasion des peintres à Montparnasse après la Grande Guerre. L'abbaye, le serment d'Ignace de Loyola avec ses six copains, le *Te Deum* d'Henri IV après son abjuration (« Paris vaut bien une messe »), l'incursion des Cosaques (1814), des Anglais (1815), la Commune (inspiratrice du *Temps des cerises* de Clément), l'élection de Clemenceau à la mairie. J'ai peuplé la butte des écrivains (Flaubert, Gautier, Nerval, Baudelaire, etc.) et des peintres (Delacroix, Corot, presque tous les impressionnistes, etc.) qui ont tissé sa légende. Du Chat noir (Bruant) au Moulin-Rouge (Toulouse-Lautrec) en passant par Le Lapin agile et le Moulin de la Galette, mon imagination a semé les moulins disparus pour divaguer entre l'agonie du romantisme et celle de la Belle Époque. Pour tout dire, si j'ai croisé quelques Mimi Pinson (Musset), je n'ai jamais rencontré une émule de Suzanne Valadon ; les temps n'étaient plus très littéraires.

Ils le sont moins que jamais, et pourtant la magie de Montmartre est intacte ; ou presque. Désormais j'aborde toujours la butte par la rue Caulaincourt. Je monte l'avenue Junot, j'évite la rue Norvins pour me perdre sur la pente où s'accrochent un reste du vignoble et le cimetière Saint-Vincent. Aymé et Gen Paul y sont enterrés. Rue des Saules, rue Cortot, rue du Mont-Cenis, rue du Chevalier-de-la-Barre : j'ai une sourde attirance pour ce côté-là, on aperçoit le toit verdâtre de la basilique Saint-Denis et, les soirs de match, les lumières du Stade de France. Je traverse – en toute hâte – la place du Tertre pour contempler le panorama. Paris s'étale, prise dans sa brume. Ses toits m'attendrissent avec leur zinc gris-noir, tous différents, tous chapeautés d'une myriade de petites cheminées orange en forme de cylindres où picorent des pigeons. Aucune fenêtre mansardée, aucun vasistas ne ressemble à un autre ; l'ensemble, c'est la chanson de Piaf. L'air de rien, la Môme a tout dit sur l'âme de Paris.

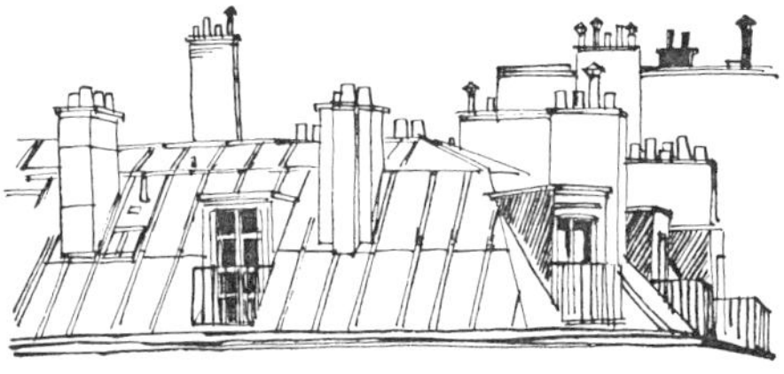

Montmartre, butte sacrée et vénéneuse pour peu qu'on y erre en semaine, tard dans la nuit et sous la pluie. On devient le voyeur d'un mystère qui toujours se dérobe. J'ai cessé de le chercher à Pigalle, encore qu'un spectacle de chansonniers au théâtre des Deux-Ânes, à l'enseigne de l'ami Jacques Mailhot, vaille le détour. Les éminences en prennent pour leur grade, c'est la précieuse tradition de l'esprit de satire qui se pérennise, on en ressort toujours rajeuni, rafraîchi et moins dupe. En comparaison le fiel des éditorialistes paraît sirupeux et servile. Après le spectacle, la coutume veut qu'on aille gruger des huîtres au Wepler. Jadis nous allions Chez Charlot. Mérite-t-il encore sa réputation ? La place Clichy reste un poste frontière chaleureux d'où l'on peut se couler dans la rue Cavelotti et se poser au Bouclard, où tout est bon. C'est ma cantine occasionnelle. J'y arrose mes amis d'un côtes-de-nuits très estimable. Pour se dégriser on peut traverser le cimetière, coupé en deux par la rue Caulaincourt, chercher un bar d'habitués en poussant jusqu'à la rue de Clignancourt, autre frontière. Le touriste se raréfie. On peut aussi remonter la rue Lamarck où s'alignent des restaurants aimables, mais gare aux bobos. Passé minuit, soit ils vont se coucher, soit ils se récapitulent dans les bars à vin de la rue des Abbesses. Plus de touristes, la butte appartient aux chats et aux mânes des poètes, des saltimbanques et des amoureux. C'est mon heure, je descends les escaliers, je remonte, je cherche en maraudeur ce tout et rien mystérieux que je n'ai jamais convoité ailleurs.

PQR

Chaque fois que j'aborde un « pays » de la France, j'achète le quotidien régional et je vais l'effeuiller dans un bistrot. Mon passé de localier me prédispose à cette curiosité, j'ai fait mes débuts à *La Dépêche du Midi* et j'y ai appris sur le tas à repérer les singularités d'une province. Elles transparaissent quand on lit les pages régionales, puis les départementales, puis les locales. Me voilà à Brest. *Le Télégramme* me parle d'avisos en partance et d'amiraux en retraite. À Port-en-Bessin, *Ouest-France,* le premier quotidien français par le tirage, m'instruit des marées et du cours variable de la coquille Saint-Jacques. À Lille, je me plonge dans *La Voix du Nord* et je devine entre les lignes que Mauroy et Mme Aubry ne sont pas amoureux l'un de l'autre. *Nice-Matin* me raconte sous la plume de Raoul Mille des histoires de Riviera aux belles époques et les *DNA* (*Dernières Nouvelles d'Alsace*) ont l'accent des jolies serveuses des restaurants de la Petite France.

Le quotidien régional, éventuellement départemental (*La République des Pyrénées*, *Les Dépêches de Dijon*, voire local (*Le Réveil* de Mauriac, *L'Eclair* du Puy-en-Velay), reflète à la fois la texture de l'économie, le style des notables, les zizanies politiques, les passions du cru, l'influence de l'Eglise, de la maçonnerie ou d'un géant industriel. Chaque journal de la Presse Quotidienne Régionale ayant autant d'éditions que de pays, on se balade de val en combe sur des noms de lieux qui dépaysent autant qu'ils instruisent. Il est beaucoup question de l'OM dans *La Provence*, du RC Toulon dans *Var Matin*, des Verts dans *Le Progrès*. Les pages landaises de *Sud-Ouest* distinguent la Chalosse de la Haute Lande et du rivage, on passe de l'écarté à Pouillon au surf à Hossegor, c'est un joli voyage.

Du temps où j'étais localier, cinq quotidiens se faisaient concurrence sur le seul département de la Corrèze. On copinait au bistrot, on se refilait des photos pour la nécro du vice-président de la Chambre des métiers mais on gardait pour soi les bons coups. On n'en trouvait pas tous les jours. Des concentrations sont intervenues, car dans les zones frontières la guerre des téléscripteurs était ruineuse. Ces zones où l'on sent, à quelques kilomètres près, qu'un journal règne sur ses terres ou occupe un sol étranger. Qu'il ait été absorbé par un groupe n'altère en rien sa sensibilité. *Le Berry républicain* a beau appartenir au consortium Centre France, ses pages locales n'ont pas la même tonalité que celles de *La Montagne* : Bourges n'est pas Clermont, encore moins Saint-Flour. *Le Populaire du Centre* (autre fleuron de Centre France) a gardé sa sensibilité socialiste comme la *Dépêche* son fond de sauce radical, version cassoulet, facile à identifier quand son patron Jean-Michel Baylet parle de rugby.

Ce qu'on retrouve partout, c'est la ritournelle de la vie de clocher ou de quartier dans un pays centralisé depuis ses débuts, le préfet en conflit larvé avec un maire, les visites d'un ministre, les vanités notabilaires. La vie de la France ordinaire au fil du temps, l'usine qui ferme, les pompiers qui éteignent un incendie de cheminée, les petites mailles du gros tissu associatif, le regroupement de communes qui foire parce que la plus modeste se sent humiliée. Les débuts de la saison touristique, l'arbre de Noël au commissariat, le pauvre sourire de la centenaire, la fête votive, le jeune qui se tue en voiture. La vie, la mort. On sent les récurrences et les permanences, autant que dans la presse dite nationale. Les éditorialistes parisiens se commentent entre eux, s'autocélèbrent et s'autoreproduisent. Narcissisme rime avec parisianisme. Ils ont pour la PQR une condescendance qui m'insupportait quand je sillonnais mon territoire, armé d'un calepin et d'un Rolleiflex. Car les infos nationales ou internationales d'un quotidien de province, et ses éditos, valent bien ceux de Paris. Souvent même les événements capitaux sont traités avec plus de recul, moins de concessions à la mode, moins de complaisance pour les puissants. En tout cas ils ont une âme, et de la chair. L'âme d'une région, la chair de ses pleins et déliés dans les pages intérieures. Certes ils payent le prix de l'urbanisation, et des mobilités en tout genre. L'attachement au « pays » se relativise. La PQR n'en reste pas moins le pilier de la « cohésion sociale » (patois socio-énarchique). Le localier, je le sais d'expérience, tient lieu en son mini-fief de psychothérapeute de groupe ; il entretient la vie associative et tend jour après jour l'humble miroir où se reconnaissent les gens de tous les jours. Se reconnaissent, se rassurent et fraternisent.

Prodiges

Le prodige bâcle à la diable des vers qui réduisent le Parnasse à néant, et subjuguent Verlaine au sommet de sa gloire, ainsi que Banville au faîte des honneurs littéraires. Il a dix-sept ans, il est lycéen à Charleville. Le voici à Paris. Sa beauté divine, le génie destructeur de ce tendre voyou bouleversent Verlaine (« Ô toi, tous les dons ! »). Errances. Une année plus tard, tout est consommé, Arthur Rimbaud part aux Afriques, la littérature ne l'intéresse plus du tout. Il a poussé la poésie jusqu'à ses retranchements les plus inouïs et les plus troubles. *Une saison en enfer. Les Illuminations.* Rideau. Il reviendra mourir en France et c'est Verlaine, le plus audacieux poète de son temps, le plus grand de l'après-Baudelaire s'il n'y avait eu Rimbaud, c'est ce clochard céleste qui entretiendra la mythologie. Par amour. Ainsi les anges s'inclinent-ils devant les archanges. Histoire sainte française.

Le prodige écrit des vers à quinze ans, un roman très chaste à dix-sept ans. Puis un roman très libertin à dix-neuf. Parution posthume, car Raymond Radiguet meurt à l'âge de vingt ans d'une fièvre typhoïde. Rideau. Cocteau ne s'en consolera jamais. C'est le plus choyé, le plus mondain, le plus vaniteux des écrivains qui s'incline bas devant le génie en herbe (« Le seul honneur que je réclame... »). C'est lui qui préfacera *Le Bal du comte d'Orgel* et propagera la légende. Par amour, comme Verlaine. Histoire païenne française.

Nos deux prodiges, je les vois dans le même ciel zébré d'éclairs, et d'ailleurs Cocteau a risqué le parallèle entre Rimbaud et Radiguet. Leurs ailes juvéniles tournoient sans le savoir autour d'un autre prodige encore plus séditieux, encore plus céleste, qui les toise en soupirant : Blaise Pascal. Rimbaud le frôle, ils ont atteint la même limite, aperçu le même gouffre, ils vont se tenir par la main. Radiguet finira par les rejoindre, il croyait encore à la littérature. Pascal et Rimbaud : Dieu ou le néant, sans escale. Histoire très française.

Province (La)

La France est ainsi faite que ses routes, ses trains, ses lignes aériennes intérieures convergent presque tous vers Paris. Ses rêves aussi. Ils ont éclos, ils ont mûri, ils se sont dilatés dans les replis d'un continent aux dehors contrastés : la province.

Rien à voir avec les « régions », qui sont des vues de l'esprit techno, à supposer que les technos aient de l'esprit. Pas grand-chose à voir non plus avec les provinces des âges monarchiques éprises de leurs privilèges. Parodions Chardonne : la province, c'est beaucoup plus que la province. C'est l'humus des songes, le terreau des ambitions, un vivier où s'impatientent les cœurs aventureux. Ou bien les âmes en quête d'idéal. Presque un absolu de l'attente, tantôt fiévreuse, tantôt désemparée. Sous les préaux des lycées de province, dans les bistrots des patelins, sur l'herbe inégale des stades bocagers, on convoite la gloire, la fortune, ou l'amour. On présume que ces trois gros mots feront bon ménage et un beau jour on monte à Paris tel d'Artagnan, tel Rastignac, tel Frédéric Moreau. Certains sans un sou et sans viatique. Certains à contrecœur. Tous avec l'espoir, sinon de « réussir », du moins d'« épanouir » ce qui en eux grenouille à l'état de latence.

Là-bas, les ailes se brûlent, les passions s'assèchent et tôt ou tard vient le temps du désenchantement. Tout le monde ne peut pas devenir patron du Cac 40, pensionnaire de la Comédie-Française ou international de football. Au mieux on grignote une carrière, alors que l'on envisageait un destin. Rien de moins car la province, de par ses lenteurs, ses langueurs, ses moiteurs, détient le secret d'une cuisson à l'étouffée des grandes espérances. Les Parisiens croient qu'on s'y ennuie. Faux : on s'y morfond, ce qui n'est pas la même chose. On s'y sent en transit, en souffrance ou en repli. « Hors Paris, point de salut ! » Il y a du vrai dans ce dicton, en ce sens qu'hors Paris la légitimité d'une réussite reste confinée : si l'on veut davantage qu'un statut de notable, il faut passer les boulevards des Maréchaux. On n'est pas sûr pour autant de passer sous les feux de la moindre rampe. Paris, depuis Clovis, a éreinté des arrivistes à la pelle, des petits et des gros, quels que fussent leurs talents. Certains tournent au vinaigre comme un mauvais vin, d'autres se résignent. Les plus sages reprennent l'avion, le train ou la nationale, et retournent au terrier. Ils découvrent alors l'autre secret de la province, son aptitude à offrir du bonheur, presque gratis. Je paye (la SNCF) depuis longtemps pour le savoir. En province – campagne, bourgade, ville moyenne – on est très heureux. La vie s'écoule à des rythmes compatibles avec le battement d'un cœur. Au pis, le recalé d'un songe de grandeur y trouvera de quoi héberger sa mélancolie.

Début des années soixante. Un de mes amis vit sa vie de jeune homme dans sa province occitane. Il veut devenir chanteur, comme Johnny, Eddy Mitchell, Richard Anthony ou Leny Escudero. Il est plutôt doué. Il se fait valoir dans les radio-crochets locaux. Puis régionaux.

Un producteur le remarque. Il « monte » à Paris par la nationale 20. À Caussade déjà il se voit à l'Olympia ; à Souillac toutes les grisettes de France et de Navarre ont acheté son microsillon et sont amoureuses de lui. On l'auditionne. Il enregistre un disque. Ventes insignifiantes. Il s'accroche, côtoie les ténors du milieu, Aznavour, Bécaud. Deuxième disque. Aucun décollage. Au troisième, il a compris qu'il ne sera jamais une star. Même pas un pro de second ordre. C'est l'échec. Il a la sagesse d'en prendre acte, redescend par la nationale 20 dans sa ville et range sa guitare dans un grenier. Depuis lors il y consume une existence aimable, sans amertume, juste un regret qui s'accorde au paysage et finit par s'y fondre. Ou presque. En province, à l'heure de l'apéro, on entend des « j'aurais pu », des « j'aurais dû », des « il aurait suffi » ; ça rejoint les morosités des demi-soldes de Napoléon. À ceci près qu'on n'a pas connu l'épopée. Quelle importance ! On la fabule dans une de ces auberges dont la tenancière (la « mère Jeanne », la « mère Marie », toujours une mère) sait encore apprêter des écrevisses à la nage braconnées à la lanterne. Écrevisses mâles évidemment, elle sait que les femelles sont moins savoureuses.

La bourgeoisie parisienne a des arrogances détestables. Surtout la haute, mais la moyenne, qui depuis le Moyen Âge a façonné la sociologie de la France, se hausse vite du col. Tandis qu'en province elle entretient au naturel un bonheur, un art, une liberté de vivre à la française. Enracinée dans ses maisons de famille mais ouverte à tous vents, rétive aux injonctions de la mode, bonne vivante et pas bégueule, elle est tout simplement civilisée. Il y a de vrais livres dans ses bibliothèques, de vrais vins dans ses caves et, quand elle prie à dîner, les plats ont mijoté tout l'après-midi.

Portraits d'ancêtres accrochés aux murs des chambres : un officier, une religieuse, un notable un peu franc-maçon pour équilibrer, mais tous sortent d'une humble métairie et, avant les premiers propriétaires, des paysans sans terre ont trimé pendant des siècles, il en reste dans les gènes une rusticité dont on se targue. Ces bourgeois de province, ou de campagne, pressentent aussi bien que les chroniqueurs parisiens ce que le monde à venir nous réserve car ils ont une fille chercheuse à Shanghai, un fils banquier à New York, des petits-enfants en stage à São Paulo ou en Erasmus à Cracovie. En outre, ils ont tous un pied-à-terre à Paris, ils y vont souvent, ils s'y sentent chez eux. Ils sont les dépositaires d'une forme de culture plus précieuse que la livresque. Elle risque de péricliter si leurs enfants renoncent à leurs attaches provinciales.

La province implique à tous égards la suprématie de Paris. D'aucuns s'en offusquent. Ils ont tort. Les métropoles dites d'équilibre sont des grandes villes. Rien ne leur manque, elles ont le social, le politique, l'économique, le culturel, des rocades, des salles de congrès, des hypermarchés et tout ce qui s'ensuit. Tout, sauf l'essentiel, et tant mieux. La France est ainsi faite que son âme, son cœur, son cerveau, sa mémoire, ses poumons et son tube digestif sont au bord de la Seine. Tant de fantômes divaguent autour de Notre-Dame, tant de rêves d'abordage se concoctent dans les chefs-lieux ou les cantons que les régionalistes décentraliseront en pure perte. Du moins je l'espère. Si chaque région hérissait des barbelés aux frontières de son chauvinisme, la France n'existerait plus. Et cette grâce insigne de notre histoire – la douce province – deviendrait le morne accolage de territoires bêtement concurrents.

J'ai vécu dans deux petites villes de province, Vichy à l'adolescence, Tulle plus longtemps à l'âge adulte. Deux villes aussi dissemblables que possible : un caprice de Napoléon III redécoré par la Belle Époque ; une préfecture à la fois rurale et ouvrière qui pendant deux siècles a vécu de sa manufacture d'armes. Elles n'ont de commun que la provincialité. Vichy semble presque irréelle avec son casino crémeux, ses fantômes des palaces, les sept chalets de l'Empereur, le kiosque à musique, les parcs où des curistes au teint cireux vont boire de l'eau tiède en trimbalant leur gobelet. À l'âge où l'on se cherche en tâtonnant, je me sentais reclus et paumé. La nuit, je rôdais autour du casino illuminé, j'apercevais des silhouettes en robe de bal sous une débauche de lustres. Un jour, me disais-je... Un jour quoi ? Tout et rien, ma libido affolée et mon romantisme effréné se tiraient dans les pattes autour de la piscine du Sporting où bronzaient les épouses de médecins, thermalisme oblige. Mauvais âge. C'est plus tard que j'ai goûté le charme un peu suranné de Vichy. Les beaux restes de ses âges d'or prêtent à nostalgie, à féerie ; et derrière ce théâtre d'ombres larbaldiennes il y a une petite ville de province où la vie est la même qu'à Tulle.

J'ai aimé vivre à Tulle où j'ai exercé le métier de localier. Autour de la cathédrale et de la préfecture, on peut se croire dans un roman de Balzac, noirci par Simenon quand la nuit tombe sur la rivière Corrèze. Alors les hôtels (Moyen Âge, Renaissance) des vieux quartiers, encastrés dans des rues pentues et tortueuses du Trech, prennent des airs mystérieux, on imagine des complots, on se souvient qu'Angèle Laval, *alias* « le Corbeau », a cuisiné en vase très clos sa folie délatrice dans la rue de la Barrière, où s'écoula l'enfance d'Eric Rohmer. C'est la ville du *Corbeau*, et des pendus de la Das Reich, elle n'a pas la mémoire gaie et l'avenir ne lui fait pas beaucoup d'avances : sa manufacture est en coma dépassé et Brive, sa rivale depuis la nuit des temps, lui a damé tous les pions. Même celui du rugby. Du temps où je vivais à Tulle, le Sporting valait amplement le CAB et j'ai pris un bonheur fou à frayer avec ses champions. Bonheur que reflétait un épicurisme sans afféterie dans une ville de granit bordée de vertes collines. Dois-je le répéter ? On est très heureux en province, on n'y manque de rien, le temps n'a pas ce tic-tac hystéro des métropoles. Quand un journaliste parisien se pointait à Tulle, il dégainait les clichés d'usage sur la vie provinciale. En gros : tout le monde s'épie et rien ne bouge. Sous-entendu : comment vivre dans un trou pareil ? Or, j'y vivais le plus plaisamment du monde, nul n'attentait à ma liberté et la ville bougeait à son rythme. Un écrivain passe toujours un peu pour un farfelu et je ne suis pas taillé dans l'écorce dont on fait les notables. Il faut croire que ceux de Tulle sont aussi peu regardants que ses ouvriers ou ses fonctionnaires : tous m'ont pris pour ce que j'étais devenu, un Tulliste ordinaire, ravi de s'être posé en province. Ravi d'entendre la rumeur du marché le samedi, entre deux coups de cloche de la cathédrale. Ravi des apéros au long cours, des escapades dans les auberges de la campagne toute proche, des dimanches au stade. Ravi de découvrir au fil des ans la géographie subtile et la sociologie implicite d'une ville qui a ses secrets, son tempérament, ses mots de passe, ses pudeurs, ses fantasmes. Dans une grande cité on est d'un quartier, impossible de s'approprier l'ensemble. Tandis que Tulle, j'ai fini par la cerner, l'apprivoiser, la posséder d'un bout à l'autre de la rivière qui l'a dessinée. Même chose avec Vichy : je la comprends, elle m'appartient.

Pas mal de villes françaises me sont chères au titre d'amantes occasionnelles. Vichy et Tulle, je les ai épousées. Il y a de la logique dans cette bigamie : Vichy pour les frivolités, Tulle pour les bonnes franquettes. Vichy pour un dîner d'après concert à la Brasserie du Casino ; Tulle pour un dîner d'après rugby chez Poumier. Dans l'une et l'autre de ces conjointes – dont je suis séparé de corps, mais pas de cœur –, le club de rugby, hélas, a périclité. Au paradis, ils retrouveront leur standing, celui de l'époque de Zézé Dufau et de Marcel Merckx.

On me pardonnera cette incidente un peu trop personnelle mais, vraiment, j'en ai marre d'entendre qualifier la province de mouroir où « rien ne se passe ». Certes, il existe dans chaque ville française, petite ou moyenne, une « route de Paris » pour attester une convergence des imaginaires. Cette route, on peut toujours la prendre. Il y a aussi les trains. Le désir de Paris est consubstantiel à la province. Mais le désir de province tout autant, et je puis attester qu'il n'est pas floué.

R

Reims

Reims est la ville où la monarchie franque, puis française, et l'Église catholique romaine ont scellé une alliance capitale, confirmée au long des siècles. La cathédrale de saint Nicaise, où fut baptisé Clovis, et sacré le fils de Charlemagne Louis le Pieux, a été supplantée par une cathédrale mérovingienne, puis par l'actuelle qui a vu défiler tous nos rois depuis Louis VIII le Lion jusqu'à Charles X. Ce dernier sacre n'était plus de saison car entre-temps il y avait eu celui de Napoléon Ier à Notre-Dame, le principe de légitimité n'était plus clair, et ne pourrait plus jamais l'être. Une plaque signale la réconciliation entre la France et l'Allemagne par le truchement de de Gaulle et d'Adenauer (juillet 1962). En somme ils ont un peu raccommodé ce que les héritiers de Charlemagne avaient déchiré au traité de Verdun. Doit-on rêver que le fameux « couple franco-allemand » fasse à l'Europe un enfant qui la régenterait depuis les deux rives du Rhin ? La fertilité d'un couple est toujours sujette à caution, et sans doute est-il trop tard pour imaginer la vraie nation bilingue que d'aucuns appellent de leurs vœux. Le monde a changé, la monarchie a périclité, le Stade de Reims également. Lorsque j'étais enfant ce club régnait sur le football français et Clovis, agenouillé près de saint Remi dans le baptistère, portait la casaque rouge à manches blanches de Kopa, Polonais de souche. Le règne de Kopa succédait à celui de Ben Barek, qui n'était pas plus gaulois que Platini ou Zidane. Pas plus gaulois que Clovis. Reims n'est plus que la capitale du champagne. Pourtant la seule évocation du mot me touche, il s'auréole d'un mixte fabuleux ; c'est le temps des origines avec cette accréditation du temporel par le spirituel qui a marqué toute notre histoire, y compris la républicaine. Que Jeanne d'Arc ait accompagné Charles VII à Reims parachève le statut insigne de cette ville dans un mémorial qui englobe Tours (restes de saint Martin), la basilique de Saint-Denis, Notre-Dame et la Sainte-Chapelle.

Resquille (La)

Nos élus ne cessent de pondre des lois burlesques et une pléthore de fonctionnaires sont commis à la mise en application de règlements abscons, incohérents, souvent courtelinesques. En France, si on prend le pied de la lettre, aucune action n'est envisageable. Le moindre de nos soupirs est juridiquement pesé, encadré, avec répression à la clef. La « liberté », numéro un de la devise républicaine inscrite sur nos monuments publics, est contredite par les attendus d'une légalité proche de la flicomanie. À quoi il faut ajouter les réglementations concoctées à Bruxelles, non moins délirantes.

Aucune importance : nous avons pour déjouer ses pièges le génie de la resquille. De la débrouillardise. De la combine. De l'esquive. La loi, nous en vénérons le principe dans les discours officiels, mais nous en contournons les effets avec la jouissance de l'esthète. Les règlements, nous leur faisons des bras d'honneur. L'État, pour un Français, est une divinité ambiguë. Nous l'avons idéalisé, nous respectons son essence, nous dénonçons ses carences, nous lui tendons notre sébile, mais au jour le jour nous trichons dans son dos, qui est large. Filouter le fisc est un sport national, presque une vertu, et chacun sort de sa manche un cousin ou un copain « bien placé » pour faire sauter un PV. Le Français triche toujours pour éviter de faire la queue, et il trouve toujours le moyen d'avoir une place gratuite au stade ou au théâtre. S'il croise un barrage de police, il se fait un devoir de prévenir d'un coup de phare les automobilistes. Il trouve que les fruits chapardés dans le verger du voisin ont meilleur goût. Fruits ou épouse. Les truites qu'il sert à ses copains, un clin d'œil malicieux les déniaise : elles ont été braconnées.

Latins nous sommes, et ça nous sauve. Les Italiens aussi sont tricheurs mais, eux, ils n'ont pas d'État, seulement des fonctionnaires, ils trichent pour mieux vivre. Nous savourons en prime le piment de la transgression. Seul contre la Loi. Encore plus seul quand elle perd la boule. Vus à hauteur d'historien, la débâcle du printemps 1940 et l'exode subséquent ont été calamiteux. Les récits des victimes nuancent ; un mélange de système D et d'entraide improvisée a souvent évité le pire. On n'est jamais vraiment seul face au représentant de la loi, on se trouve toujours des complices.

« Elle est à toi, cette chanson, toi l'Auvergnat qui, sans façon... » Le même Auvergnat qui a donné du pain à Brassens, on peut imaginer qu'il a traficoté au marché noir durant toute l'Occupation. Fut-il malhonnête ? Pour un Français, la question ne se pose jamais en termes moraux. La loi existe, on se doit d'en tirer le meilleur profit. Le Français qui donne des sous au mendiant du coin de la rue, et de son temps à une association caritative, vole effrontément la Sécu ou les Assedic, et en toute bonne conscience (« J'y ai droit »). Il passe au rouge (pas vu pas pris). Il attend que le contrôleur se soit éloigné pour voyager en première avec un billet de seconde. Même si le train est vide. En resquillant il a remporté une victoire sur l'Ordre, avec une majuscule. Il admet la Loi, il s'en réclame si ça l'arrange ; il déteste l'Ordre qu'elle prétend instaurer, parce qu'il a un sens concret de la liberté. « Sa » liberté chérie : pour celle des autres, il est moins regardant.

Latins nous sommes, gaulois nous sommes restés. Notre cartésianisme s'en accommode et tant mieux, la resquille entretient notre bonne humeur, la bordélise, la poétise. Certes ces mœurs de coquins choquent les Anglo-Saxons, les Germains et plus encore les Scandinaves. Chacun son tempérament. Le nôtre, il faut le reconnaître, n'est pas exempt de contradictions. L'État que nous truandons, nous exigeons tant de lui par ailleurs que la tirelire finit par se vider. La Loi que nous bafouons, nous la trouvons parfois trop bienveillante pour notre voisin. Le flic que nous brocardons, nous voudrions qu'il soit là quand on nous fait les poches. L'Ordre nous insupporte, mais le désordre heurte en nous un sens de l'harmonie aussi invétéré que notre anarchisme. Baudelaire qui n'était pas stupide a revendiqué un droit inédit, celui justement de la contradiction. Nous en usons avec une souplesse d'acrobate.

Ricard

L'apéro au champagne s'est généralisé. Pourquoi pas ? Il y a les adeptes du whisky, du porto (surtout les dames), du rosé estival au bord de la piscine. On a le droit d'opter pour un graves blanc, un saumur-champigny, un muscat de Rivesaltes. Le Martini et le gin gardent des adeptes, le Lilet revient à la mode, ainsi que le Campari, sec ou additionné de jus de pamplemousse. Outre-mer on privilégie le punch, et on a bien raison.

En tout cas, l'apéro est un attribut de l'art de vivre à la française. Le vrai apéro, qui dure au moins une heure et peut faire en soi l'objet d'une invitation. Aux accompagnements rituels – cacahuètes, noix de cajou, biscuits salés, mini-pizzas, mini-quiches, fruits séchés, rondelles de salami ou de chorizo – les bobos ont ajouté des légumes crus, c'est immangeable mais ça fait bio. Si l'apéro a bien tourné, les invités restent dîner : « Juste une salade et un bout de fromage. »

L'apéro de base se fait au bistrot, après le boulot, entre copains ou collègues, et il est ponctué à termes réguliers de « Remettez-nous ça ». La plupart du temps, c'est un Ricard que le patron remet, avec son doseur assujetti à la bouteille. L'eau plate qui coule du carafon change insensiblement le jaune mat en de l'opaline, c'est une métamorphose plaisante à regarder. Glaçons de rigueur. Mominette pour les pusillanimes.

Le Ricard est l'apéro français : un nom propre devenu lieu commun des pastis alignés sur le zinc, plus ou moins « noyés » selon les goûts. Certains préfèrent le Pernod 51, voire le Berger blanc s'ils ont vécu en Afrique du Nord. Mais un apéro digne de l'appellation se fait au Ricard. Car on dit « se faire un apéro » comme en d'autres circonstances on fait l'amour, la fête ou de la planche à voile. J'aime à peu près tous les breuvages apéritifs, hors le whisky, mais si je tombe dans une embuscade, je commande un Ricard. Chacun remet la sienne, je m'exécute comme il se doit et l'ivresse parfumée à l'anis qui nous gagne rompt les amarres avec la réalité. Qu'est-ce qu'une embuscade ? Un conclave inopiné de quatre, cinq ou six copains devant un zinc qui généralement n'est pas une terre étrangère. L'euphorie débute au deuxième Ricard ; elle s'affirme au troisième. Un autre « moi » supplante celui des jours ordinaires, le discret fanfaronne, le timide ouvre les vannes des confidences. Son chef de service est un connard, sa belle-mère une emmerdeuse. Le tour de l'épouse vient à la quatrième tournée, elle n'a rien perdu pour attendre.

Justement, il est déjà huit heures, elle attend à la maison. Les plus timorés – ou les plus mal mariés – s'éclipsent les premiers. Les autres ont lâché bride aux « J'aurais pu... », aux « J'aurais dû... ». Des envies se réveillent ; des convoitises s'avouent. On aimerait vivre ailleurs, changer de métier, mais les ailes qui ont poussé dans les neurones ricardisés retombent en un « Remets-nous la dernière » pas très martial. « La dernière. Et en vitesse. » On consulte sa montre. Vingt heures trente. « Je vous quitte. J'ai mon beau-frère à dîner. » Variante : « C'est l'anniversaire de ma fille. » Il sort en titubant. Reste un dernier carré dont les timbres de voix sont à la fois pâteux et tonitruants. Dehors, il pleut, la nuit est noire. Dedans, on baigne dans un cocon. Aucune envie de se séparer. Entre boulot et dodo, l'apéro est un havre de liberté, d'égalité, de fraternité. Havre plus ou moins précaire, selon le caractère de l'épouse. Huit heures quarante-cinq : le mieux marié (ou le célibataire) propose d'aller dîner ensemble sur le pouce dans une auberge appropriée. Les autres s'éloignent pour aller téléphoner. Un de chute : « Je ne peux pas. Ma femme a invité son chef de bureau. » C'est probablement un mensonge, pour ne pas perdre la face. Ils ne sont plus que deux pour le « der des der » et ils iront dîner dans la gargotte voisine. Désormais ils ont le temps, ils le prennent mais, à deux, la belle euphorie retombe, un apéro à la française se « fait » à quatre ou davantage et, le patron a beau remettre sa tournée, le Ricard n'a plus le goût de la liberté, les buveurs prennent leur cuite avant de prendre une engueulade.

Rires

Nous aimons rire et nous ne sommes pas regardants. L'humour des Anglais, plus subtil que le nôtre, prête plutôt à sourire. Celui des juifs aussi. Dans les deux cas il y a des sous-entendus à foison, sociologiques ou psychologiques (Woodhouse, Woody Allen, etc). Nos rigolades sont plus franches, et font leur beurre de la moindre trivialité. Un rien nous fait rire, fût-ce à nos dépens. Jamais sans un rien de tendresse. La servilité avec le supérieur hiérarchique du fonctionnaire, son formalisme imbécile nous tordent les boyaux quand de Funès les incarne dans *Le Gendarme de Saint-Tropez*. Pour autant, nous ne haïssons ni ne méprisons les braves gendarmes, ils nous attendrissent. Comme nous attendrit Bourvil dans ses rôles d'idiot naïf. Tout nous convient pourvu qu'on rigole bien gras, même nos déboires face aux Allemands : l'Occupation, qui ne fut pas plaisante à vivre, nous en faisons une farce sur le dos du soldat du Reich (*La Grande Vadrouille*), avec la rituelle bonne sœur à cornette, toujours un peu ridicule, toujours jolie et sympa. Si le ridicule nous amuse aussi follement, c'est que nous mettons au-dessus de la vertu, au-dessus de la dignité, au-dessus de la vérité quelque chose d'indéfinissable, un mixte d'élégance, d'allégresse, de fluidité. Le naturel en somme, le bon naturel du Français quand il oublie d'être envieux ou dépressif. Alors il pouffe sans vergogne en voyant *Le Distrait* (Pierre Richard) se tromper de porte, le cocu (Molière, Feydeau, Fernandel) en proie à son infortune. Les pétarades de *La Soupe aux choux* (encore de Funès) ou l'anachronisme du cousin dans *Les Visiteurs* le font hurler d'un rire pour ainsi dire primordial. Il rit à peine moins bruyamment quand *Mon oncle* (Tati) affronte avec candeur le modernisme bêta de sa nièce. Existe-t-il un autre pays que celui de Proust pour rire d'aussi bon cœur d'histoires salaces à faire rougir une star du porno ? Le « beauf » de Fernand Raynaud, c'est le Français moyen, et il en rigole autant que du politicien brocardé par Mailhot ou Amadou, pour lequel il vient cependant de voter. Existe-t-il un autre pays que celui de Guignol où les parents, fussent-ils bourgeois du genre empesé, emmènent leurs enfants au spectacle d'un gendarme rossé par un pitre ? Cette propension à rire de tout, à rire de nous, reflète un anarchisme impénitent de Gaulois pas totalement romanisés. Les rois, les princes, les curés, les ronds-de-cuir et les milliardaires, les chefs variables de cet État qui nous importe et nous accable, les flics et les magistrats, les maîtres à penser, les maîtres tout court – tout ces gens-là prêtent à rire, car nous ne les prenons pas au sérieux. L'esprit de sérieux nous fait rire. Le Français ne sera jamais sérieux et plus il rit, mieux la France se porte. Même s'il rit pour ne pas pleurer.

Riviera (La)

Ses âges d'or sont révolus, les promoteurs l'ont saccagée, les parvenus l'ont dénaturée, les badauds l'ont engorgée, les mafias l'ont gangrenée, les retraités y ont proliféré. C'est un piège à touristes à qui l'on brade une Provence de pacotille avec les chromos les plus éculés. Que reste-t-il du cap d'Antibes du temps où les Murphy recevaient les

Fitzgerald à la Garoupe ? Que reste-t-il du Nice de Berthe Morisot, du Cagnes de Pagnol, du Monte-Carlo de Cocteau ? Que reste-t-il du cap Ferrat où Gide venait relancer Malraux ? Tendre était la nuit à La Garde-Freinet, à Mougins, à Èze, à Valbonne, à Saint-Paul-de-Vence, à Biot quand ces villages n'étaient cernés que de pins, de chênes et de fleurs. Tendre était la nuit à Porquerolles quand Simenon s'y installa. Tendre et prodigue en voluptés.

La Riviera qui inspira Monet a été folklorisée, touristisée ou snobinardisée à l'image de La Colombe d'Or, de l'Éden Roc, du Grand Langoustier, *et cætera*. Trop de boutiques d'« art », de faux joueurs de pétanque ou de belote, de faux loups de mer. Trop de bronzés, trop de friqués.

Et pourtant... Si la Riviera n'est plus qu'un mirage, j'en suis l'alouette au même titre que les millions de pékins qui continuent de s'y agglutiner. La Côte d'Azur a beau être frelatée et pis encore, je ne conçois pas de passer une année sans y faire une incursion ou plusieurs. L'hiver de préférence, quand les derniers mimosas, les premiers prunus et les premiers bougainvilliers égayent le vert sombre des pins parasols, le noir des cyprès, l'ocre délavé des maisons. Toujours j'y reviens, et toujours le même enchantement m'inonde de plaisir, dans le 83 autant que dans le 06. Chacun sculpte sa Riviera avec l'argile de ses songes. La mienne débute entre les palmiers de Hyères et le stade Mayol à Toulon, derrière la rade, quartier de Besagne. J'ai des souvenirs (amoureux) sur les pentes du Faron, j'en ai d'autres (amicaux) à Porquerolles. Rien que de moche entre Hyères et Bormes-les-Mimosas. Des aperçus paradisiaques jusqu'au Rayol. Découpée entre les arbres d'une villa où j'ai des attaches, la mer scintille comme si la main de Dieu y avait lâché des diamants par milliards. On voit danser des focs, on aperçoit les îles du Levant et de Port-Cros. Saint-Tropez, Gassin, Ramatuelle, la baie : ça reste beau, me dis-je en soupirant dans ma voiture qui fait la queue depuis une heure à l'entrée de la presqu'île. Tout aussi beau le rivage entre Boulouris et Théoule, avec ce rouge des rochers dentelés de l'Estérel sur lesquels moussent les vagues. Cannes ? Encore des souvenirs – un dîner au Suquet avec Richard Anthony, arrosé à la nostalgie de l'époque où ses tubes me serinaient les neurones tandis qu'en longeant la Croisette jusqu'au Palm Beach, je roulais des mécaniques comme Delon dans *Mélodie en sous-sol.* Souvenirs du Festival aussi, plus contrastés car en smoking je me sentais déguisé et comme intrus parmi les « officiels ». Golfe-Juan : une pensée pour Napoléon, une autre pour Cyril Connolly. Les remparts d'Antibes, les rues pentues, un air de Sidney Bechet, le fantôme de Fitzgerald, la cathédrale dont le baroque ressemble à celui de Sainte-Réparade à Nice ou de Saint-Pierre à Villefranche. La baie des Anges après les horreurs bétonnées en forme de pyramide à Villeneuve-Loubet. Finalement j'aime Nice autant que Marseille. Différemment. Ce n'est plus la Provence, pas encore l'Italie. La route de moyenne corniche jusqu'à Monaco ménage des vues d'anthologie. Le détour par Villefranche ne me déçoit jamais. Finalement j'aime Monaco, parfait mirage, plus jaune qu'ocre. Ce n'est plus la France. Ni la Provence. Encore moins la province et pas non plus l'étranger. C'est une opérette dont les héroïnes sont toutes des princesses. Tout est décor à Monaco, même le stade Louis-II, sur le rocher où les Grimaldi sont suspendus au-dessus de la baie. À chacun sa princesse. Les midinettes ont celles du Palais. Moi, j'en ai une à titre d'amie, infiniment plus belle que les vamps des magazines people en transit sur les yachts alignés dans le port. Elle s'appelle Alexandra. Blonde comme les blés, mince comme une liane, de grands yeux de biche, un sourire à damner les moines de Lérins. Lorsque j'entre à ses côtés dans un restaurant chic, je me sens dans la peau d'un play-boy défiscalisé. Impression fugace, je n'ai ni les moyens, ni le goût, ni le physique du rôle. Mais, pour moi, la rutilance capiteuse de la Riviera, son côté langoureusement « Années folles » à la Jean Lorrain, c'est Alexandra qui les focalise. Son charme m'entête jusqu'à Menton qui est un peu Nice en modèle réduit. J'aime pousser jusqu'à Vintimille qui est une Menton un peu napolitaine.

Il pleut sur la Corrèze, c'est l'hiver. Je ferme les yeux et je vois scintiller une longue guirlande de lumières sur une Croisette qui débute sur la presqu'île de Giens et s'achève sur la grève de Roquebrune en passant par la baie des Anges. La mer est bleue, la mer est verte. La mer est noire, des étoiles picorent le ciel. Je m'éloigne du rivage, la route grimpe à flanc de gorges, me voici dans un village juché sur un piton où des maisons roses se planquent derrière des fleurs. Je redescends. La mer est toujours là. Ce songe est banal, il ensoleille les nuits blanches de tous les Français et de tous les Anglais, sans compter les Bataves, les Américains et désormais les Slaves fraîchement enrichis. Ceux qui dorment dans les campings n'ont rien à envier aux habitués du Carlton, du Victoria ou de L'Hermitage, c'est le même songe, exactement. La même illusion si l'on veut. Sa teneur associe dans un même cocktail *on the rocks* l'imagerie de la Provence, l'exotisme d'un bord de mer où le palmier ne dépérit pas, une sensualité qui jette sa gourme et une petite touche d'élégance festive. Tendre reste la nuit sur la Riviera, tous les hommes se métamorphosent en un Scott Fitzgerald, toutes les femmes en une Zelda. Envoûtement garanti.

Roland

On ne sait pas si l'ennemi avisé par Ganelon était sarrasin ou basque. On ne sait presque rien de Roland, marquis de Bretagne, c'est la chanson de geste qui a enfanté le mythe : la parenté avec Charlemagne, l'ami Olivier, la fiancée Aude, l'épée Durandal, la mort à Roncevaux, l'ange Gabriel qui l'emporte au Paradis. On ne sait pas si ce preux et ses compagnons sont inhumés à Blaye, autour de Saint-Seurin à Bordeaux, ailleurs ou nulle part. L'important, c'est la légende. Nos rois et nos chefs militaires en ont beaucoup usé durant le Moyen Âge. Dans notre imaginaire, Roland précède les héros – du Guesclin, Jeanne d'Arc, Bayard – qui nimbent l'histoire de France d'un halo où le fait d'armes rejoint la quête mystique. Si l'apparition historique du chevalier n'est pas propre à la France, l'adjectif « chevaleresque » nous appartient avec sa charge de bravoure, de panache et de compassion, sa touche de surnaturel.

S

Saint-Denis

On peut s'offrir un long voyage dans l'histoire de France pour le prix d'un ticket de métro, ou de RER si l'on est pressé. Il suffit de descendre à la station « Saint-Denis-Basilique ». Les abords sont peu romantiques, on contourne une mairie lourdingue au possible, on traverse une place dépourvue du moindre charme. L'édifice lui-même ne paye pas de mine ; il manque une tour comme à la cathédrale de Strasbourg et le Christ en majesté du tympan mériterait un coup de torchon. On est d'autant plus émerveillé en découvrant le chevet de Suger. Pureté, simplicité, luminosité céleste, c'est le premier gothique à son apogée, on se sent de plain-pied avec la cohorte des pèlerins qui sont venus prier ici, avant et après la construction de cette basilique.

Avant, c'est la sépulture de saint Denis, l'exhortation de sainte Geneviève, les temps mérovingiens. Il en reste quelques pans de mur, dans la crypte. Le voyage au long cours, c'est dans cette crypte qu'on le fait. Presque tous nos rois, des reines, des princes à foison y reposent. Certains dans des mausolées Renaissance ou baroques, d'autres sur des gisants, d'autres encore sous des dalles, ou bien encastrés dans le mur. Du Guesclin est admis dans cet empyrée qui déborde autour du chœur et curieusement ce qu'on éprouve n'a rien de morbide, on se balade comme dans un jardin fleuri. On a beau savoir que la Révolution a ouvert ces tombes et balancé les ossements dans une fosse commune, on est pétrifié d'émotion si on aime la France, quoi qu'on pense de ces rois dont la plupart m'auraient fait pendre s'ils avaient su mon allergie à tout pouvoir. À la limite, la profanation ouvre à l'imagination des portes inouïes, on peut présumer le crâne de Philippe Auguste assujetti *ad aeternam* aux membres de Charles VII. Ce ne sont plus des êtres bons ou vils, c'est l'âme profuse de notre pays, je la sens physiquement, elle enclenche un flux indistinct de réminiscences, elle réveille nos imageries d'écolier, que nous ayons ou pas fréquenté ultérieurement les historiens. Tous ces rois affublés d'un qualificatif qui me les rendait à la fois mystérieux et proches, le Chauve, le Gros, le Bon, le Sage, le Lion, le Fou, le Pieux, le Bel, le Hutin, le Hardi...

En sortant de cette crypte on cligne des yeux ; le monde contemporain nous paraît fallacieux, presque irréel. Une avenue où déambulent des foules bigarrées débute sur la place, et va se perdre Dieu sait où. C'est Saint-Denis au siècle vingt-et-unième, des Français venus d'ailleurs, souvent de loin. Sans le savoir ils pérennisent les hautes époques où des gens de toute provenance affluaient vers la basilique, décrétée cathédrale depuis peu.

Les foules aujourd'hui convergent plutôt vers le Stade de France, autre basilique. En RER, il faut descendre à la station d'avant. J'y viens souvent, pour d'autres communions, foot ou rugby. Quand retentit *La Marseillaise*, les âges en moi se confondent, les divinités païennes évoluant sur l'herbe déjouent si joliment la pesanteur et rejoignent les rois guerriers qui partaient au combat en hurlant « Montjoie... saint Denis ». Syncrétisme accrédité par les signes de croix qu'ébauchent certains joueurs lorsqu'ils sortent du tunnel. Et je n'oublie pas mon saint patron sans lequel Saint-Denis ne serait qu'une banlieue, ou qu'un stade. J'y repense chaque fois que j'aperçois le toit verdâtre de la basilique depuis Saint-Pierre-de-Montmartre.

Saint Louis

Un roi de France canonisé, on peut en être fier. D'autant que Louis IX était beau gars et brave mec. Sportif, enjoué et même coléreux à l'occasion, pieux assurément, mais amoureux charnellement de la vie ici-bas. Il l'a prouvé en faisant neuf enfants à son épouse Marguerite. Rien de la cruauté et de la rapacité de son frangin Charles d'Anjou de sinistre mémoire. Vaillant au combat, meilleur même dit-on que son grand-père Philippe Auguste. Son œuvre de juriste est louable. Il a protégé les universités et son copinage avec Thomas d'Aquin prouve qu'il avait du répondant philosophique. Compatissant avec les humbles, sans indulgence pour les puissants, comme en témoigne son verdict dans l'affaire de cette dame de Pontoise d'auguste lignage. Elle avait pris un amant jeune et beau pendant que son mari guerroyait auprès de son roi lors de la septième croisade. Le mari revient. Elle n'en veut plus et le zigouille en l'étouffant avec son propre foulard et la complicité de l'amant. Lequel se fait piéger par la police, avoue son crime, est condamné sans jugement, brûlé vif. On découvre que son amante avait fomenté le crime. Va-t-on la punir ? Elle s'est confite en dévotion. Et puis elle est jeune, et d'un rang social si élevé que toute la Cour la protège, y compris la reine Marguerite. Saint Louis s'instruit du dossier, et décide : au feu la belle, comme l'amant ! Dont acte. À sa place j'aurais été plus clément pour l'une et l'autre, mais au siècle des cathédrales on tranchait dans le vif.

Certes ses deux croisades ont mal tourné, et il est mort à Tunis sans avoir pu prouver – au pape, aux croisés, à lui-même –, qu'on peut convoiter Jérusalem sans tueries ni pillages. Sans doute aurait-il mieux fait d'écouter le sage Joinville ; mais il rêvait une croisade idéale et ce rêve, on ne peut pas le renier, il est consubstantiel à l'histoire de notre Moyen Âge, pour ne pas dire à l'histoire de France.

L'imagerie du saint roi rendant la justice à Vincennes, sous un chêne, n'est pas usurpée. Elle m'émeut chaque fois que je longe les douves du château. Et je trouve d'une beauté fraîche et lumineuse la tête de Saint Louis sur un des vitraux de Saint-Denis où ses restes ont été rapatriés, non sans mal.

Sainte-Chapelle (La)

On aperçoit la dentelle de la flèche si on descend le Boul'Mich ou si on longe les quais sur la rive droite, mais l'édifice est littéralement encaserné entre le Palais de Justice et la Préfecture de Police qui avec l'Hôtel-Dieu dénoncent l'incurie architecturale de la seconde moitié du XIXe siècle. Avoir ainsi mis la

Sainte-Chapelle sous ce boisseau lourd et grisâtre est une offense majeure au lieu le plus sublime du patrimoine français. Ce lieu – la chapelle haute –, on y accède par un escalier à vis et on habite soudain un univers où le merveilleux va sans dire et conquiert l'âme en traversant le cœur, sans s'arrêter.

Dans cette forêt de vitraux où scintille en rouge, bleu et or une lumière céleste, on n'a même pas envie de prier, encore moins de s'ébahir : la religiosité qui nous habite est à la fois trop éthérée et trop évidente, on se transmue en un fidèle du temps de Saint Louis. Dieu est là, autour de nous, en nous, attesté par les reliques de la Passion de Son Fils, car cette chapelle est un reliquaire, le roi a payé très cher le patriarche de Constantinople pour ramener la couronne d'épines. On va partir pour la septième croisade et, si l'on y laisse sa peau, on attendra à ses côtés la consommation de ces siècles inaugurés par la Genèse, accomplis sur la Croix. Cette histoire est racontée par les vitraux, comme une BD ; son épilogue – l'Apocalypse – est le sujet de la rosace (fin XVe siècle, époque troublée et charnière) où un vert d'une pâleur équivoque module les chatoiements ineffables du bleu, du rouge et de l'or. On peut passer des heures, des jours, des années à contempler les mille et quelques panneaux des quinze verrières. Ou les statues des apôtres avec leurs disques crucifères. Ou le Christ bénissant du trumeau. Ou la flore gothique des chapiteaux. On peut consacrer une vie à l'histoire de la Sainte-Chapelle, sans négliger les restaurations du XIXe (dont la flèche) et en rendant hommage à Viollet-le-Duc qui ne fut pas toujours aussi inspiré. À cet égard, la chapelle basse en forme de crypte, jadis paroisse des habitants de la Cité, est un bon prolégomène à l'éblouissement qui nous attend là-haut où seuls les rois, leurs intimes et leurs invités de marque avaient accès. Les historiens de l'art n'en finiront jamais d'élucider le mystère d'une spiritualité émanant si spontanément, d'une lumière changeante au gré des heures, des saisons et de la météo. La France du grand XIIIe siècle, la France qui enchâsse notre patriotisme dans un halo sacramentel, c'est la chapelle haute de la Sainte-Chapelle reliquaire. Les touristes qui font la queue côte à côte avec les amateurs de procès d'assises, sur l'affreux boulevard du Palais, ne s'y trompent pas. Aucun murmure là-haut, un recueillement pas forcément religieux, la conscience vague autant qu'immédiate d'une instance dont on ignorait en soi l'existence. Un « hussard noir » communiait forcément dans cette extase avec un Péguy ou un Bernanos : l'amour de la France, toutes opinions confondues sur sa mission et sur son âme, le coup de foudre amoureux, nous transperce là-haut sous cette pluie de lumière séraphique. Qui ne ressent pas cela n'aime pas vraiment la France – ou alors il s'en tient à des amourettes sans suite, parce que sans haute mémoire.

Saintes (Deux)

Je les associe dans une même vénération affectueuse, nos petites saintes de la seconde moitié du XIXe siècle, Thérèse succédant à Bernadette comme pour allonger le sillon d'une spiritualité toute de candeur. Elles ont vu apparaître la Vierge, elles ont porté l'habit de religieuse et elles n'ont pas fait de vieux os. Surtout Thérèse, morte à vingt-quatre ans. Bernadette a traîné la misère de son corps jusqu'à trente-cinq ans. On ne le croirait pas, au vu de son visage exposé au couvent Saint-Gildard à Nevers, il a gardé le sourire de l'enfance, émerveillé par la beauté des mains de sa Madone. Morte dans l'anonymat, Thérèse a été béatifiée dès 1925 avant d'être décrétée « sainte patronne secondaire de la France » par Pie XI (1944), puis docteur de l'Église par Jean-Paul II (1997). De tels honneurs l'auraient fait sourire. Bernadette faisait déjà l'objet d'un culte (ainsi que sa grotte) à sa mort bien avant sa canonisation (1933). Sa hiérarchie lui trouvait de la malice et de l'orgueil. Cléricales ou profanes, civiles ou militaires, les hiérarchies ont toujours du mal avec les êtres qui sortent de la norme. Surtout si elles paraissent aussi désarmées que nos deux gamines. À l'âge où Bernadette voit la Vierge pour la première fois – quatorze ans –, Thérèse s'apprête à entrer au Carmel. Elles ont à peu près la même relation humble et confiante au surnaturel en dépit de la différence des milieux et des éducations : Bernadette, pauvresse bigourdane, illettrée, bonne à tout faire, fille d'un meunier sans grain ni meule. Thérèse, rejeton d'une bourgeoisie d'Alençon confite en piété (quatre sœurs religieuses), et qui rédigera sa célèbre autobiographie.

L'une et l'autre attirent depuis un siècle des foules de pèlerins autour de deux basiliques esthétiquement discutables, mais à une certaine altitude de la piété on n'y prête plus attention. Sans Lourdes et sans Lisieux, la France ne serait pas la même et nos voisins la considéreraient différemment. Pas seulement dans les sphères catholiques. Il faut être venu à Lourdes pour percevoir cette qualité inouïe de l'espérance, chez le pèlerin de base ou chez le malade incurable. On oublie vite les marchands du Temple. On oublie même, si l'on est rugbyphile, l'autre miracle (mineur) : le grand FC Lourdes des années cinquante, initiateur du jeu dit « à la française » au stade Béguère. On n'oublie pas la ferveur devant la grotte, les larmes de joie, l'imbrication de la souffrance dans les élans de pur bonheur. Il faut connaître Lisieux pour apprécier la fascination qu'inspire la mystique de Thérèse (« la petite voie »), sa réclusion précoce, la brièveté touchante de son intrusion sur la terre des hommes.

Spécialité française du XIXe siècle (avec l'anticléricalisme), le culte marial nous a offert ces deux petites saintes sans fioritures. Vraiment je les aime beaucoup, chacune dans son style, Bernadette plus rustaude et qui parlait à Dieu en patois bigourdan, Thérèse un peu plus policée et conceptuelle, mais dans le ravissement leur sourire est le même. Il emprunte sa douceur à une autre sainte française, qui avant elles a vu aussi la Vierge et comme elles s'est faite religieuse : Catherine Labouré. On n'est pas obligé d'être catholique et de croire aux miracles pour apprécier ce que la texture de la féminité française leur doit. D'une certaine façon, Emma Bovary est leur disciple, autant ou presque que ces jeunettes à cornette des Hospices de Beaune qui prêtent à rire dans *La Grande Vadrouille.*

Seine (balade sur la)

Le voyage enchanté débute au pont Sully où s'achève l'île Saint-Louis avec le bel arrondi de l'hôtel des Rothschild et le square en proue de bateau agrémenté d'un monument à la gloire de Barye. On peut admirer l'ordonnancement du quai de Bourbon, ou bien les hôtels de Miramion et de Nesmond sur le quai de la Tournelle. On a salué au passage la statue blanchâtre de sainte Geneviève protégeant un enfant, et aperçu entre les deux îles la dentelle du haut de la tour Saint-Jacques puis le clocher de Saint-Gervais. On aperçoit aussi le dôme du Panthéon sur le morceau de ciel découpé par la rue de Bièvre aux immeubles ventrus et qui ondule comme pour cacher on ne sait quels secrets des temps médiévaux. On tombe en pâmoison devant le chevet de Notre-Dame. Floraison magnifique des arcs-boutants. La rosace nous éblouit tellement qu'on a tendance à occulter la petite place délicieusement ombragée de platanes où la rue de Maître-Albert se jette sur le quai Montebello. Mieux vaut porter son regard sur la fontaine Second Empire de la place Saint-Michel que sur la tourelle du Quai des Orfèvres d'où Maigret regardait passer les péniches. Les immeubles de brique rose et chaînage blanc de la place Dauphine souffrent de voisinages inesthétiques, qui nuisent à son élégance. Elle reste néanmoins un bel attendu de l'architecture profane du début du temps des Mousquetaires, comme en témoignent les deux pavillons à la pointe de l'île de la Cité, devant la statue d'Henri IV. Ce roi voulait que cette place fût la plus grande d'Europe. Ravaillac nous en a privés et le XIXe siècle nous a infligé les bâtiments de l'Hôtel-Dieu, du Palais de Justice et de la Préfecture de Police. Passé l'hôtel de la Monnaie, l'œil hésite à hauteur du pont des Arts entre deux joyaux : à gauche, l'Institut ; à droite, le Louvre dont la façade rosit au couchant. C'est d'ailleurs quand Paris s'habille pour la nuit qu'il faut longer le fleuve en voiture ; le jour, on s'attarde aux étals des bouquinistes, on va musarder dans les îles ou bien on se perd dans les rues qui débouchent sur les quais de la rive gauche et offrent des abrégés architecturaux des siècles quinzième (Montebello), seizième (Grands-Augustins) et dix-septième (Conti, Voltaire). On n'est pas obligé d'apprécier l'ancienne gare d'Orsay, elle a de la superbe bourgeoise mais elle manque de grâce. Paul Morand a écrit qu'en France le mauvais goût débute avec Napoléon III. Il a tort et raison. Les lampadaires de la Concorde installent une féerie qui nous parachute à la Belle Époque avec ceux du pont Alexandre-III, la verrière et les chevaux du Grand Palais. La nuit, c'est joli. Entre-temps le parallélisme des colonnes du Palais-Bourbon et de la Madeleine nous fait reculer d'un siècle. Néoclassicisme plutôt majestueux, mais sans le génie qui sublime en or le dôme des Invalides. Il domine sans ostentation le plus beau monument louis-quatorzien (après Versailles) et fatalement on se souvient que, derrière l'église Saint-Louis et sa forêt d'étendards, il y a le tombeau de Napoléon. Toujours lui. On a eu juste le temps d'entrevoir les fantômes de l'histoire de France qui ont leurs habitudes à Notre-Dame et au Louvre mais ils sont là – Moyen Âge, Renaissance, âge classique, âges modernes aussi car tous les poètes, tous les chanteurs ont rimé ce rivage. De sorte qu'un songe nous accompagne, ébloui par les néons bleuâtres des bateaux-mouches. Alma, tour Eiffel, Trocadéro : fin du circuit ; en aval la Seine n'a plus rien de magique à dévoiler. Allons la revoir à Troyes, à Rouen ou à Caudebec ; le pont Mirabeau ne mérite pas les amours d'Apollinaire et l'ère industrielle a trop dénaturé ce que les impressionnistes avaient magnifié entre le pont de Sèvres et Mantes.

Ce voyage de vingt minutes – sauf encombrement sur les quais – aucun autre fleuve n'en propose l'équivalent, il s'en faut de beaucoup. Le regard se polarise sur les atours majeurs, mais il peut glaner le chevet de Saint-Julien-le-Pauvre derrière le square Viviani. C'est la plus vieille église de Paris. On peut même entrevoir les arcs du chevet de Saint-Séverin, puis le clocher de Saint-Germain-l'Auxerrois. Mais on n'a pas eu le temps de se retourner pour apprécier les arches du Pont-Neuf. Ni de s'attarder sur le pont des Arts d'où la vue sur la Cité et les quais est un enchantement. Elle l'est tout autant depuis le pont Royal. Le mieux est de refaire la balade à pied, sans se presser, c'est un kaléidoscope presque complet du génie architectural français.

Solferino

Plantés sur du sable envahi de fougères, les pins inscrivent leurs cimes à l'horizontale sur des ciels dont les nuages viennent de l'océan. On est au cœur des Landes, venant de Sabres, localité qui résume le charme étrange de ce pays presque africain avec ses airials ou ses marquezes ouverts à tous vents. D'ailleurs, les Landes sont une colonie plutôt qu'un département ; elles ont inspiré aux deux Napoléon des idées pionnières et l'étrangeté des noms de lieux – Azur, Hinx, Lit-et-Mixe, Boos, Ousse, Herm, Orx, Linxe, Uza – donne l'impression d'évoluer dans une contrée un peu lunaire.

Toujours les pins à basse altitude s'ils sont dans l'enfance, fermant l'horizon s'ils ont grandi, de part et d'autre de départementales coupées de sentiers qui vont se perdre vers d'autres plantations. Quand j'étais étudiant, on écorchait les troncs des pins et la résine suintait dans un pot de terre. Déjà j'aimais m'enfoncer dans les Landes, il me semblait que rien de mal ne pouvait m'y atteindre. L'âme ensommeillée voudrait ne plus en sortir, on est presque déçu de voir un clocher.

Soudain, alignées de part et d'autre de la route, douze maisons de poupée carrées, avec un péristyle de bois et autour juste de quoi planter quelques choux. Dix totalement identiques, deux à peine plus vastes, et, au bout de ce village pour conte de Noël, une petite église toute simple, toute nue, qui se voudrait romane, on a envie de la croire.

C'est Solferino, une ébauche enfantine de « ferme modèle » conçue par Napoléon III. Les Landes doivent beaucoup à cet empereur à barbichette qui ressemblait à un cocker. On l'a méjugé, il mérite mieux que les brocards de Victor Hugo et j'aimerais bien qu'on rapatrie sa dépouille. Il avait des idées politiques : il aurait voulu que les Français fussent heureux. Le Français en général, l'intello en particulier, est porté à chimériser des sociétés idéales. Donc invivables. Fourier, Cabet, Considérant, Saint-Simon, etc. L'époque prédisposait à ce genre d'illusion, les utopies foisonnaient, l'homme allait en finir avec ses maux ancestraux. Le projet avorta pour cause de guerre perdue contre les Prussiens et d'abdication subséquente. Il en reste ces douze adorables petites maisons. C'est bien la seule intention idéologique qui me touche, sans doute parce qu'elle a sombré avant que d'être mise en application. Si la « ferme modèle » avait fonctionné, les locataires se seraient chamaillés, comme partout, tout en débinant les occupants des deux maisons plus cossues, censés probablement être les patrons ou quelque chose d'avoisinant. Reste ce petit songe creux, ce mirage d'harmonie entre pins et pins, complètement paumé encore que le TGV traverse la forêt à quelques kilomètres. Chaque fois que je baguenaude dans la forêt landaise, je fais le détour par Solferino et, chaque fois que le TGV descend à Dax ou à Biarritz, j'y pense aux abords de Morcenx avec un certain sourire.

Sous-préfecture

Ce n'est souvent qu'une simple maison bourgeoise aux prétentions vaguement patriciennes, avec un parc enclos de hauts murs. Il arrive que les locaux administratifs soient au rez-de-chaussée ou dans une aile, la « résidence » à l'étage. Un drapeau tricolore marque son éminence, c'est la république incarnée. Les prérogatives institutionnelles du sous-préfet sont modestes. Il n'est que « sous », et la préfectorale a perdu de son lustre depuis que la décentralisation a recréé des comtes, les présidents des conseils généraux. Mais, s'ils ont le pouvoir et le fric, ils n'ont pas le prestige de l'uniforme. Un élu, ça peut être n'importe qui. L'État, en France, ce n'est jamais n'importe quoi.

Jadis le sous-préfet était un jeune énarque, ou un chef de bureau promu en fin de carrière. Le recrutement a été élargi, sa provenance est plus incertaine. N'importe, il continue d'incarner la France « officielle », et la « résidence » demeure le lieu de convergence des notabilités locales. C'est touchant. La sous-préfète reçoit. Des maires, des conseillers généraux, des professions libérales, l'industriel du coin, le patron de l'agence du Crédit agricole, des responsables de l'associatif, le curé, le localier, un « artiste » parisien qui s'est établi à la campagne. Elle s'est fait une ou deux copines, épouses de notables, et ensemble elles vont chiner au chef-lieu. Sa domesticité est souvent réduite aux acquêts d'une cuisinière à temps partiel. Pas de chauffeur pour aller faire des courses dans une « vraie » ville, comme l'épouse du préfet. Elle ronge son frein, elle s'ennuie, elle bovaryse mais, dans sa position, la prudence s'impose, la ville est si petite. Elle rêve évidemment d'être « préfète » de plein exercice. Son mari aussi. Un jour, peut-être... En attendant, il gère la symbolique de sa fonction, qui est modeste mais pas sans noblesse. Les patelins qui ont été sous-préfectures et ne le sont plus – Lapalisse dans l'Allier, Lectoure dans le Gers – portent le deuil d'une dignité inconcevable ailleurs qu'en France. C'est l'État qui veut ça. Dans sa superbe des palais nationaux, il m'exaspère ; dans ses humbles atours bocagers, il m'attendrit. Lorsque je traverse un patelin auréolé de la dignité sous-préfectorale, je m'arrange pour débusquer la « résidence » et j'imagine une sous-préfète songeuse, dans un salon plus ou moins Second Empire, occupée si l'on peut dire à regarder par la fenêtre des oiseaux s'envoler vers le chef-lieu.

T

TGV (Le)

Il m'est arrivé de me poster au cœur des Landes, parmi les pins, en retrait du ballast, pour l'ivresse de le voir pointer son long museau de squale. Un bruit qui n'est pas celui des trains. Le serpent bleu a déroulé ses anneaux, il file en hurlant ; les battements du cœur s'accélèrent, c'est vertigineux, mais le mirage a décampé, il n'en reste que deux lumières qui vont vite disparaître, là-bas, sur les rails.

Le TGV a le genre de beauté du Concorde ; à force d'épurement, son fuselage inspire la comparaison avec les orbes de Brancusi – comme si, au terme de sophistications de plus en plus délirantes, il fallait en revenir aux archétypes élémentaires de l'esthétique. Les TER se sont mis à lui ressembler, en moins effilé.

Si je le prends à la gare de Lyon, il me largue à Montchanin, à Lausanne, à Mouchard, à Valence ou à Aix. J'aime assez ses gares improvisées à même la

campagne avec du métal et du verre. L'attente n'a pas le même goût que dans les gares ordinaires et, à peine débarqué, on se retrouve au milieu des champs ou des bois. J'aime tout autant le prendre à Montparnasse et retrouver l'accent landais au buffet de la gare de Dax. Ou débarquer à Surgères, à Ruffec (pas de buffet), à Auray. Si Dieu me prête encore un peu de vie je connaîtrai toutes ses escales, elles ne sont pas nombreuses et, malgré l'interdiction de fumer, je me trouve bien dans un TGV, il déroule autrement que les rapides ordinaires des paysages à la fois reconnaissables et inédits. Eu égard à son prestige international, on peut lui reprocher l'insigne médiocrité des plats qu'il faut aller quérir dans un « espace » en faisant la queue. Mais, comme il arrive toujours à l'heure, le plus sage est de patienter jusqu'à destination ; où qu'il nous ait largué, on trouvera une bonne auberge dans les environs. Seul inconvénient majeur : le cadre « busy » qui nous tympanise en dictant à haute voix son courrier à sa secrétaire. On est pourtant prié, dans certains wagons, d'éteindre son portable. Une fois n'est pas coutume, il me serait agréable que le règlement soit respecté. Autre raseur : le timbré aux oreilles branchées sur i-Pod qui écoute de la techno en se dandinant comme font les ours dans les zoos. C'est la vie moderne qui nous inflige ça, le TGV n'y est pour rien ; son roulis nous inciterait plutôt à risquer *mezzo voce* l'approche de la voisine de compartiment qui rêvasse en regardant filer des paysages.

Tronçais (La forêt du)

Le plus simple est de prendre pension à l'auberge du Rond Gardien. Goudronnées ou cavalières, les pistes s'élancent entre des régiments de chênes plusieurs fois centenaires, filtrant la lumière, offrant sur quinze mille hectares l'aubaine d'une évasion civilisée. Car ici l'antique forêt a été métamorphosée en une chênaie admirable par la grâce de Colbert, pour les mâts et les coques de sa marine. D'ailleurs on trouve une « chênaie Colbert » où survivent quelques arbres de son temps. Il existe aussi un « chêne de la Résistance », ainsi rebaptisé après avoir été dûment mitraillé par des maquisards. Motif de cette (modeste) prouesse : le chêne avait été honoré précédemment par Pétain, lors d'une cérémonie à laquelle assistait Chevallier, son ministre de l'Agriculture, historien émérite de la forêt de Tronçais. Le pétainisme idéalisait l'arbre, triple symbole de l'enracinement. Taine aussi aimait bien les arbres – et moi, qui ne suis ni pétainiste ni tainiste, je les aime aussi, sous tous leurs dehors, dans le désordre d'un taillis, en solitaire sur un pré ou dans un ordonnancement « classique » comme à Bellême ou à Tronçais.

On croise un chevreuil, un lièvre détale, on entend hurler la meute d'un équipage. Car Tronçais se trouve aux confins du Berry et du Bourbonnais, tout près d'Épineuil, le village du *Grand Meaulnes*. Des restes de noblesse, calfeutrés dans des châteaux, y entretiennent le souvenir d'une France où l'on valsait sous des lustres vénitiens après avoir traqué le cerf. Souvenir ou illusion : en France on a du mal à faire la différence, même nos historiens fabulent. Dans aucune autre région de notre pays je n'ai constaté une telle prégnance de la particule et de l'armoirie, quelle que soit la décrépitude du détenteur. Les paysans du cru, qui ne valsaient pas, tergiversent encore entre le ressentiment et la révérence.

Ces particules, d'une authenticité inégale, se reçoivent, convolent, chassent et se reproduisent en vase à peu près clos, c'est un bon gibier pour l'ethnologie. N'étant pas raciste, je compte quelques bons amis dans ces tribus que le sens présumé de l'Histoire menace d'extinction. Je me souviens d'un souper, au Rond Gardien précisément, avec des spécimens assez représentatifs. Il fut question d'équipage à lièvre, de furets, de faucons. J'ignorais qu'on dressât encore des faucons. Moi qui n'ai jamais pu assassiner une mouche ou une vipère sans éprouver les affres de la culpabilité, j'étais fasciné par cette passion cynégétique, je la comprends sans la partager, il y a des analogies avec le rugby – l'esthétique des rituels, le culte de la tradition, un certain ésotérisme, le côté « meute », la ripaille entre soi. À l'hôtel de Guénégaud, les mots de passe des chasseurs, à tir ou à courre, me paraissent outrés et creux, ils me rasent. Au cœur de la forêt de Tronçais, ils sont appropriés, je m'en régale et, si telle noblaillonne me veut du bien, ma roture ne s'en offusquera pas, je suis prêt à la suivre à cheval dans ces allées où les chênes semblent former la voûte d'une cathédrale mystérieuse. Parenthèse enchantée, Tronçais commémore à la fois le Grand Siècle de la France et les sortilèges de ses âges gothiques.

Tupina (La)

On entre dans Bordeaux par le pont Napoléon et la ville s'offre au premier regard sous les traits réguliers d'une façade conçue par l'intendant Tourny à la fin du XVIIIe siècle, qui borde les quais de la Garonne. C'est le Bordeaux « classique » de la place de la Bourse, des alentours du Grand Théâtre, des Quinconces et des immeubles qui longent le jardin public.

Mais si, ayant longé les quais dans la direction de la gare, on s'insinue sous une porte médiévale, la porte de la Monnaie, on découvre autour d'une flèche gothique et d'un campanile un quartier plus bohème où l'Arabe enraciné de très vieille date côtoie l'étudiant et le retraité impécunieux. Peu à peu, par une pente inéluctable, le bobo évincera le populo. On n'en est pas tout à fait là : le quartier Saint-Michel a encore des réserves d'authenticité. À l'angle d'une rue Porte de la Monnaie qui ne paye pas de mine, tout près du fleuve aux eaux lourdes, on trouve maître Jean-Pierre Xiradakis à l'enseigne de La Tupina.

C'est mon restaurant préféré. J'en ai aimé, j'en aime encore beaucoup d'autres en France, et même à

Bordeaux (surtout Ramet), mais celui-là figure l'allégorie parfaite de mon auberge idéale. On pousse la porte et on voit dans une vaste cheminée un feu de bois où rôtissent des volailles ou des épaules d'agneau. Volailles jaunes de Saint-Sever, agneau de Pauillac : tout dans l'authenticité du produit, c'est ainsi que Xiradakis a conçu – et gagné – sa guerre de trente ans contre la « nouvelle cuisine ». Désormais « Xira » est un seigneur bordelais, il traite la gentry locale et les sommités de passage. Quand je l'ai découvert, il n'était pas encore à la mode. On déchiffrait, dans les restaurants les plus huppés, des menus qui ressemblaient à des poèmes de Mallarmé. Les assiettes pour leur part ressemblaient à des dessins de Miró. Le contenu était cuit à la vapeur, avec des jeux de parfums si sophistiqués que les papilles n'y comprenaient rien.

À La Tupina, elles se pourlèchent au premier abord. On attaque l'apéro debout devant l'âtre avec un côtes-de-blaye ou un côtes-de-castillon pour accompagner le grenier médocain, le boudin noir et les tricandilles. Voir griller des tricandilles dans une poêle est déjà un bonheur. On passe à table gentiment éméché. Le jambon frit à l'échalote est un classique, j'y succombe régulièrement. Après, on a le choix, mais si j'ai vu « Xira » tailler de vraies frites bien larges au couteau, ou des haricots de Tarbes mijoter dans une marmite, je suis preneur. Ici le produit exhale sa vraie saveur, subtilement soulignée par un ingrédient, pas deux. Au dessert, les pains perdus ou les merveilles de ma grand-mère. Les vins de « Xira » sont toujours des bordeaux, toujours insolites, jamais décevants. Décor sans falbalas ni peintures « contemporaines », on se voit bien trinquer avec des Mousquetaires en parlant fort et en riant gras.

Ce n'est pas un hasard si mon restaurant préféré se trouve à Bordeaux. Dans cette ville et son arrière-pays, sans doute en rapport avec le culte du vin, la gastronomie a partie liée avec un épicurisme très esthétisant qui englobe pêle-mêle le rugby, la lamproie, la corrida, les pibales, la poésie de La Ville de Mirmont, les huîtres d'Arcachon (avec crépinettes et graves de Pessac-Léognan). Il faut savourer la prose de Veilletet pour comprendre ces noces de la chair et de l'esprit, concélébrées par Montaigne et Mauriac. Il faut écouter Xiradakis décrire la senteur d'une herbe, ou d'un cèpe, et l'accrocher à une image littéraire ou picturale. Il faut un dîner de compères à La Tupina pour savoir que Bordeaux, sous ses airs de duchesse belle mais roidie par l'orgueil et dénaturée par l'anglomanie, dissimule une sensualité presque inquiétante. Ses façades des quartiers chic et ses échoppes des faubourgs semblent refouler le désir mais, paradoxalement, la blondeur si gracieuse de l'église Saint-Pierre passe aux aveux, c'est une ville gourmande.

V

Val enchanté (Le)

On m'a appris à l'école qu'elle prend sa source au mont Gerbier-du-Jonc mais je n'y suis jamais allé. Pour moi, elle débute du côté de Digoin, flanquée de son canal. À Coulanges c'est encore une rivière qui musarde entre des prairies.

Je la retrouve à Nevers. Ces villes de la Loire, il faut les contempler depuis l'autre rive. Ainsi Nevers offre au regard les tours de sa cathédrale, le toit du Palais ducal et ceux qui s'étagent depuis la place de la République. Au crépuscule le tableau est aimable, malgré l'horrible « Centre culturel » de béton gris qui déshonore la rive. En France les lieux dévolus à la « culture » sont presque toujours laids, on se demande pourquoi.

Chaque fois que je reviens à Nevers, je traverse le pont ocre qui ressemble à celui de Regemortes à Moulins. Je longe un chemin de halage qui rejoint le pont métallique de la voie ferrée et je m'approprie la ville. Une visite à sainte Bernadette s'impose. On la voit au naturel, dans le couvent où elle a fini ses jours. Visage légèrement penché, étrangement frais et juvénile.

À Nevers on pense forcément à Bérégovoy qui s'est suicidé au bord du canal, et on retrouve Simenon qui a navigué sur ce même canal à bord de sa péniche, accompagné d'un chien, d'une épouse et d'une maîtresse. Simenon fréquenta Nevers au milieu des années vingt. Il était secrétaire du marquis de Tracy, propriétaire du *Journal de Nevers*, rebaptisé *Journal du Centre.*

De Nevers à Cosne, le fleuve et son canal sont pistés par la nationale 7 et la voie ferrée de la ligne Paris-Clermont. La Charité mérite une balade autour de l'abbatiale, c'est une ville admirable, hantée par le fantôme blanc de Jeanne d'Arc. Mais Jeanne m'attend plus loin. C'est Simenon qui m'a fait découvrir Tracy, près de Boisgibault. Le château appartenait au marquis, comme celui de Paray-le-Frésil, près de Moulins. Le fleuve s'est évasé, il y a des îles, du sable blond. Le château s'aperçoit du train, entre les arbres, environné de ses vignes. Pouilly fumé. En face, la colline embrumée de Sancerre. En contrebas, l'église minuscule de Tracy d'où l'on rejoint la Loire en traversant la voie ferrée. Pourquoi de tels endroits accèdent-ils à la magie ? Dix fois j'ai rôdé autour de ce château, de cette église, planqué derrière le passage à niveau pour voir passer un train avant d'aller musarder au bord du fleuve, seul ou accompagné. Je le traverse au pont de Saint-Satur, je longe le canal qui ébauche de légers virages, je grimpe jusqu'à Sancerre pour y frôler un tout autre pays, le Berry. C'est par la route d'Henrichemont, Neuilly et Crézancy qu'il faut aborder Sancerre. On voit surgir des vignes en forme de montagnes russes, les toits marron de la ville. On rejoint la nationale 7 qui désormais ne traverse plus Pouilly, ou bien on prend un train en gare de Cosne et on voit défiler nuitamment, voluptueusement, les gares de Briare et de Montargis. Terminus en gare de Lyon.

Pourquoi, entre tant d'autres haltes, gardé-je un souvenir aussi ému d'une nuit dans une auberge de Pouilly, d'un déjeuner d'amis dans une gargotte à Bannay, en bordure du canal ? Pourquoi cette fascination pour la portion de nationale 7 comprise entre Pougues-les-Eaux et Cosne ? Simenon certes, et la magie de la « 7 », et ce train qui jadis nous convoyait vers la capitale, J.J. et moi, baccalauréat en poche, accompagnés d'une fugueuse avec qui nous n'avions même pas couché.

Mais déjà je savais – vaguement – que la Loire me promettait des enchantements. Après Gien, dont les briques rose foncé du château contrastent avec les toits gris, et Sully, il y a déjà des plages et plusieurs fois, à Saint-Benoît, j'ai eu la chance d'assister à des offices. L'esprit qui souffle dans l'abbatiale, Jeanne d'Arc s'en est grisé l'âme. Jeanne est partout de Jargeau à Beaugency (*voir :* Jeanne d'Arc), en passant par Orléans et en déviant jusqu'à Patay. C'est le val des Valois. À Meung, qui a donné son patronyme à l'auteur du *Roman de la rose*, Simenon a mis Maigret à la retraite ; d'Artagnan a connu sa première mésaventure, et aperçu pour la première fois Milady.

Jeanne d'Arc et Dunois ont libéré Meung de l'occupation anglaise. Louis XI, plus tard, libéra Villon qui était emprisonné dans une geôle du château.

Le grand poète du bas Moyen Âge exerçait à temps plein le métier de truand. Le roi aimait-il la poésie ? Sa mansuétude plaide en sa faveur.

Toujours Jeanne à Beaugency avec Dunois. Les restes de son fort émergent depuis l'autre rive, il émane de cette ville un air de virilité. Comme à Meung et malgré les bobos qui font leur marché en Weston et Ralph Lauren, on s'évade du monde moderne autour de l'abbatiale. Hommage insolite de la IIIe République à notre héroïne, sur un monument public :

À Jeanne d'Arc, libératrice
17 juin 1429
Le canton reconnaissant
17 juin 1896

Tout au long du val de Loire, les règnes des Valois ont semé des châteaux qui suffiraient à notre orgueil national s'il n'avait d'autres titres à se hausser du col. J'en connais des dizaines, j'en découvre à chaque nouvelle incursion, sans négliger d'aller revoir les plus célèbres – Chambord, Chenonceaux, Azay, Valençay, Villesavin Ussé, Cheverny qui a inspiré le Moulinsart d'Hergé. Presque tous ont des restes médiévaux, accommodés par la Renaissance selon des modes empruntées à l'Italie. Juste empruntées, pas imitées : les châteaux de la Loire attestent d'un génie bien français ; ceux d'Italie sont moins beaux. Aucun autre pays n'a enfanté, dans une vallée longue de deux cents kilomètres à peine, un tel prodige architectural, semé dans une campagne si douce que le regard s'y noie de tendresse. Entre Blois et Saumur, j'évolue dans une patrie presque aussi intime que dans mon village. Autrement.

Blois, j'aime l'étreindre depuis le faubourg : des flèches, un dôme, une dentelle de toits gris. À droite, de même qu'à Nevers, les temps modernes ont érigé une mocheté en béton. Les eaux lourdes du fleuve, d'un marron clair, butent sur les arches du pont. J'ai toujours imaginé un baiser amoureux à cet endroit précis. Ce baiser, l'ai-je reçu ? Il me semble, mais je peux me tromper, j'ai tellement parcouru cette ville, son château aux trois styles, tellement imaginé l'assassinat (opportun) d'Henri de Guise, c'est comme si j'y avais assisté en compagnie d'Henri III et de sa mère. Un jour, dans une cabine située au pied du château, j'ai eu Chirac au téléphone. J'ai oublié pourquoi. Je me souviens en revanche de l'avoir plaint : il gérait des trucs prosaïques à l'Élysée au lieu de faire l'amour avec l'histoire de France comme je le faisais, en toute liberté. Chacun son destin.

Il faut aborder Chaumont par la rive droite pour jouir de ce tableau que j'ai toujours imaginé peint par Nicolas de Staël : le village en bas, trace blanche toute en longueur, le château dans son parc sous son meilleur profil, celui de la cour. C'est d'entre tous celui où j'aurais préféré vivre. Diane de Poitiers n'était pas de cet avis, Catherine de Médicis le lui avait refilé après la mort d'Henri II, en lot de consolation, ayant récupéré Chenonceaux.

À Amboise comme à Blois, l'histoire de France a planté ses décors : rois, reines, princes, fêtes, assassinats. Naguère j'ai séjourné dans une maison crayeuse en surplomb du Clos-Lucé, je connais bien la ville, elle est presque trop jolie pour être vraie.

Premières maisons troglodytes. Balzac à Vouvray (*L'Illustre Gaudissart*). Il ne me quittera plus jusqu'à Guérande (*Béatrix*). Tours a trop grandi, il faut se perdre sur des rocades, entre cités et friches industrielles, pour trouver les restes du château de Plessis, reconverti en « Centre d'animation théâtrale ». Triste fin pour les mânes de Louis XI, de Charles VIII, d'Anne de Bretagne, de Louis XII. Mais, dans les ruines toutes proches de l'ancienne abbaye Saint-Cosme, Ronsard a terminé ses jours. On voit sa tombe et sa maison, des vers reviennent à l'esprit. Ronsard et du Bellay, c'est la grâce française dans ses émois bucoliques. Et érotiques. Ces deux mots riment à merveille. Ils rimaient déjà dans mon esprit à l'époque où je cherchais partout des morceaux de l'univers balzacien. J'avais retrouvé *Le Curé de Tours* autour de la cathédrale Saint-Gatien où saint Martin fut sacré évêque et où dorment les enfants de Charles VIII et d'Anne de Bretagne ; puis *La Grenadière* à Saint-Cyr, ville dont le maire se trouve être un ami.

Rive droite. Luynes est un château médiéval, âpre, sombre, viril. Il me revient d'y avoir été accueilli par le duc, aujourd'hui décédé, lorsque j'écrivais un livre sur la duchesse de Chevreuse. Le comte de Luynes m'accompagnait. Rien ne subsiste de Cinq-Mars. Rasé de près par Richelieu. Le Cardinal n'aimait pas beaucoup que les Grands se claquemurent dans des fortins. Il avait bien raison. S'il gouvernait aujourd'hui, il ferait sûrement raser les « hôtels » départementaux et régionaux, ces modernes duchés. J'ai une pensée de compassion pour Cinq-Mars, décapité sur ordre du même Richelieu. Il l'avait un peu cherché, mais il n'avait que vingt-deux ans.

Les énormes tours du château de Langeais sont comme des pattes d'ours sur les toits gris de la petite ville. Encore Balzac (*La Duchesse de Langeais*). Sonorité élégiaque, proustienne, de ce mot : Langeais. On traverse le vignoble de Bourgueil, on revient au fleuve que longe une route en forme de digue. La Loire est en pleine majesté. Tuffeau crémeux des maisonnettes en contrebas. Si on quitte la nationale on découvre sur une départementale un manoir d'une élégance discrète, en brique polychrome rouge et noir, mi-XVe et mi-XVIIe : celui de Tallemant des Réaux, dont les historiettes ont tant de saveur. Les a-t-il écrites dans cette oasis ? J'ai envie de le croire. J'ai envie d'imaginer que Marie, l'héroïne de Dumas, m'attend à Montsoreau. Le château est si romanesque avec sa façade en surplomb de la Loire. Hélas ! on y fait de l'« animation culturelle », ça rompt les charmes. Mieux vaut arpenter les rues du village, assister aux noces langoureuses de la Vienne et de la Loire, et rejoindre Candes-Saint-Martin, où est mort l'évangéliste capital de l'histoire de France. La légende veut que tout au long du fleuve, tandis qu'on remontait son corps vers Tours, les aubépines refleurissaient. Légende parmi tant d'autres qui auréolent ce saint, Hongrois de souche et ancien mercenaire dans les légions romaines. Il a amorcé la christianisation de la France, et fondé Ligugé, notre premier monastère. L'aube de notre histoire, c'est saint Martin, autant que Clovis ; d'où une certaine émotion devant la basilique érigée en sa mémoire.

Curieusement, je ne raffole pas du château de Saumur. Mauvaises proportions, symétrie lourdingue des quatre tours octogonales. En revanche, je prends toujours le même plaisir à chercher Eugénie Grandet dans les rues autour de l'église Saint-Pierre.

J'ai des habitudes à Saumur, où des festivités sont organisées chaque printemps autour du livre... et du vin. Il n'y a pas de contradiction au pays de Rabelais, l'épicurisme qui lève le coude en tenant la plume est une tradition française. On ripaille à Fontevrault, dans l'enceinte de l'abbaye, près de la tombe d'Aliénor d'Aquitaine. On remet ça le lendemain matin, avec un petit déjeuner rustique (grattons, boudins, rillettes, vins de Saumur à volonté). J'aime me poser à Chênehutte, en aval de Saumur, dans une ancienne abbaye recyclée en auberge. Décidément ce pays – la France – est tapissé d'abbayes. Épicurisme et monachisme ont fait bon ménage au long de ce fleuve. Ici, il découvre une île dont les arbres se reflètent sur l'eau au lever du soleil. Sur l'autre rive, un clocher, un village embrumé : on dirait une autre île. Plus loin, une rangée de peupliers, un autre village. Toits noirs, murs blancs, une barque accostée. Au couchant, le ciel est jaune et rose, c'est un spectacle d'une douceur infinie. Même douceur entre Gennes et Saint-Mathurin où certaines vieilles maisons sur la rive gauche sont les plus gracieuses de tout le val. C'est à Gennes, sur le pont métallique, que les cadets de Saumur se sont battus héroïquement contre les Allemands, en 1940, juste pour l'honneur de leur uniforme et avec l'énergie du désespoir.

Je connais mal la Loire du pays nantais, je l'ai surtout vue depuis le train, inondant des prés. Il m'est arrivé de la rejoindre là où elle va se perdre dans l'océan – Saint-Nazaire, Le Pouliguen, La Baule, Le Croisic. J'ai souvenir d'un dîner à l'extrême bout de l'estuaire, dans un restaurant « historique » adossé à des roches battues par les vagues, en compagnie de deux écrivains. Bar en croûte de sel, spécialité de la maison. C'était plaisant et adéquat d'y voir mourir la Loire en parlant de littérature après avoir revu Guérande et la Brière.

Vercingétorix

Le premier en date de nos héros nationaux est un guerrier auvergnat bien baraqué à la longue crinière blonde. Il a l'air farouche avec ses moustaches, son casque, son glaive et son bouclier. On le représente souvent à cheval. Sa statue équestre domine la place de Jaude, à Clermont-Ferrand, au bas de la cathédrale. À l'époque de Vercingétorix, Clermont (*alias* Nemossos) n'était qu'une bourgade, au pied des volcans et du plateau de Gergovie.

Vercingétorix incarne la résistance à l'envahisseur, César et ses légions en l'occurrence, mais le mythe a été forgé après la défaite de 1870 face aux Prussiens, il vaut pour toutes les résistances – contre le Hun, le Maure, le Magyar, le Viking, l'Anglais (longtemps), le Russe (1815), l'Allemand (1914, 1940). D'ailleurs le monument aux morts de Barbizon s'orne d'un buste de Vercingétorix et il n'est sûrement pas le seul. C'est un mythe essentiel, un héros nécessaire ; je me l'approprie d'autant plus aisément qu'il était le chef de la tribu des Arvernes : Gergovie, sa capitale, théâtre d'un premier et vain siège de César, est à l'épicentre de mes racines, sur du granit où soufflent des vents furieux.

Comme toujours, la légende en a rajouté. Et retranché. Elle occulte une jeunesse durant laquelle César fut son protecteur et ses alliances à géométrie variable pour fixer la caméra sur l'« union » des chefs gaulois nouée chez les Carnutes, les prémices de l'insurrection, les victoires de Gergovie et de Bibracte, la vilenie des Éduens, Avaricum, le piège d'Alésia, le sacrifice puis le martyre à Rome. C'est une légende, il faut la prendre comme elle nous vient, même si la romanisation de la Gaule était aussi inéluctable que salutaire. Tous les peuples ont besoin d'une légende fondatrice, assez ambiguë pour légitimer leur patriotisme et justifier leurs déboires. Gergovie pour notre orgueil, Alésia pour nos larmes et la cruauté de César pour faire bonne mesure. Celle de Vercingétorix n'avait peut-être rien à lui envier ; sa réclusion et sa mise à mort l'absolvent et le sanctifient. L'ultime résistance des Gaulois à Uxellodunum parachève un mythe qui récupère Jeanne d'Arc au passage. L'épopée gaullienne s'y est greffée. La France est un pays trop désirable pour ne pas susciter des convoitises, et le prédateur trouve toujours des Éduens pour lui ouvrir les portes ; d'où l'importance de la figure du résistant héroïque – Jean Moulin au plus près de nous, Vercingétorix dans l'aube brumeuse du destin national.

Versailles

Chaque fois que j'y reviens, je me demande ce qu'éprouvent les visiteurs étrangers. La « grandeur » dont les guides font état, c'est le règne du Roi-Soleil, les fastes de la Cour, les maîtresses et l'étiquette, les comédies courtisanesques relatées dans les *Mémoires* de Saint-Simon. Je n'ai aucune sympathie pour Louis XIV. Si Versailles n'était que le miroir de sa majesté, j'irais aimer ailleurs une France aussi altière mais moins empesée. Parce que notre langue atteignait son apogée et que sa plume avait du génie, Saint-Simon nous a donné un chef-d'œuvre, sans le savoir car ce qu'il raconte à hauteur de ses propres vanités, on le retrouve sous tous les règnes, toutes les républiques.

Or Versailles ne cesse de me fasciner. Pas tellement pour les attendus de la « grandeur », encore qu'elle ait ébloui toutes les Cours et inauguré une assez longue suprématie culturelle en imposant notre langue et nos tours d'esprit. À Versailles rien n'est démesuré, voire imposant. La magie des lieux opère plutôt sur le registre de la familiarité, je me sens chez moi, aucunement intimidé. Ni envoûté d'emblée en abordant la façade Louis XIII du château depuis la place d'Armes. Le charme nous enveloppe au fil de la balade, quand apparaît l'autre visage architectural, celui d'Hardouin-Mansart, depuis les deux Bassins. Il faut se perdre en amoureux dans le dédale des bosquets de Le Nôtre, caresser de la main les statues en se retournant à hauteur du bassin d'Apollon de Le Brun, et peu à peu s'impose l'évidence d'une féerie aimablement, gracieusement surnaturelle. Il faut rejoindre le Grand Canal, pousser jusqu'au Grand Trianon sans se laisser piéger par ce mot : « grand ». Le mot « harmonie » est bien plus approprié. C'est la quintessence du classicisme français et le zénith du baroque français – une pudeur dans la sensualité, une douceur dans les jeux d'équilibre, une rigueur dans la luxuriance. Comme si, le mot « civilisé » ayant trouvé par miracle sa juste incarnation, il eût mieux valu en rester là. Je ressens cela, très fort, à l'intérieur de la chapelle, sous les dorures des salons ou au long de la galerie des Glaces : une apothéose somme toute discrète et déjà un peu crépusculaire. Rien à voir avec la « grandeur » sinistre de l'Escurial ou la majesté compassée de Schönbrunn, si l'on veut établir une comparaison avec deux autres apogées.

À Versailles, la France consent au reste du monde le sourire resplendissant de l'égérie trop sûre de ses avantages pour s'en infatuer. Elle a été en d'autres temps plus noble, plus vertueuse, plus glorieuse même et surtout plus jeune ; jamais elle n'a été aussi belle. Le triomphe de cette féminité comble notre orgueil, autant que cent faits d'armes. Versailles, c'est la France dans ses états de grâce, les miroitements de son génie, le temple de la francité. J'ai toutes les indulgences pour Louis-Philippe car il a eu l'heureuse idée d'y installer le musée de nos gloires, tous genres et tous régimes confondus. Louable syncrétisme qui imbrique pêle-mêle, dans les anciens appartements des Princes, les statues de nos écrivains, de nos premiers rois et de nos guerriers, les portraits des maréchaux et les arbres généalogiques des grandes familles, le sacre de Napoléon par David et son passage au pont d'Arcole par Gros, les batailles majeures mythifiées par Le Brun, Fragonard, Vernet ou Delacroix. Bien sûr le « roi bourgeois » ne s'est pas oublié, mais peu importe, cet abrégé désordonné de l'histoire de France est aussi émouvant que la crypte de Saint-Denis. Et il fallait que Versailles en fût le théâtre, puisqu'en ces lieux la France s'est théâtralisée assez somptueusement pour ébahir à tout jamais le reste du monde.

Vincennes (Le château de)

Depuis mon enfance, il symbolise une virilité médiévale (le donjon et le mur d'enceinte de Charles V), adoucie par les deux pavillons dits du Roi et de la Reine (XVIIe), sanctifiée par la Sainte-Chapelle. Henri V y est mort, pour notre honte, mais Charles VII l'a récupéré. Bien plus tard, les Allemands l'ont occupé, nouvelle honte. Entre-temps il a vu des rois naître, convoler, mourir ou se planquer, des prisonniers y calmer leurs ardeurs philosophiques et autres (Mirabeau, Sade, Diderot), le jeune duc d'Enghien se faire assassiner dans les douves.

C'est un décor de Walter Scott à la française, évocateur d'une France de chevaliers qui d'un coup d'épée tranchaient en deux l'ennemi et son cheval. Le chêne où Saint Louis rendait la justice se trouvait-il à l'intérieur ou hors de l'enceinte ? Longtemps, j'ai tourné autour des douves en me demandant par où le duc de Beaufort avait pu s'évader. C'est un épisode majeur de *Vingt ans après*, au moment de la Fronde. Une « Association des amis de Dumas » a apposé une plaque du côté du Donjon et du bois de Vincennes, affirmant que l'inénarrable « roi des Halles » avait fait la belle à cet endroit. Doit-on le croire ? J'imaginais plutôt Athos et Aramis planqués de l'autre côté, vers Joinville.

Parfois je viens nuitamment, je me coule dans la peau d'une sentinelle et je crois apercevoir un fantôme noir et impavide : Saint-Cyran, le janséniste impénitent, qui entretint sur place, durant cinq années de captivité, un dialogue avec Dieu dont j'aimerais connaître la teneur. L'orgueil de ce solitaire gascon était admirable ; il rejoint la sainteté et l'héroïsme dans l'ordre de la rébellion, presque sacré à mes yeux. Pour autant je ne lui donne pas théologiquement raison. Je ne donne pas raison non plus à Richelieu de l'avoir encaserné, tout en l'absolvant : en bon Français j'aime la sédition, mais il ne me déplaît pas qu'un vrai chef sache la brider.

Lorsque de Gaulle revint au pouvoir au printemps 1958, il rêva à haute voix d'implanter sa Ve République au château de Vincennes. Que n'a-t-il persévéré dans ce projet, au lieu d'aller se morfondre dans la bonbonnière de l'Élysée, conçue pour des parties fines et marquée par une abdication ? À Vincennes, un chef peut prendre du recul et être inspiré par la plus haute mémoire. Et quel oratoire pour un méditatif !

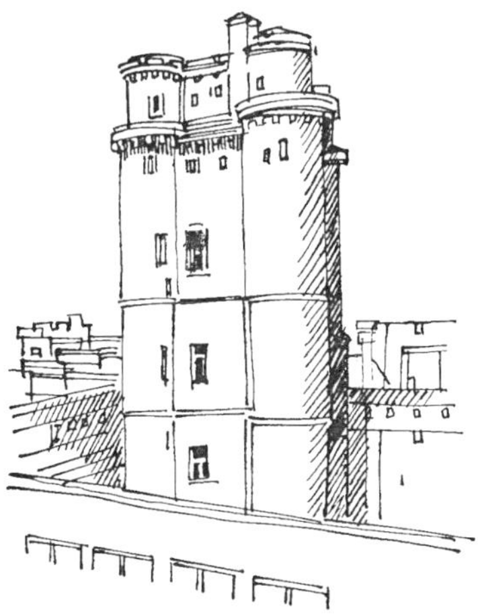

La ville au pied du château n'en revient pas d'avoir vu passer tant de rois, et d'avoir hébergé tant d'uniformes à la retraite. Le cimetière regorge d'officiers, dont un de mes arrière-grands-oncles, compagnon d'armes de Mac Mahon à Sébastopol. Ses mânes ne m'ont pas converti au militarisme pratiquant mais il me plaît de les savoir là, j'en tire le sentiment d'être plus ou moins copropriétaire du château. Je reviens souvent à Vincennes. Chaque fois, une petite fierté me surprend en revoyant ce donjon bien planté, franc comme l'or et qui somme toute a ses élégances. J'arrive toujours par le bois qui prolonge le zoo ; ses pénombres hantées par des dames peu vêtues sous leur fourrure accréditent l'illusion d'avoir fui le siècle par enchantement pour atterrir dans un royaume de France où sainteté et trivialité font la paire.

Vins et Spiritueux

« Qui ne sait boire ne sait rien. »
BOILEAU

Ma culture œnologique est des plus lacunaires. Je connais mieux les terroirs que les cépages qu'on y cultive. Le pinot noir, le cabernet-sauvignon, le merlot n'ont que des secrets pour moi et dans une dégustation à l'aveugle je suis incapable de distinguer un moulis d'un pauillac ; à peine deviné-je qu'il s'agit d'un médoc. Est-il aussi « souple » ou « charpenté » qu'on me le dit ? L'acacia, la vanille, le fruit rouge, le cuir que détectent les initiés, j'arrive à les identifier ou plutôt je les reconnais si on me les signale. J'aime le vin, j'apprécie quand un connaisseur me le raconte, sans cuistrerie si possible et sans trop de technicité. L'œnologie m'intéresse moins que le voyage entre les vignes et mes papilles ont tendance à déguster un paysage. Si c'est un cahors, je serpente sur le causse du côté de Montcuq ou de Prayssac, le village du maréchal Bessières (son cœur est dans l'église). Si c'est un jurançon, je vois le pont sur le gave, depuis le boulevard des Pyrénées, et me reviennent en mémoire des séquences viriles à la Croix-du-Prince. Je n'imagine pas de boire un tursan avec une égérie, il me faut des copains, et de rugby si possible. L'égérie, je la vois plutôt effleurer des lèvres une flûte de champagne, à la rigueur un verre de saint-julien ou un bonnezeaux.

Un vin, un coin de France, des croupes plus ou moins alanguies, avec les souvenirs afférents, les écrivains qui l'ont magnifié. Je serais bien en peine de décrire le vin de Saint-Michel-de-Montaigne. Mérite-t-il l'appellation côtes-de-castillon ? Probablement pas puisque la localité se trouve en Dordogne. Peu importe, en le goûtant je revois le château sur son promontoire, la vallée en contrebas, le parc, la fameuse tour – et je trouve une adéquation entre le décor, le breuvage et le franc naturel des *Essais*, leur désinvolture, leur débotté. Si on me sert un sauternes, je me réapproprie le territoire de Mauriac, entre Saint-Symphorien (*Le Mystère Frontenac*) et Malagar sur sa colline. Un verre de pouilly fumé me transbahute à Tracy ; une rasade de côtes-du-roannais commémore des amours (mortes) dans les environs ; l'effervescence du vouvray me ramène à Balzac (*L'Illustre Gaudissart*), la vivacité d'un chinon à Rabelais.

Le peu que je sais, je le dois à deux amis, écrivains l'un et l'autre et fort dissemblables : Kauffmann et Pirotte. Après trois années de captivité au Liban, Jean-Paul Kauffmann fut libéré. Il chercha où planter ses pénates et se fixa à Pissos, dans la Haute Lande, pas loin de Sore et d'Argelouse qui apparaissent dans les romans de Mauriac. Sa maison a des charmes entêtants. Il l'a décrite dans un livre de sa façon, tout en digressions subtiles. Il s'y adonne à un épicurisme quelque peu esthétisant, plante des arbres, arrose ses fleurs, butine ses livres, regarde le ciel au-dessus des pins et reçoit des amis. Au-dessus des pins, il y a Dieu ; ce n'est pas un vil jouisseur ; pour lui le bonheur des sens est un préalable, pas une finalité.

Sa cave est un tabernacle, toujours fermée à clef. Du vin, il connaît tout : grâce à lui j'ai appris le rudiment sur le tas, connu des vignerons (Ginestet, Cazes, Borie, etc.), découvert cette départementale « 2 » qui traverse la presqu'île du Médoc depuis Margaux jusqu'aux crus bourgeois au-dessus de Lesparre. En qualité de cancre invétéré, je n'ai retenu que des bribes, et sa technicité me rebuterait vite s'il n'y mettait de la poésie, ainsi qu'une étonnante érudition historique. Mettons que son commerce m'ait déniaisé, surtout pour ce qui a trait au vin de Bordeaux – le « vin du regret », dit-il. Car il ne s'est pas ancré par hasard dans cette région, après avoir dirigé *L'Amateur de Bordeaux* : les sentiments qu'il cultive, et que reflètent ses vins de prédilection, ne sont pas ceux d'un Gascon, d'un Provençal ou d'un Bourguignon, il a besoin de cette mélancolie qui nimbe la plume de Veilletet, autre écrivain, autre connaisseur, chantre de cette région équivoque (*Bords d'eaux*) et des sentiments qu'elle instille.

Jean-Claude Pirotte n'est guère moins mélancolique, mais il habite Arbois, après une escale dans les Charentes de Chardonne, une autre dans le Cabardès, et c'est la Lotharingie qu'il excelle à célébrer. Donc les vins de Bourgogne, et du Jura. Esthète à sa manière, peintre remarquable, aussi doué pour le vers que pour la prose, il a comme Kauffmann le don de sertir un vin – terroir, cépage, millésime – dans sa gangue historique et littéraire. Il m'a fait connaître Dumay (*La Mort du vin*) et pas mal de poètes secrets dont il égrène les vers entre deux digressions sur la personnalité d'un pommard ou d'un montrachet. Vins plus « immédiats » selon Kauffmann, et qui se conjuguent au présent de l'indicatif. Vins catholiques selon Pitt, l'éminent géographe, qu'il oppose au protestantisme des bordeaux. Catholiques car historiquement éclos autour des monastères et longtemps bus au Vatican. Plus français aussi : Paris fut leur débouché naturel, on les servait au Louvre, aux Tuileries ou à Versailles. Tandis que les bordeaux sont plus cosmopolites, ils sont toujours partis en Angleterre et en Scandinavie. Si j'osais un avis d'amateur peu éclairé, j'ajouterais que les bourgognes sont plus joyeux et plus débonnaires. D'où ma sympathie – active – pour les petits crus du genre côtes-de-macon blanc ou côtes-de-nuits rouge, l'ivresse qu'ils procurent est plus fraternelle. Je n'ai pas la science de Kauffmann et de Pirotte, je ne l'aurai jamais, mais mes séjours à Pissos et à Arbois se rejoignent en célébrations d'une magie complexe puisqu'elle englobe un savoir-faire (évolutif), des enracinements dans l'histoire-géo, le bon usage des sens.

Les alcools, à l'avenant. Bien sûr j'ai un faible pour l'armagnac, à cause de d'Artagnan, de cette Gascogne devenue une patrie supplétive tant j'ai parcouru ses moindres départementales depuis la Chalosse jusqu'au pays d'Albret, mais j'aime, sans exception, tous les alcools français, pourvu qu'on me les serve dans leur terroir, le cognac à Jarnac, le genièvre à Hazebrouck, le calvados à Domfront, la mirabelle à Charmes, la vieille prune à Souillac (Roques, de préférence, je connais la famille). Chacun explicite l'âme du pays dont l'œil a capturé des bribes avant le souper.

Foin de toute xénophobie : les vins étrangers invitent au voyage, il ne faut pas les snober. Les progrès de l'œnologie aidant, on fait de grands vins au Chili, des bons en Australie et en Argentine. Ceux de Toscane savent me faire de l'œil, ceux que j'ai lampés au bord du Danube ne m'ont pas déplu. Mes ivresses ont quelquefois passé les frontières ; elles n'ont accédé à un certain ennoblissement qu'à l'intérieur de l'Hexagone.

Volcans

L'Auvergne, écrivait Vialatte, produit des volcans, des fromages et des hommes politiques. Les volcans, je les vois de ma fenêtre, leurs crêtes bleuissent au couchant. Il m'arrive d'escalader l'un ou l'autre puy et là-haut, plus haut que les pacages semés de vaches rousses et de myrtilles noires, c'est le toit d'une Auvergne presque lunaire qui donne à penser sur les origines et les fins dernières. Du coup il me revient que le patriotisme facétieux de Vialatte a oublié les églises romanes – Orcival, Saint-Nectaire, Issoire, Mozac –, si pures dans leur austérité qui doit quelque chose à la lave basaltique dite pierre de Volvic. L'Auvergne a donné des bougnats à Paris, des artisans à Séville, des pneus au monde entier, mais il faut croire que son âpreté dispose à la spiritualité : en enjambant trois siècles de cartésianisme, Pascal et Teilhard de Chardin ont concélébré les noces de la science et de la mystique. Deux Auvergnats aussi peu friables que cette lave noire qui donne à la cathédrale de Clermont et à la ville de Riom une majesté particulière. En de tels lieux on se sent moins enclin qu'ailleurs à la futilité ; cette évidence s'impose à moi quand je traverse le département du Puy-de-Dôme sur l'autoroute A 89. Elle s'impose aussi aux équipes qui vont affronter l'ASM à Montferrand, derrière les usines Michelin, dans une grisaille innommable.

Pascal, Teilhard : les deux pôles de mon humble métaphysique, l'équivalent si l'on veut des « côtés » dans la géographie de Combray. Pascal m'a balisé l'esprit à l'âge où mes copains tâtonnaient en lisant Sartre. J'avais beau quérir mes ivresses entre le rugby, les copines, les romans de Balzac, et me vouer aux paradoxes et aux paroxysmes, penché sur un flipper en affectant des mines de voyou, je savais bien que l'intuition pascalienne était la seule qui vaille. Les *Pensées* sont le monument – inachevé, négligé – de la pensée française. Toute la métaphysique allemande est réduite à néant en quelques formules météoriques. On peut contourner Pascal, on ne peut pas l'entamer, encore moins le détruire. Sur la question de la grâce, je donne raison aux jésuites contre ses copains jansénistes. Mais Pascal avait raison d'avoir tort : l'orgueil janséniste, son esprit de dissidence, sa fermeté morale ont enfanté un moment appréciable de la spiritualité française.

En revanche, je donne tort aux jésuites qui ont persécuté, avec l'aval du Vatican, le plus grand d'entre eux : Teilhard. J'espère que l'Église le canonisera, pour racheter son aveuglement, il est le seul à napper d'espérance l'hégélianisme confus qui nous tient lieu de tuteur. Cet aristocrate d'une beauté vertigineuse aura été un héros solitaire. Il avait trouvé Dieu dans le secret de son âme, il l'a retrouvé en grattant ses caillasses au fin fond du Tibet. Il a aimé une dame d'amour très chaste, mais tout à fait humain. Il aurait pu rompre des vœux qui le condamnaient à louvoyer pour décliner une théologie qui ne fasse plus rire savants et philosophes. Il a plié sans rompre. Par fidélité. Par humilité. Le roman de sa vie me transporte d'admiration ; l'épilogue à New York me remplit de tristesse. Quel politique auvergnat osera militer pour le retour à Sarcenat, Puy-de-Dôme, du plus noble des intellectuels français « modernes » ? Sans cette œuvre, d'une beauté de cathédrale, le rétrécissement du village planétaire serait vécu comme une farce de l'Enfer. Teilhard me comble d'optimisme quand j'ai succombé au pessimisme pascalien ; ces deux volcans d'Auvergne, qui ne s'éteindront jamais, offrent les deux faces d'une même médaille. Deux génies français. Deux Arvernes rebelles comme Vercingétorix. Deux vigies dans la nuit de mes incertitudes.

X

Xaintrie (La)

Terre des saints ? Des lointains ? Les érudits locaux hésitent. Les contours de la Xaintrie sont aussi incertains que son étymologie. Se prolonge-t-elle sur la planèze de Pleaux (Cantal) ? Les avis divergent. Il est admis communément que Dordogne et Maronne déterminent ses frontières naturelles. Mais Argentat, au pied de ce plateau, est-ce la capitale de la Xaintrie ou une ville étrangère ? En outre il existe deux Xaintrie, la blanche à cause de ses bouleaux (canton de Saint-Privat) et la noire saturée de résineux (canton de Mercœur).

La mienne, c'est la blanche. Dix clochers, une centaine de hameaux, des routes en lacets, des chapelles éparses, des ruisseaux qui cascadent vers le fleuve ou la rivière. Partout, des harmonies en vert et gris, le vert des forêts, le gris des murs. Au printemps, c'est une exubérance qui euphorise ; à l'automne, des harmoniques flamboyantes à couper le souffle d'un Böcklin. L'hiver, douce mélancolie. De presque partout on voit la ligne de crête des volcans éteints, ainsi que le massif du Sancy. De mon village, le plateau de Millevaches et les Monédières en prime. Il en résulte cette impression de toiser le monde d'un peu haut. Le prix à payer, c'est qu'on est un peu loin des villes. Doit-on s'en plaindre ? Toute modestie bue, la Xaintrie a produit un vrai saint – Étienne d'Aubazine –, natif de Vielzot sur la commune de Bassignac-le-Haut. Ne pas confondre avec Bassignac-le-Bas, qui domine la Dordogne, en aval, entre Argentat et Beaulieu. Ce n'est plus la Xaintrie. Les ruines de Merle, sur un piton encerclé par la Maronne, évoquent un Moyen Âge où des truands faisaient la loi. Rude loi, selon toute vraisemblance. Comme ailleurs, Richelieu a ordonné que l'on rase les tours. Elles avaient sûrement fière allure, mais il fallait bien en finir avec ces prédateurs qui pillaient et rançonnaient la plèbe. Il reste assez de vestiges pour régaler l'imagination. Merle est notre joker touristique avec le clocher à peigne de Saint-Cirgues-la-Loutre (sculpture sur le tympan), le presbytère de Saint-Julien-aux-Bois (classicisme), le manoir rustique de Rilhac, le calvaire de Bassignac-le-Haut (XVIe).

C'est mon royaume, une manière d'Irlande aux rivages d'eau douce, en plus beau car la moindre masure a du charme et les horizons qui se déploient en vert sombre, en bleu ou en mauve figurent un océan plus mystérieux que l'Atlantique. Surtout la nuit, quand les lumières des hameaux tremblent de l'autre côté de la gorge ; on dirait les phares d'un rivage. Les routes sont escarpées, je les ai toutes parcourues à pied, en vélo, en Solex, en Mobylette, en Deux-deuche, jamais las de retrouver les extérieurs de mon humble féerie. C'est mon pays, voilà tout, il tourne autour d'Auriac comme des planètes autour de leur astre. Il en existe de plus fastueux ou de plus pittoresques. Aucun Grand Canyon du Colorado, aucun désert, aucune jungle ne m'a procuré l'émotion qui m'assiège lorsque, ayant passé le pont de Spontour ou du Chambon, je regagne mon village en croisant un chevreuil, un sanglier ou un lièvre. « Plus me plaît le séjour qu'ont bâti mes aïeux », ce vers de du Bellay est comme l'abrégé de mon patriotisme xaintricois. Sa relation avec mon patriotisme français va de soi : la France est un camaïeu de « pays » qui s'imbriquent en se distinguant, à quelques kilomètres près ; un florilège de singularités qui se sont acoquinées miraculeusement, au long des siècles, quand elle était paysanne. Elle ne l'est plus guère ; la Xaintrie trouve les hivers un peu longs, nous sommes presque tous partis gagner notre vie ailleurs. Mais des « étrangers » s'y installent, et se prennent à l'aimer ; un autre patriotisme en résultera, tant il est vrai que les sentiments d'appartenance viennent du cœur, pas du sang.

Z

Zidane

Le monde entier ne regardait que lui et il le savait. Il restait dix minutes de jeu. Les dix dernières minutes de la carrière du meilleur joueur du monde. Le plus adulé, le plus mythifié. Les dix dernières minutes de la finale de la Coupe du Monde. Le score était nul, mais les Italiens avaient le souffle court et la peur au ventre, la France pouvait marquer. Il avait d'ailleurs failli marquer de la tête un but arrêté miraculeusement par le goal Buffon.

Dix minutes et le monde entier aurait rendu hommage à Zinedine Zidane, Français de Marseille, avec l'accent, de souche algérienne et de confession musulmane. Il avait réglé leur compte aux Espagnols, puis mystifié les Brésiliens. Son ascendant sur le match allait *crescendo*, on s'attendait à l'ultime coup de patte salvateur. On aurait revu son sourire, rayonnant et timide, il aurait exprimé sa gratitude, assez laconiquement, il se méfiait des mots, sachant que, venus de lui, aucun n'eût été anodin. Sa fin aurait été presque banale. Une force, une pulsion, un désir l'ont-ils poussé à dérouter ce qui se préparait ? Il ne le sait pas lui-même. Materazzi le retient par le maillot, et ce n'est pas la première fois. Zidane lui suggère avec un certain orgueil d'attendre la fin du match ; alors, ce maillot, il se fera un plaisir de le lui offrir. Materazzi se sent humilié. Il insulte Zidane. Comme des centaines de joueurs l'ont insulté des milliers de fois, en termes sans doute identiques. Ou approchants. Cette fois était de trop. Elle n'est plus tolérée. Zidane se retourne, fixe le mec et lui balance un coup de boule dans le thorax. Pas un marron dans la gueule, pas un coup de pied dans les parties, réflexes ordinaires quand on veut déquiller quelqu'un en lui faisant mal. Un coup de boule pour solde de tous comptes en lavant l'insulte, et tant pis si on le vire, tant pis si la France perd sa chance de marquer avant le coup de sifflet final. Ou durant les tirs au but. Car les penaltys, Zidane sait les tirer, il n'en a pas manqué souvent. D'ailleurs il a osé – et réussi – une panenca durant ce match, alors que l'Italie menait. Double panache à la française : l'insolence de la panenca, le jusqu'au-boutisme du coup de boule. La victoire de l'Italie, on finira par l'oublier. Le pauvre Materazzi, on a déjà oublié qu'il fut un des meilleurs sur le terrain, auteur d'un but. Lui-même convient, à regret, qu'on se souviendra du coup de boule de Zidane, et de rien d'autre. Deux têtes de Zidane ont donné le titre de champion du Monde à la France en 1998, contre le Brésil. Un ultime coup de tête de Zidane a néantisé les autres péripéties de ce Mondial 2006, c'est le coup de chapeau d'un Mousquetaire, la tirade de Cyrano, le « Merde » de Cambronne.

Zinc (Le)

Pousser la porte, s'accouder au zinc, commander un café, un crème ou une noisette. Piocher un croissant dans la corbeille aux côtés d'un livreur qui sirote un petit blanc « bien frais ». Allumer une cigarette, la fumer en regardant béatement des inconnus passer derrière la vitre. Écraser le mégot à même le plancher, sur la sciure. Au fond et à gauche, les toilettes, quelquefois encore à la turque. Dans les grandes brasseries, elles sont au sous-sol, avec le téléphone.

Le zinc n'est plus en zinc, rarement en cuivre, mais le comptoir reste le havre du promeneur et du travailleur. On peut s'asseoir devant un guéridon, mais c'est un autre usage du bistrot. Certains sont également débitants de tabac, dépositaires de presse, éventuellement PMU. Surtout en province. Les flippers Gottlieb de ma jeunesse ont été remplacés par des jeux d'une électronique plus sophistiquée, avec des guidons et des compteurs. Trop souvent, un écran de télé passe en boucle des clips passablement débiles ; ou bien du foot, ce qui est mieux, mais tout de même corrompt la bienheureuse vacance de l'esprit. Dehors la ville s'agite. Un retraité rédige son tiercé près de la caisse. Le patron effeuille le journal et lâche un commentaire poujadisant du genre « Pas un pour sauver l'autre ». Le serveur passe un coup de torchon sur le zinc ; la patronne s'affaire devant son percolateur. Si ses hanches le méritent, un clin d'œil du livreur leur rend un hommage discret. Si la serveuse est jeune, il poussera davantage le bouchon. Elle en a tellement l'habitude qu'elle se contente de hausser les épaules.

Dehors, le temps coule vite ; au zinc, il somnole. Après les blancs matinaux, les ballons de rouge ou les demis de bière des plâtriers-peintres du proche chantier. Cigarettes. Gauloiseries qui sortent la patronne de sa torpeur. La prunelle du patron s'allume. Les clients se raréfient, le zinc devient le refuge du zonard et de l'ivrognesse aux regards ternis par l'abus de solitude.

Soudain, c'est l'apéro. Pas le vrai, celui de midi qui ne se remet pas. Les cravatés ont supplanté les désœuvrés. Ricard ou whisky sur le pouce. Les mêmes cols-blancs au café, toujours sur le pouce. Deux heures creuses puis débarquent les lycéens, rarement au comptoir. Coca light pour les minettes, bière pour les garçons. Enfin l'apéro, le vrai, celui du soir, celui des habitués qui sortent du boulot. Ricard. Remettez-nous ça.

Le zinc offre à l'impétrant l'aubaine d'une convivialité, muette ou bavarde, qu'il a soustraite aux servitudes. C'est très français, ce sas de décompression. Nous aimons traîner au bistrot. L'ambiance n'y ressemble pas à celle d'un café viennois, d'un pub anglais, d'une taverne allemande ou même d'un bar italien. Au zinc où l'on s'est accoudé, on devient davantage qu'un client. On s'approprie une fraction des lieux, on s'y incorpore tout en restant de mèche avec le monde extérieur car le bistrot n'est pas refermé sur lui-même, la rue le frôle, on la voit défiler. On est à la fois dedans et dehors. Une connivence mystérieuse rapproche de son prochain, de son quartier, de lui-même celui qui n'a personne sous son toit. Ou qui n'a pas de toit. Il est parfois si gêné d'exister pour rien de probant qu'il n'ose pas s'approcher du comptoir. Il va se planquer au fond de la salle. Tant pis si elle est vide ou peuplée de jeunes qui l'ignorent, il se surprend à exister. Ce n'est pas rien. Qu'il soit de la campagne, de province ou de Paris, le bistrot français est le temple des fraternités pas chères et des en-cas méditatifs, la piste aux étoiles des cœurs solitaires, ou à défaut leur oasis. C'est aussi le seul club privé accessible au tout-venant. On pousse la porte, on prend position au zinc et on est admis à titre de membre. Aucun mot de passe, juste une commande.

Table

DANS LA MÊME COLLECTION

Ouvrages parus

Claude ALLÈGRE
Dictionnaire amoureux de la science

Yves BERGER
Dictionnaire amoureux de l'Amérique

Jean-Claude CARRIÈRE
Dictionnaire amoureux de l'Inde

Michel del CASTILLO
Dictionnaire amoureux de l'Espagne

Jean des CARS
Dictionnaire amoureux des trains

Patrick CAUVIN
Dictionnaire amoureux des héros

Malek CHEBEL
Dictionnaire amoureux de l'Islam

Jean François DENIAU
Dictionnaire amoureux de la mer et de l'aventure

Alain DUCASSE
Dictionnaire amoureux de la cuisine

Dominique FERNANDEZ
Dictionnaire amoureux de la Russie

Daniel HERRERO
Dictionnaire amoureux du rugby

Christian LABORDE
Dictionnaire amoureux du Tour de France

Jacques LACARRIÈRE
Dictionnaire amoureux de la Grèce
Dictionnaire amoureux de la mythologie

André-Jean LAFAURIE
Dictionnaire amoureux du golf

Peter MAYLE
Dictionnaire amoureux de la Provence

Bernard PIVOT
Dictionnaire amoureux du vin

Pierre-Jean RÉMY
Dictionnaire amoureux de l'Opéra

Pierre ROSENBERG
Dictionnaire amoureux du Louvre

Jérôme SAVARY
Dictionnaire amoureux du spectacle

Jean-Noël SCHIFANO
Dictionnaire amoureux de Naples

Alain SCHIFRES
Dictionnaire amoureux des menus plaisirs

Robert SOLÉ
Dictionnaire amoureux de l'Égypte

Philippe SOLLERS
Dictionnaire amoureux de Venise

Denis TILLINAC
Dictionnaire amoureux de la France

Mario VARGAS LLOSA
Dictionnaire amoureux de l'Amérique latine

Dominique VENNER
Dictionnaire amoureux de la chasse

Jacques VERGÈS
Dictionnaire amoureux de la justice

À paraître

Jacques ATTALI
Dictionnaire amoureux du judaïsme

Antoine de CAUNES
Dictionnaire amoureux du rock

Bernard DEBRÉ
Dictionnaire amoureux de la médecine

Paul LOMBARD
Dictionnaire amoureux de Marseille

Christian MILLAU
Dictionnaire amoureux de la gastronomie

TRINH Xuan Thuan
Dictionnaire amoureux du ciel et des étoiles

Frédéric VITOUX
Dictionnaire amoureux des chats

Composition et mise en page
NORD COMPO
multimédia

Achevé d'imprimer sur les presses de

BUSSIÈRE

GROUPE CPI

à Saint-Amand-Montrond (Cher)
en décembre 2007

N° d'édition : 14250. — N° d'impression : 074237/4.
Dépôt légal : janvier 2008.

Imprimé en France